KB081038

미학 원전 시리즈 1　　　　　　**미학**

이 도서의 국립중앙도서관 출판예정도서목록(CIP)은
서지정보유통지원시스템 홈페이지(http://seoji.nl.go.kr)와
국가자료종합목록 구축시스템(http://kolis-net.nl.go.kr)에서
이용하실 수 있습니다. (CIP제어번호 : CIP2019023718)

미학 원전 시리즈 1

미학

알렉산더 고틀리프 바움가르텐 지음
김동훈 옮김

제1권 이론적 미학

제1부 발견술

제2권 일반적 미학에 관하여

제1부 발견술

일러두기

1 이 책은 *Aesthetica*, Frankfurt(Oder): Kleyb, 1750(제1권 §1~613)과
Aestheticorum Pars Altera, Frankfurt(Oder): Kleyb, 1758(제2권 §614~904)의
일반론 부분을 발췌 번역한 것이다. 『미학』에서 주요하게 거론되는
바움가르텐의 저술 『형이상학』과 『철학적 윤리학』은 *Metaphysica*, Halle:
Hemmerde, 1779와 *Ethica philosophica*, Halle: Hemmerde, 1763에서 이 책에
언급되는 절만을 번역하여 「부록」에 정리하였다.

2 고딕 표기는 모두 바움가르텐(원문의 대문자) 또는 인용문의 저자가 강조한
것이다.

3 원문에서 이탤릭으로 표기된 것 중 인용으로 확신할 수 있는 문장은
큰따옴표(" ")로 묶어 옮긴이 주를 통해 출처를 밝혔고, 그 외에는 이탤릭을
그대로 살려두었다.

4 소괄호( )는 바움가르텐 또는 인용문의 저자가 삽입한 것이다.
단, 라틴어나 그리스어, 한자 병기, 해제와 미주의 소괄호는 부연 설명을 위해
옮긴이가 삽입한 것이다.

5 대괄호[ ]는 원문에는 없지만 독자의 이해를 돕기 위해 옮긴이가 삽입한
것이다. 단, 대괄호 속 말줄임표[…]는 원문 중 일부를 생략했음을 뜻한다.

6 바움가르텐이 『미학』 내 다른 절에서 또는 『형이상학』과 『철학적 윤리학』에서
참조할 것을 지시하기 위해 적시한 절 또는 장 번호는 위 첨자 형태로 명조로
표기하였다. 『미학』의 절인 경우는 부분기호(§)와 숫자만, 『형이상학』과
『철학적 윤리학』 경우는 각각의 약칭 M과 E를 썼다. 그 외 원전에 표기된 참조
문헌 모두 같은 서식으로 표기하였다.

7 미주는 옮긴이의 것이며, 미주 번호는 위 첨자 형태로 고딕으로 표기하였다.

8 외국 인명이나 지명 표기는 국립국어원의 외래어 표기 원칙을 따랐다.
단, 고대 그리스어의 경우 실제 발음에 가깝게 표기하였다.

9 본문에 언급되는 원서의 제목은 한국어로 옮기고 본문 또는 미주에 처음 한
번만 병기하였다.

미학 원전 시리즈를 내며

예술에 대한 철학적 성찰의 흔적은 서양의 고대 문헌들에서도 찾아볼 수 있다. 플라톤의 『국가』와 『향연』, 아리스토텔레스의 『시학』이 그 대표적 예라 할 수 있다. 하지만 이런 저술들에서 예술이나 아름다움의 본질은 주된 고찰 대상이 아니었다. 플라톤은 이상적 국가나 사랑의 신 에로스를 고찰하면서 곁가지로 모방으로서의 예술이나 아름다움의 이데아를 다루었고, 아리스토텔레스는 훌륭한 비극이 갖추어야 할 바를 서술하면서 아름다움의 본질을 함께 다루었을 뿐이다.

영국과 프랑스, 독일을 중심으로 철학자들은 예술이란 도대체 무엇인가, 예술작품에서 우리가 느끼는 아름다움과 숭고의 본질은 무엇인가 하는 물음을 17~18세기에 이르러 본격적으로 고찰하기 시작했다. 영국에서는 섀프츠베리, 조지프 애디슨, 프랜시스 허치슨, 에드먼드 버크, 데이비드 흄, 알렉산더 제라드, 아치볼드 앨리슨, 프랑스에서는 니콜라 부알로, 장-밥티스트 뒤보, 샤를 바퇴, 드니 디드로, 볼테르, 독일에서는 알렉산더 고틀리프 바움가르텐, 고트홀트 에프라임 레싱 등의 학자가 저마다 아름다움과 예술에 대한 새로운 이론을 쏟아냈다.

그전에는 서로 다른 영역에서 따로 다루어지던 여러 장르를 예술이라는 이름으로 묶어낸 것도, 미학이라는 학문 명칭을 처음으로 고안해내고 아름다움과 예술의 본질을 철학적 탐구의 대상으로 정한 것도 이때였다. 이들의 이론적 성과를 토대로 18세기 말, 19세기 초에는 칸트, 셸링, 헤겔 등의 독일 관념론자들과, 질풍노도에서 낭만주의에 이르는 시기의 문필가들 중에서 괴테, 실러, 슐레겔 형제, 노발리스 등이 폭발적으로 미학 이론을 발전시켰다. 이것이 니체, 베냐민, 하이데거 등에 이르러 철학 논의의 중심이 형이상학과 인식론에서 미학으로 재편되는 초석이 되었다. 데리다, 들뢰즈, 바디우, 지젝, 랑시에르 등 오늘날 현대철학자들의 논의 대부분은 예술과 밀접한 관련을 맺고 있다. 그러므로 근대 미학 형성기의 연구 성과를 제대로 고찰하는 것은 오늘날의 서양미학, 더 나아가 서양철학 전체의 흐름을 이해하는 데 매우 중요한 토대가 된다.

'미학 원전 시리즈'는 아직 한국에 소개되지 않은 미학 원전을 우선 번역해 소개하고, 각 나라의 학풍을 제대로 파악할 수 있도록 영국과 프랑스, 독일 학자들의 원전을 균형 있게 선택하는 것을 원칙으로 삼았다.

　　모쪼록 많은 독자가 '미학 원전 시리즈'에서 소개하는 저술들에 담긴 미학적 질문과 이를 풀어내려는 시도를 깊이 사색하면서 음미해볼 수 있기를 바란다. 거기에 철학적 탐구가 선사하는 묵직한 기쁨을 함께 느낄 수 있다면 금상첨화일 것이다. 그렇게 된다면 그때그때 유행을 따라 피상적으로 문제를 바라보는 데에서 나아가 문제의 근원을 찾아 그 심연을 들여다보게 되고, 이는 아름다움을 인식하는 우리의 감각과 이성을 더욱 갈고닦는 진정한 기초가 될 것이라고 믿는다.

옮긴이 서문

바움가르텐의 『미학』을 서양 근대 미학 태동기에 출간된 가장 중요한 원전으로 꼽는 데 이의를 제기할 독자는 없을 것이다. '미학'이라는 학문 명칭을 고안했을 뿐 아니라, 미학이 어떤 실질적 내용을 가져야 할지에 대한 이론적 틀을 제시한 학자가 바로 바움가르텐이기 때문이다. 이런 중요성에 비추어볼 때 그의 『미학』이 이제야 한국어로 번역되어 소개된다는 것이 이상하게 여겨질지도 모르겠다.

하지만 여기에는 피치 못할 사정이 있었다. 우선 『미학』은 독일어가 아니라 라틴어로 저술되었기에 대부분의 학자에게, 특히 동양권의 학자에게는 더더욱 접근이 어려웠다. 또 『미학』이 출간된 지 얼마 지나지 않아 미학에 관한 한 불멸의 대작이라 할 칸트의 『판단력비판』이 출간되어 학계의 관심이 칸트와 그 이후의 독일 미학에 집중되었다. 실제로 칸트, 헤겔, 셸링 등 위대한 철학자뿐만 아니라 슐레겔 형제나 노발리스와 같은 낭만주의 이론가, 괴테나 실러와 같은 문필가를 통해 독일 근대 미학이 세계 미학사에 끼친 영향력은 누구도 부정할 수 없을 것이다. 현대미학사에서도 독일 철학자와 예술가의 힘을 느낄 수 있다. 마르틴 하이데거, 테오도어 아도르노, 발터 베냐민, 에른스트 블로흐, 헤르베르트 마르쿠제, 한스 게오르크 가다머, 베르톨트 브레히트 등의 이론적 성취를 보라. 독일 미학이론의 영향력이 커질수록 미학이라는 학문 명칭을 만들고 독창적인 미학이론을 제시한 바움가르텐은 그 이름만 사람들 입에 오르내릴 뿐 그의 저술에 대해서는 거의 아무런 연구가 이뤄지지 않았다.

한국에서 바움가르텐 미학에 대한 연구 논문이 처음 발표된 것은 1995년에 이르러서였다. 첫 논문 발표 이후 2010년까지 바움가르텐 미학을 다룬 논문은 단 두 편에 불과했다. 칸트나 헤겔의 미학에 대해 수없이 많은 논문이 쏟아져 나왔던 현실에 비추어 볼 때 바움가르텐 미학에 대한 관심이 얼마나 적었는지 미루어 짐작할 수 있을 것이다.

하지만 2000년대 중반을 기점으로 한국의 바움가르텐 미학 연구가 한층 활발해졌다. 2010년 이후 열 편의 논문이 발표되었고, 이 추세는 앞으로 계속될 것으로 기대된다. 이 같은 변화는 『미학』의 라틴어-독일어 대역본이 출간됨으로써 가능했다고 생각한다. 2007년, 펠릭스 마이너 출판사에서 바움가르텐 전문가인 다그마 미어바흐(Dagmar Mirbach)의 번역본을, 빌헬름 핑크 출판사에서 역시 바움가르텐 전문가인 콘스탄체 페레스(Constanze Peres)의 번역본을 라틴어-독일어 대역본으로 출간했고, 이는 바움가르텐 미학 연구의 중요한 초석이 되었다.[1]

옮긴이가 바움가르텐 『미학』을 번역할 용기를 낼 수 있었던 것도 이 두 라틴어-독일어 대역본의 영향이 크다. 참고할 역본이 많을수록 오역의 위험성이 줄어들기 때문이다. 물론 주로 참조한 미어바흐 번역본에서도 몇몇 오역과 번역의 누락을 발견할 수 있었고, 어떤 경우에는 옮긴이의 해석과 미어바흐의 해석이 다르기도 했다. 하지만 좀 더 정교하고 정확한 번역과 해석을 위한 소중한 참조점을 제공한다는 점에서 이 대역본들의 중요성은 몇 번을 강조해도 모자랄 것이다.

다만 독일어판을 번역할 경우 앞서 지적한 것처럼 독일어판 자체의 번역 오류를 피하기 어렵고, 중역을 하게 되면 원어의 의미에서 멀어질 위험도 커지기에, 한국에 처음 소개되는 『미학』은 라틴어 원전을 번역하는 것이 최선이며 반드시 필요하다고 생각했다. 따라서 독일어 대역본을 참조하되 라틴어 원전을 직접 번역하는 것을 원칙으로 삼았다.

다행히 『미학』 라틴어 원전은 독일의 여러 대학에 전자책으로 소장되어 있고, 학술적 목적으로는 누구나 접근할 수 있어 어렵지 않게 구할 수 있었다. 또한 바움가르텐이 『미학』을 저술하며 참조한 자신의 또 다른 저술 『형이상학』과 『철학적 윤리학』의 원문도 같은 경로로 구할 수 있었다. 이 책에서 언급되는 두 저술의 내용은 번역하여 부록으로 따로 정리하였다. 게다가 같은 저술의 여러 판본이 모두 공개되어 있어 각 판본을 비교할 수 있었고, 덕분에 번역의 정확성을 기하는 데 큰 도움이 되었다. 이는 옮긴이가 처음『미학』번역을 계획했던 2000년대 중반에는 상상조차 할수 없는 일이었다. 원전을 보존하고 연구 활성화를 위해 기꺼이 자료를 공개한 독일의 대학들에 이 자리를 빌려 깊은 감사의 마음을 전한다.

이번 한국어판은 1750년과 1758년 두 차례에 걸쳐 출간된 라틴어 원전을 발췌 번역한 것이다. 총 904절에 달하는『미학』전체 내용은 워낙 방대해서 모두 번역해내려면 이번에 출간되는 번역본에 소요된 것보다 훨씬 더 많은 시간이 필요했다. 하지만 일반적 원리와 원칙에 대한 서술만으로도 바움가르텐 미학의 독창성과 정수를 엿보기에는 부족함이 없다는 것이 옮긴이의 확신이었다. 그래서 이 책에서는 다음과 같은 내용을 먼저 소개하게 되었다. 첫째,『미학』제1권에 제시된 미학의 일반 원리에 대한 서술부분. 둘째,『미학』제1권과 제2권에 걸쳐 다뤄지는 아름다움의 구성 원리인 풍요로움, 크기, 진리, 빛, 확신, 생명력 가운데 바움가르텐이 미처 저술하지 못한 생명력을 제외한 나머지 원리의 일반적 원칙에 관한 서술 부분이 그것이다.

　　물론『미학』을 완역했다면 더 좋았을 것이다. 하지만 미학 원전 시리즈라는 기획을 통해 바움가르텐 미학의 주요 원리를 하루라도 빨리 독자들에게 소개할 수 있게 된 점 또한 큰 의의가 있다

고 생각한다. 빠른 시일 안에 『미학』의 완역본을 출간할 수 있게
되기를 옮긴이 또한 바라 마지않는다.

AESTHETICA

SCRIPSIT

ALEXAND. GOTTLIEB BAVMGARTEN

PROF. PHILOSOPHIAE.

TRAIECTI CIS VIADRVM

IMPENS. IOANNIS CHRISTIANI KLEYB

CIƆCICCL.

서문

1742년 나는 낮은 단계의 인식 능력이 진리를 인식하게끔 하는 데 도움이 될 새로운 강의를 해달라는 부탁을 받았다. 그때 나는 내게 익숙한 방식에 따라 우선 그와 관련된 독자적인 정의와 증명을 제시하여 학생들이 받아 적도록 했다. 그 밖의 내용은 자유로운 강연의 방식을 활용하여 설명하려고 남겨두었다.

이후에 강연 원고를 입수한 훌륭한 몇몇 학자, 그중에서도 특히 매우 유명한 데다 존경할 만한 인품을 갖춘 할레 대학 교수 게오르크 프리드리히 마이어(Georg Friedrich Meier)가 내가 모아놓은 내용을 아주 마음에 들어 했다. 그는 할레 대학에 새로운 강의를 개설하여 이에 관한 연구를 수행했을 뿐만 아니라 책을 쓰기로 마음먹었다.[1] 나는 무척 유익한 그의 저술 일부를 읽어보았는데, 내가 강의한 내용이 능숙하게 독일어로 옮겨졌을 뿐만 아니라 훌륭한 예들과 탁월한 매력을 지닌 장식들을 통해 내용이 더 풍부해졌음을 발견하였다. 이렇듯 나는 가장 사랑하는 친구와 함께 학문적 독서를 통한 즐거움을 암암리에 느끼고 있었다.

그런데 지난해에 고상하고 탁월한 동료 교수들이 나를 찾아와 다시 한번 미학 강의를 개설해달라고 부탁하였다. 그들의 요청이 너무나 진지해서 나는 그 요청을 수락했다. 그리고 내 강의를 들으면서 피곤해질 정도로 쉴 새 없이 필기해야 했던 학생들에게 내가 얼마나 많은 시간을 빚지고 있는지를 떠올렸다. 필기를 하고도 원고를 보여달라고 요청하는 학생들도 있었음을 상기했다. 그래서 나는 강연 원고를 출간하기로 마음먹었다.

내 글이 마음에 든 적은 있어도 다시 고쳐 쓰지 않아도 될 만큼 흡족했던 적은 한 번도 없었기에, 나는 팔 년 전에 강의한 내용을 가능한 한 수정하여 개선해야겠다고 결심했다. 이번 겨우 내 집필에 몰두해 완성한 내용이 이제 이 작지만 적절한 분량의 책에 담겨 누구나 읽을 수 있게 되었다. 나는 내가 얻게 될 첫 번째 여가시간을 이 책의 나머지 내용을 마저 저술하는 데 바칠 것이다. 그때는 아마도 서문에 더 많은 내용을 쓸 수 있을 것이다.

이 자리를 빌려 감사의 말을 전해야 할 사람이 있다. 내가 과거에 썼던 글들을 다시금 살펴볼 때, 여러 글 중에서 특히 자무엘 베렌펠스와 게라르두스 요한네스 포시우스의 글과 매우 저명한 요한 마티아스 게스너의 용어사전이 아주 큰 도움이 되었다.[2] 게스너의 용어사전은 단지 언어의 차원에서뿐만 아니라 참된 아름다움에 적합한 사태의 차원에서도 정말로 엄청나게 풍부한 내용을 담고 있다. 거룩한 신의 섭리에 따라 내가 맡게 된 임무를 완수하기 위해 행한 나의 이번 노력과 앞으로 행하게 될 노력이 어떤 운명을 맞이하게 되든 내게는 다음과 같은 사실이 아주 분명해 보인다. 나는 나의 몇몇 생각을 그것을 판단하게 될 훌륭한 사람들에게 제시하였다. 그들이 이 문제에 대해 심사숙고하여 이르게 될 결론은 내가 내린 결론보다 더 아름다울 뿐만 아니라 더 훌륭할 것이며, 재능을 갈고닦게 하고 도덕규범을 진작하는 데에도 적잖이 도움이 될 것이다.

나는 이 글을 1750년 3월 26일 프랑크푸르트안데어오데르에서 작성하였다.

개관

서론, §1~13

본론

I 이론적 미학

  1) 발견술, 제1부

    A) 인식의 아름다움 일반에 대하여, 제1장, §14~27

    B) 인식의 아름다움의 특정한 종류에 대하여

      a) 미적 인간의 특징

        א) 긍정적 성격

          α) 본성, 제2장, §28~46

          β) 훈련, 제3장, §47~61

          γ) 가르침, 제4장, §62~77

          δ) 열정, 제5장, §78~95

          ε) 교정, 제6장, §96~103

        ㄱ) 부정적 성격, 제7장, §104~114

      b) 미적인 풍요로움

        א) 일반론, 제8장, §115~118

        ㄱ) 각론

α) 소재

  A) 소재 그 자체, 제9장, §119~129

  B) 소재에서 파생된 것

    a) 토피카, 제10장, §130~141

    b) 내용을 풍요롭게 해주는 논증들, 제11장,
      §142~148

β) 인물들, 제12장, §149~157

γ) 둘의 용법에 대한 간략한 소개

    1) 언제나 쓰이는 절대적 용법, 제13장, §158~166

    2) 이따금 쓰이는 상대적 용법, 제14장, §167~176

c) 미적인 크기

 א) 일반론, 제15장, §177~190

 ב) 각론

  α) 소재

    A) 절대적 소재, 제16장, §191~201

    B) 상대적 소재, 제17장, §202~216

    C) 소재에 대한 관념의 관계

      a) 일반, 제18장, §217~229

      b) 사유의 종류에 따른 특수한 사유방식

        1) 단순한 사유방식, 제19장, §230~265

        2) 평범한 사유방식, 제20장, §266~280

서론

§1 　　미학(자유인의 기술들[1]에 관한 이론, 낮은 단계의 인식에 관한 학문, 아름답게 사유하는 기술, 유비적 이성[2]의 기술)은 감성적 인식에 관한 학문이다.

§2 　　낮은 단계의 인식 능력은 이론적 수련이 아니라 오직 실제 발휘됨을 통하여서만 개선된다. 이러한 인식 능력의 본성적 단계에 관한 학문은 **본성적 미학**이라 부를 수 있다. 그리고 그것은 마치 본성적 논리학에서 종종 그러한 것처럼 아름다운 재능을 타고난 경우를 가리키는 선천적 미학과, 그렇지 않은 경우를 가리키는 후천적 미학으로 구분될 수 있다. 후자는 다시 교육적 미학과 실천적 미학으로 구분될 수 있다.

§3 　　본성적 미학에 덧붙여지는 인위적 미학이[§1] 가져다주는

더 큰 유익은 무엇보다도 다음과 같을 것이다.[3] 1) 주로 오성에 따라 인식을 획득하는 학문에 좋은 소재를 마련해주는 일, 2) 학문적으로 인식된 내용을 모든 사람이 이해할 수 있도록 만들어주는 일, 3) 판명하게 인식된 것들의 경계를 넘어서 인식의 개선을 이뤄내는 일, 4) 모든 더욱 교화된 학문과 모든 자유인의 기술을 위해 훌륭한 원리들을 마련해주는 일, 5) 다른 사항이 동일하다면, 일상적인 삶에서 해야 할 모든 일에 있어서 더 나은 사람이 되게 해주는 일.

§4 이로부터 다음과 같은 특수한 유익들이 파생된다. 1) 문헌학적, 2) 해석학적, 3) 성서주석학적, 4) 수사학적, 5) 설교학적, 6) 시적, 7) 음악적 유익 등등.

§5 우리가 제시하는 학문에[§1] 대해 다음과 같은 반론이 제기될 수 있을 것이다. 1) 이 학문은 그 범위가 너무 넓어서 한 권의 책이나 하나의 강의에서 다 다룰 수 없다. 이런 반론에 대해 나는 이렇게 대답할 것이다. 맞다. 하지만 무언가를 다루는 것이 아무것도 다루지 않는 것보다는 낫다. 반론 2) 이 학문은 수사학이나 시학과 다를 바 없는 학문이다. 이에 대한 나의 대답은 이렇다. a) 이 학문은 저 두 학문보다 더 넓은 영역을 다루는 것이 분명하다. b) 이 학문에는 앞의 두 학문과 그 외의 다른 학문들이

공유하는 대상들, 또 두 학문이 서로 공유하는 대상들이 포함된다. 이런 대상들을 그것들에 적합한 장소인 여기서 [즉, 미학을 통해서] 한번 제대로 고찰하고 나면, 어떤 기술이든 쓸데없는 동어 반복 없이 더욱 행복하게[4] 자신의 토대를 갈고닦을 수 있다. 반론 3) 이 학문은 비평과 다를 바 없다. 이에 대한 나의 대답은 다음과 같다. a) 논리적 비평도 존재한다. b) 어떤 종류의 비평들은 미학의 일부다. c) 이를 위해서는 미학의 다른 부분들에 대한 예비 지식이 거의 필수적이다. 아름답게 사유된 것, 말해진 것, 써진 것에 대해 판단하고자 하면서 단순한 취미[5]에 대해서만 논쟁하기를 원하지 않는다면 말이다.

§6   우리의 학문에 대해 계속해서 다음과 같은 반론이 제기될 수 있을 것이다. 4) 감성적인 것, 상상력의 산물, 우화, 혼란스러운 정념은 철학자에게는 어울리지 않는 주제이며 그의 사유 지평 아래에 있다. 이 반론에 대해 나는 이렇게 대답할 것이다. a) 철학자도 다른 사람들과 더불어 존재하는 인간이다. 만일 그가 인간 인식의 많은 부분을 차지하는 이런 것들이 자신의 연구 영역에 속하지 않는다고 믿는다면, 그것은 잘못된 생각이다. b) 그렇게 비판하는 사람들은 아름답게 사유된 내용들에 대한 보편적 이론을 개별적인 실천이나 수행과 혼동하고 있다.

§7   반론 5) 혼연(混然)함[6]은 오류의 어머니다. 나의 대답. a) 하지만 혼연함은 진리의 발견을 위해 필수불가결한 조건이다. 자연은 결코 모호함에서 판명함으로 바로 비약하지 않기 때문이다. 밤이 지나고 새벽이 와야만 낮이 있는 법이다. b) 그러므로 혼연함으로부터 오류가 발생하지 않도록 주의를 기울여 혼연함을 고찰해야 한다. 그렇게 주의를 기울이지 않는 사람들에게서 너무나 많은 중대한 오류가 범해지기 때문이다. c) 혼연함을 찬양하는 것이 아니라, 인식에는 필연적으로 혼연한 무언가가 섞여 있으므로 인식을 개선하는 것이 중요하다는 것이다.

§8   반론 6) 판명한 인식이 더 우월하다. 나의 대답. a) 그것은 한계가 분명한 정신에 있어서 더 중요한 것들에만 해당되는 주장이다. b) 어떤 한 가지가 [즉, 판명함이] 인정된다고 해서 다른 것[즉, 혼연함]이 배제되는 것은 아니다. c) 그러므로 우선 우리가 판명하게 인식된 규칙에 따라 아름답게 인식되어야 하는 것들에 직접 향한다면, 결국 언젠가는 그로부터 그만큼 더욱 완전한 판명함이 나타날 수 있다.§3,§7

§9   반론 7) 유비적 이성을 연마하게 되면 확고한 이성의 영역이 피해를 입지 않을까 두려워해야 한다. 나의 대답. a) 이러한 주장은 오히려 이러한 사유방식을 인정하는 사람들에게서 나올

수 있는 것이다. 왜냐하면 여러 개의 요소로 구성된 완전함[7]을 얻으려고 할 때는 언제나 그와 똑같은 위험에 주의를 기울이도록 격려하고, 참된 완전함을 소홀히 하지 않도록 권유하게 되기 때문이다. b) 유비적 이성을 소홀히 하거나 더 망가뜨린다고 해서 유비적 이성을 연마하는 경우보다 이성이나 더욱 엄격한 학문적 철저함에 덜 해가 되지는 않는다.[8]

§10   반론 8) 미학은 기술이지 학문은 아니다. 나의 대답. a) 이것들은 서로 대립되는 특성을 지니고 있지 않다. 예전에는 기술에 불과하던 너무도 많은 것이 지금은 동시에 학문이기도 하지 않은가? b)우리가 제시하는 기술이 학문적으로 증명될 수 있다는 사실은 경험적으로 입증되었고 선험적으로도 명백한 사실이다. 왜냐하면 심리학 등의 학문이 이 학문을 위해 확실한 원리들을 공급해주며, §3과 §4에서 언급된 용례들이 이 기술이 학문으로 승격될 자격이 있음을 보여주기 때문이다.

§11   반론 9) 미적 인간은 시인처럼 타고나지 훈련을 통해 만들어질 수 없다. 나의 대답. 호라티우스, 『시작의 기술』, 408ff.[9]; 키케로, 『연설가에 관하여』, 1, 14, 60[10]; 게오르크 베른하르트 빌핑어, 『신, 인간의 영혼, 세계와 사물의 일반적인 상태에 관한 철학적 해명』 §268[11]; 요한 야콥 브라이팅어, 『비유의 본성, 의도와 사

용방식에 관한 비판적 논고』p. 6[12]. 더 완성된, 이성의 권위를 통하여 더욱 추천할 만한, 더 정확하고 덜 혼연한, 더 확실하고 덜 불안정한 이론은 타고난 미적 인간을 도와 타고난 재능을 더 잘 발휘하게 해준다.[§3]

§12   반론 10) 낮은 단계의 능력이나 육체는 일깨우거나 강화하기보다는 극복해야 한다. 나의 대답. a) 낮은 단계의 능력에는 폭정이 아니라 적절한 통치가 필요하다. b) 게다가 자연스러운 방식으로 이룰 수 있는 한, 미학은 마치 우리의 손을 붙잡은 듯 그리로 인도한다. c) 낮은 단계의 능력은 그것이 변질되어 있는 한 미적 인간에 의해서 일깨워지거나 강화될 수 없다. 따라서 미적 인간은 이것이 잘못된 훈련을 통하여 더 변질되지 않도록, 또 아무런 성의도 없이 그것의 오용을 피해야 한다는 평계를 대면서 신에게서 받은 재능을 사용하지 않는 일이 없도록 올바른 길로 인도해야 한다.

§13   우리의 미학은[§1] 그 손위 자매학문인 논리학과 마찬가지로 1) 이론적, 교육적, 일반적이다. 그 종류로는 a) 사태들과 사유의 대상들에 대해 가르쳐주는 경우에는 발견술[제1부;13], b) 명확한 사유지침에 관하여 가르쳐주는 경우에는 방법론[제2부], c) 아름답게 사유되고 배열된 기호들에 관하여 가르쳐주는 경우에는 기호

32

론제3부이 있다. 그 다음으로는 2) **실천적**, 실행적인 특수한 학문이다. 두 학문 영역 모두에 다음과 같은 사항이 해당된다.

"자신의 능력에 맞게 주제를 선택한 사람은
말솜씨도, 명확한 체계도 부족하지 않다네."[14]

여러분이 신경 써야 할 첫째는 "사태"가 되어야 하며, 둘째는 "명확한 체계, 기호"는 마지막 세 번째여야 한다.

제1권 이론적 미학

제1부 발견술

제1장 인식의 아름다움

§14　미학의 목적은 감성적 인식 자체의 완전함이다.§1 그런데 그것은 바로 아름다움이다. M§521, M§662 반면 피해야 할 것은 그것의 불완전함이다. 그런데 그것은 바로 추함이다. M§521, M§662

§15　감성적 인식의 완전함은 너무도 비밀에 싸여 있어 우리에게 전적으로 모호하게 남아 있거나 오성적 능력 없이는 들여다볼 수 없다. 따라서 미적 인간 스스로는 이러한 감성적 인식의 완전함에 도달할 수 없다.§14

§16　감성적 인식의 불완전함 또한 너무도 비밀에 싸여 있어 우리에게 전적으로 모호하게 남아 있거나 오성적 판단 능력이 없이는 발견할 수 없다. 따라서 미적 인간 스스로는 이러한 감성적 인식의 불완전함에 도달할 수 없다.§14

§17   그 주된 대상에 따라 선택된 명칭에 따르자면, **감성적 인식**이란 판명한 상태 아래에 계속 머무는 표상들이 결합된 상태다. 잘 다듬어진 취미를 지닌 관찰자는 때로는 실제로 존재하는 감성적 인식의 아름다움이나 우아함 혹은 추함만을§15,§16 오성을 통해서 고찰한다. 그런데 만일 우리가 그렇게 하려 한다면, 서로 그 종류와 수가 다른 너무도 많은 매력이나 오점에 파묻혀 학문의 성립에 필수불가결한 판명함이 사라져버릴 것이다.§1 이런 이유로 우리는 우선 거의 모든 아름다운 감성적 인식에 공통된 **아름다움**, 즉 **보편적**이고 일반적인 아름다움과 그 반대, 즉 추함을 고찰하여 그 특성을 해명하고자 한다.§14

§18   감성적 인식의 보편적 아름다움은§14 1) 관념들이 서로 조화를 이루어 현상이라고 부르는 하나의 존재자를 구성하는 것을 가리킨다.§14, M§662 우리가 관념이 배열되는 방식이나 관념을 지시하는 기호들에 주목하지 않는 한 말이다. 이러한 **사태나 관념의 아름다움**은 인식의 아름다움의 첫 번째이자 으뜸가는 부분이지만§13, 어쨌든 그것으로부터 구분되어야 한다. 그리고 대상 혹은 질료의 아름다움으로부터도 구분되어야 한다. 그런데 우리는 우리가 다른 사람들로부터 받아들인 사태라는 개념의 의미에 근거하여 이런 아름다움[즉, 대상 혹은 질료의 아름다움]을 종종 부당하게 그것[즉, 사태나 관념의 아름다움]과 혼동한다.[1]

§19   질서 없이 완전함은 존재할 수 없다.ᴹ§95 그러므로 감성
적 인식의 보편적 아름다움은§14 2) 그것이 현상인 한, 아름답게
사유되는 사태들에 대해 숙고하는 질서 잡힌 방식의 내적 조화
이면서 동시에 그것과 사태들 사이의 조화이기도 하다.§14 이것이
배치와 **질서의 아름다움**이다.

§20   기표 없이는 기의를 표상할 수 없다.ᴹ§619 그러므로 감
성적 인식의 보편적 아름다움은§14 3) 그것이 현상인 한, 기호들
이 질서뿐만 아니라 사태들과 이루게 되는 내적 조화이다. 기호
가 말이나 대화(oratio seu sermo)에 사용될 때는 표현(dictio et
eloquutio)의 성격을 띠고, 대화(sermo)**2**가 실제 목소리를 통해
서 수행될 때는 행동의 성격도 띠는, **기호를 통한 의미작용의 아
름다움**이다. 이처럼 인식의 보편적 아름다움에는 세 가지 종류가
있다.§18, §19

§21   우리가 피해야 할 감성적 인식의 추함이나 결함, 오점에
도 똑같은 종류와 수가 있을 수 있다. §13에서 제시한 제1권의
순서에 따르자면 다음과 같다. 1) 관념이나 사태에 있어서의 추
함§18, 2) 여러 관념의 결합에 있어서의 추함§19, 3) 기호를 통한 의
미작용에 있어서의 추함§20, ᴹ§121.

§22　　인식의 풍요로움, 크기, 진리, 명석함, 확실성, 생명력과 같은 것이 하나의 지각 안에서 서로 조화를 이루면, 예를 들자면 풍요로움과 크기가 명석함과, 진리와 명석함이 확실성과, 그리고 나머지 모든 것이 생명력과 조화를 이루면, 또 인식의 서로 다른 부분들이§18~20 위에서 언급한 특징들과 조화를 이루면, 어떤 인식에 있어서든 완전함이 발생한다.M§669, M§94 현상으로서 이것들은 감성적인 것의 아름다움을§14, 특히 사태와 관념의§18 보편적인§17 아름다움을 자아낸다. 이러한 사태와 관념 안에서는

풍부함과 고상함, 감동을 주는 참된 것의 확실한 빛이

사람들을 즐겁게 해준다.

§23　　어떤 인식에 있어서든 빈약함, 무가치함, 거짓M§551, 통찰하기 힘든 모호함, 의심스러운 불안정함M§531, 무기력함M§669은 불완전한 것이다.M§94 현상으로서 이것들은 일반적으로는§17 감성적 인식을 추하게 만들어버린다.§14 특히 사태와 관념에서 발견되는 결함으로서는§21 더욱 그렇다.

§24　　감성적 인식의 아름다움§14, 그리고 사태들의 우아함§18 자체는 여러 개의 구성요소가 합쳐져 이루는 복합적 완전함이면

서§18~20,§22 보편적이기도 하다.§17,M§96 이런 사실로부터 생각해 봐도 우리 인간에게는 현상으로 드러나는 단순한 완전함이란 존재하지 않음이 분명하다.M§444 따라서 사람들은 아주 많은 예외를 인정한다. 이런 예외들을 결함이라 여겨서는 안 된다. 그것들이 현상으로 드러난다고 해도 실제로 드러난 아주 커다란 조화를 없애지만 않는다면, 그러니까 가능한 한 규보가 아주 작고 수도 적은 경우라면 말이다.M§445

§25   아름다움이 이러한 전제들에 근거하는 경우 우리는 이러한 아름다움을 **우아함**이라고 부른다. 우리가 §24에서 서술한 바 있는 **예외들**도, 예를 들어 아름다움의 규칙들 중에서 더 약한 것이 더 강한 것에, 가져다주는 유익이 덜한 것이 유익이 더한 것에, 적용 범위가 더 가까운 것이 더 먼 것에 자리를 내어주는M§446 등의 경우에도 우아하지 않지는 않을 것이다. 따라서 인식에 있어서 아름다움의 규칙들을 확립하면서 그것들의 힘에도 함께 주목해야 할 것이다.M§180

§26   하나의 지각이 다른 어떤 지각의 근거인 한 그것은 하나의 **논증**이다. 그러므로 풍요롭게 해주고, 고상하게 해주며, 증명해주고, 명료하게 해주며, 설득하고, 감동을 주는 논증들이 존재한다.§22 미학은 이런 논증들에 영향력과 효과M§515뿐만 아니라 우

아함도§25 요구한다. 인식의 어떤 부분 안에서 무언가 특별한 우아함이 발견되면 그것은 하나의 **전형**(본보기)이다. 그러므로 1) 사태나 관념의 전형§18, 즉 **명제적³** 전형, 2) 질서의 전형§19, 3) 표현의 전형이 그 안에 속하는, 기호를 통한 의미작용의§20 전형들이 존재한다. 논증의 종류만큼 많은 전형이 존재하는 것이다.

§27   인식의 아름다움은§14 아름답게 사유하는 인간이 만들어내는 성과물이며, 따라서 그 사람이 갖는 생생한 영향력보다 더 크지도, 더 고상하지도 않다.M§331, M§332 그러므로 우리는 다른 무엇보다도 먼저 아름답게 사유하고자 하는 이가 어떻게 생겨나며 그 이념은 무엇인지에 대해, 즉 **행복한 미적 인간의 특징**에 대해 몇 가지 서술하고자 한다. 우선 우리는 아름다운 인식에 본성적으로 더 적합한 원인들을 인간의 영혼 속에서 발견하여 순서대로 열거할 것이다. 그리고 §17에서 제시한 근거에 따라 우리는 이제 어떤 **특수**한 특성으로 내려가지 않고 일반적, 말하자면 모든 종류의 아름답게 사유된 대상이 요구하는 **보편적** 특성만을 지속적으로 살펴볼 것이다. 특수한 특성이 보편적인 특성의 부족한 부분을 보완해주면서, 어떤 특정한 종류의 아름다운 인식이 실현되는 것을 보증해주기는 하지만 말이다.

제2장 본성적 미학

§28   더욱 일반적인 것만을§27 포함시키자면, 행복한 미적 인간의 일반적 특징으로는 다음과 같은 것이 요구된다. I) 아름답게 사유하기 위해서 인간의 영혼이 타고나야만 하는 본성적 소질, 즉 **생득적인 미적 본성**§2(퓌시스, 나투라, 에우퓌이아, 아르케튀파, 스토이케이아 게네세오스).[4]

§29   §28에 언급된 본성에는 1)날 때부터 매력적이고(venustum) 우아한(elegans) 재능이 속한다. 이러한 재능은 넓은 의미에서 타고난 것으로, 그중 낮은 단계의 인식 능력은 더 쉽게 일깨워지고 더 적합한 비율에 따라 잘 어우러져 우아한 인식을 낳을 수 있다.

§30   §29에 언급된 매력적인 재능에는 A) 다음과 같은 낮은

단계의 인식 능력과 그 본성적 소질이 속한다. a)예민하게 감각하는 능력M§540. 이러한 능력은 인간의 영혼이 외적 감관들을 통하여 아름다운 사유의 최초 소재를 찾아내도록 이끌어줄 수 있다. 뿐만 아니라 내적 감관이나 내밀한 의식을 통하여M§535 자신의 나머지 능력들의 변화나 그것들이 이루어내는 성과를 경험하게끔 이끌어줄 수도 있다. 그런데 장차 감각 능력이 다른 능력들과 잘 어우러질 수 있으려면 다음과 같은 일이 필요하다. 매력적인 재능 안에서 감각 능력이 언제 어디서든 그리고 자신의 어떤 감각 작용을 통해서든 자신과 이질적인 관념들을 어떤 것이라도 억압하지 못하도록 해야 한다.§29

§31 b)상상하는 데 필요한 본성적인 소질§30. 이 능력을 통해서 매력적인 재능이 상상력이 풍부한 것(εὐφαντασίωτον; 에우판타시오톤)이 된다. 그것은 1) 종종 과거의 것이 아름답게 사유되어야 하기 때문이며, 2) 현존하는 것이 종종 그것에 대한 아름다운 사유가 완결되기 전에 지나가 버리기 때문이고, 3) 현존하는 것뿐만 아니라 과거의 것으로부터도 미래의 것이 인식되기 때문이다.[5] 물론 다른 인식 능력들과 함께 작동할 수 있으려면 상상력은 결국 매력적인 재능 안에서는 어디서나 항상 자신이 상상한 내용들로 다른 모든 지각을 모호하게 만들지는 않을 정도여야 한다.§29 다른 지각들은 개별적으로는 대개 상상의 개별적인 산

물들보다 더 약하니까 말이다. 만약 우리가 고대인이 자주 그렇게 했듯 상상력에 무언가를 지어내는 능력도 포함시킨다면, 매력적인 재능 안에 상상력이 더 많이 있어야 할 필요성이 늘어난다.

§32   c) 통찰에 필요한 본성적 소질§30, M§573. 감각이나 환상 등을 통하여 [인간의] 정신에 공급된 것들은 이러한 소질에 의해§30, §31, 말하자면 날카로운 통찰력과 재능에 의해 갈고닦아진다. 인식의 아름다움은 현상으로서의 조화로운 비례관계를 요구하며 조화로운 비례관계가 성립하지 않는 현상은 인정하지 않는다. 이러한 아름다움뿐만 아니라 더 넓은 의미의 재능의 아름다운 비례 자체도 앞에서 언급한 이런 능력들을 통하여 성취될 수 있다.§29, M§572 재능의 이름 아래 날카로운 통찰력이 감춰진 경우가 드물지 않기에 모든 아름다운 인식이 때로는 재능의 성과로 간주되는 것도 이 때문이다. 하지만 영혼의 다른 능력들과 언젠가 제대로 협력할 수 있으려면 섬세한 통찰력은 이미 충분히 준비된 소재에만 사용될 정도로만6 존재해야 할 것이다.§29

§33   d) 한번 인식했던 것을 다시 인식하는 데 필요한 소질, 그리고 기억력M§579. 상상했던 내용을 다시 불러내는 행위도 기억에 포함했던 고대인은 므네모쉬네7를 뮤즈 신들의 어머니라고 불렀다.§31 그런데 예를 들어 아름답게 이야기를 서술하고자 하

는 사람은 무언가를 다시 인식하는 능력 자체를 포기해서는 안 된다. 오히려 어떤 이야기를 지어내는 사람은 앞서 서술한 내용이 나중에 서술한 내용에 추하게 대립하지 않게 하려면 기억력이 좋아야 한다.

§34 e) 뛰어나고 실천적인 미적 인간의 부류에 창작자라는 이름을 붙여줄 수 있을 정도로 예술 창작에 요구되는 창작의[8] 소질 M§589. 아름다운 숙고의 얼마나 많은 부분이 상상된 것들을 결합하거나 분리함으로써 구성될 수 있는지를 깊이 생각해본 심리학자라면 위와 같은 요구가 이상하다고 느끼지 않을 것이다. 하지만 다른 능력들과 제대로 협력할 수 있으려면 이 소질은 거의 자신에 의해 창조되다시피 한 세계가 다른 능력, 예를 들자면 섬세한 통찰력을 통해서§31 섬세한 모습을 갖추는 것을§29 방해해서는 안 된다.

§35 f) 평범하지 않고 오히려 섬세한 풍미[9]를 갖는 데 필요한 소질 M§608. 개별적인 것에 대한 오성적 판단과 M§641 아름다움 사이에 아무런 관계가 성립하지 않을 때면 언제나§15, 이러한 소질은 섬세한 통찰력과 함께§31 감각된 것, 상상력의 산물, 허구 등에 대한 낮은 단계의 심판관이 M§607 되어야 한다.

§36   g) 예견하고 M§595 예감하는 M§610;10 데 필요한 소질. 고대인은 많은 이에게 존재하지 않는 이러한 소질의 비범함을 더욱 아름다운 재능들 안에서 관찰하고 이것을 일종의 불가사의나 기적처럼 신적인 것으로 여겼다. 이런 이유로 시인은 다시금 예언자가 된다. 하지만 여기서 그저 스쳐 지나가듯 다루는 이 소질은 무언지 정확하게 알 수 없는 미적인 신탁을 위해서만 요구되지 않는다. 왜냐하면 그것은 으뜸가는 아름다움, 즉 인식의 온갖 생명력을 위해서도 요구되기 때문이다. §22, M§665 이 능력과 소질이 다른 능력이나 소질과 함께 기능할 수 있으려면 §29, M§616, 현재의 시간과 장소에서 다른 종류의 감각에 자리를 내어주지 않아야 하고, 다른 종류의 상상에는 더더욱 자리를 내어주지 않아야 한다. §30, §31

§37   h) 자신이 지각한 것을 기호를 통해 나타내는 데 필요한 소질 M§619. 아름답게 사유하는 사람의 영혼 안에 존재하는 특성에만 주목하는지, 아니면 동시에 아름답게 사유된 것들에도 주목하는지에 따라서 이런 소질은 어떤 경우에는 더 많이, 어떤 경우에는 더 적게 필요하다. 그런데 첫 번째, 즉 영혼 속에서의 아름다운 사유의 경우에는 이 소질이 전적으로 결여되어서는 안 된다. §20 언젠가 다른 능력들과 조화롭게 어울리려면, 아름다움에 꼭 필요한 직관적 인식을 배제할 정도의 것이어서는 안 되는 것이

다. §35, M§620

§38 　§29에서 설명한 바 있는 매력적인 재능에는 B) 상위의 인식 능력이 속한다.M§624 이 경우 a) 상위의 인식 능력인 오성과 이성이 인간의 영혼으로 하여금 스스로를 지배하게 함으로써 낮은 단계의 인식 능력이 일깨워지는 데M§730 크게 기여하는 것은 드문 일이 아니다. b) 이런 능력이 이루는 조화와, 그것이 이루는 아름다움을 산출하기에 적합한 비례관계는 종종 오성과 이성을 사용함으로써만 얻어질 수 있다.§29 c) 강렬한 생생함이 유비적 이성을 통해 인간의 정신에 자아내는 자연스러운 결과는 오성과M§637 이성의 아름다움, 즉 외연적으로[11] 판명하게 통찰되는 관계다.

§39 　매력적인 재능[을 지닌 사람]은 본성적으로 다음과 같은 소질을 지닌다. 때때로 그는 자신이 이전에 처해 있던 상태에 대한 기억이 자신에게 무엇을 다시 전해주든지 간에 그 과거 상태로부터 벗어날 뿐만 아니라 자신의 외적 감각 자체로부터도 벗어난다. 이를 통하여 미래의 어떤 가상적인 상태에 주목하고, 그 상태를 혜안을 가지고 좋거나 나쁜 것으로 통찰한다. 또 오성과 이성의 지배 아래 적절한 기호들을 사용하여 그 상태를 눈앞에 떠올려볼 수 있다.§30~38

§40 　데모크리토스는 사리 판단이 정확한 사람들을 헬리콘에서 배제했다.§39,M§594;12 아마 그는 이 말을 농담으로 했을 것이다. 그렇지 않다면 그는 심각한 오류를 저지른 것이다. 많은 이가,

> "세 개의 안티퀴라로도 낫게 할 수 없었던 자신의 머리
> 　　를 절대로
> 이발사 리키니우스에게 맡기지만 않으면"13

매력적인 인간이라는 평가와 명성을 얻을 수 있다고 기대한다면, 이는 더 적절치 못한 일이다.M§639

§41 　아름답게 사유하고자 하는 사람에게는 더 뛰어난, 특히 본성적으로 그러한 낮은 단계의 인식 능력이 요구된다.§29 그런데 이 능력들은 본성적으로 뛰어난 상위 인식 능력과 함께 동시에 존재할 수 있을 뿐만 아니라M§649 그것에 필수불가결한 전제조건으로 요구되기도 한다.M§637 그러므로 오성적으로 사유하고 이성적으로 추론하는 재능이 자연으로부터 받아 타고난 것인 한, 그것이 아름다움을 인식하는 재능과 본성적으로 대립된다는 생각은 근거 없는 선입견이다.

§42 　아름다운 재능을 지닌 사람이 오성과 이성을 사용하는

데 매우 게으른 경우가 있을 수 있다. 또 철학적, 수학적 재능을 지닌 사람이 유비적 이성이라는 장식으로 충분한 교육을 받지 못한 경우도 존재할 수 있다. 평범한 매력은 있지만, 더 확고한 학문들에는 본성상 적합하지 못한 재능을 지닌 사람이 존재할 수 있다. 반면 이러한 학문들을 이해할 수 있는 능력은 타고났지만, 인식의 모든 매력을 즐길 수 있는 능력은 타고나지 못한 사람이 있을 수 있다. M§649, M§247

§43   어느 시대든 더 우월하고 보편적인 재능의 소유자들, 즉 오르페우스[14]나 시적인 철학의 창시자들, 에이론[15]이라 불렸던 소크라테스, 플라톤, 아리스토텔레스, 그로티우스[16], 데카르트, 라이프니츠 등은 오히려 경험에서 얻은 다음과 같은 사실을 가르쳤다. '더욱 엄밀한 학문 분야인 철학이나 수학의 경우에도, 아름답게 사유할 줄 아는 소질과 확고하게[17] 사유할 줄 아는 소질이 너무 좁지는 않은 어떤 곳에서 잘 합쳐져 거기 머무를 수 있다.'

§44   미적으로 타고난 인간§28에게는 2)위엄 있고 감동적인 인식을 아주 기꺼이 추구하고자 하는 품성, 아름다운 인식에 더 쉽게 도달하게 해주는 욕구 능력들 사이의 조화로운 관계, 즉 타고난 미적 기질이 요구된다. M§732

§45   인간이면 누구나 온갖 욕구의 대상들이 자신에게 알려지게 되면 거기에 이끌리기 마련이어서 M§665, 우리는 그중 몇 개를 대략 미적 인간에게 적합한 방식대로§15, 그것들이 갖는 가치의 순서에 따라 다음과 같이 제시할 것이다. 돈, 권력, 일, 비교적 한가함, 외적인 것에서 느끼는 즐거움, 자유, 명예, 우정, 활력과 튼튼한 신체의 건강함, 덕성의 그림자[18], 사랑스러운 덕성이 덤으로 주어진 아름다운 인식, 존경할 만한 덕성이 덤으로 주어진 고상한 인식. 그러므로 미적 기질에 어느 정도는 타고난 마음의 크기가 부여될 수 있을 것이다. 이러한 기질은 위대한 것으로 이끄는 매우 중요한 충동인데, 특히 그로부터 얼마나 쉽게 가장 위대한 것으로 넘어갈 수 있는지를 잘 알고 있는 사람에게는 더욱 그렇다.§38, §41

§46   우리에게 익숙한 기질론에 따르면[19], 사람들은 꽤 오래 걸리는 아름다운 숙고를 그보다는 짧고 상당히 빠르게 끝낼 수 있는 숙고로부터 충분히 구분하지 못하는 사람들에게 우울질을 추천하곤 한다. 후자를 위해서는 소위 다혈질이, 전자를 위해서는 우울질이 더 적합하다는 것이다. 하지만 차라리 담즙질이기를 원하는 사람들을

"명예가 바람처럼 빠른 마차에 태워 무대로 이끌고[20]

위대한 작품을 만들려는 이들에게도 같은 능력들을
선사할 것이라네."

제3장 미적 훈련

§47 　　행복한 미적 인간의 특징으로는 다음과 같은 것도 요구된다. II) 미적 연습(ἄσκησις; 아스케시스), 그리고 같은 종류의 행동을 더욱 자주 반복하는 **미적 훈련**. 이러한 훈련의 목적은 다음과 같다. 주어진 주제에 대하여 §28~46에서 서술한 바 있는 재능과 성품 사이에 어떤 조화가 생겨나도록 하는 것. 혹은 주제라는 말을 접하고는 오르빌리우스[21]가 제시한 주제들을 떠올리지 않도록 하기 위해 사태라는 말을 쓰자면, 사유되어야 할 하나의 사태에 대하여§18 아름답게 사유하는 하비투스[22]가 서서히 획득될 수 있도록 해주는 것.M§577

§48 　　제2장에서 다룬 바 있는 본성은 비교적 짧은 시간 동안이라도 같은 단계에 머물 수 없다.M§550 그러므로 지속적인 훈련을 통해서 그 소질이나 하비투스가 늘지 않는다면,§47 아무리 주

어진 것이 크다 하더라도 어느 정도 감소하거나 심지어는 마비
될 것이다. M§650 하지만 나는 제2장에서 다룬 바 있는 능력들의
훈련뿐만 아니라 미적 훈련도 추천한다.§47 물론 아름다운 본성
을 매우 해치거나 **추하게 만들어버리는** 훈련들이 존재한다. 이런
현상들은 가능하면 생기지 않도록 해야 한다.§16 그런데 활동적
이며 언제나 활발한 재능들의 경우에는 더 나은 훈련으로 바꾸
는 것을 추천하는 것보다 더 성공적으로 이것들을 피할 수는 없
다. M§698

§49　　나는 미적 훈련들, 그것도 모든 미적 훈련 안에 조화가
이뤄질 것을 요구한다.§47 아름다운 본성에서 다른 결과가 나올
수 없고, 그 힘도 다른 방식을 통해서는 커질 수 없다.§47, M§139
하지만 나는 어느 정도의 조화만을 요구한다. 군사훈련이 실제
전투만큼 병사들을 필요로 하지는 않으니까 말이다. 또 나는 미
적 인간의 충분히 아름다운 본성을 어느 정도는 해치는 훈련도
인정한다.§16 그것을 어느 정도는 추하게 만드는 훈련도 인정한
다.§48 특히 우리가 미적이라고 부르는 훈련들이 상충하지 않고
서로 조화를 이루기만 한다면 말이다.§47 마지막으로 나는 그것
의 추함이 아름다움보다 더 큰 훈련도 인정한다. 그 안에 추함이
지배적이라는 의식이§35 동반되기만 한다면 말이다. 지금은 훈련
을 통해서 얻게 되는 결과가 나쁘다 할지라도 이러한 의식을 통

해서 나중에 언젠가는 그렇지 않게 될 테니까 말이다.M§666

§50   나는 미적 훈련들에서§47 재능과의 조화뿐만 아니라, 그 것들과 제2장과 §49에서 다룬 바 있는 성품과의 조화도 요구한 다. 생기 없고 죽은 훈련들을 통해서 재능을 갈고닦지만E§403 성 품은 철저히 무시하거나 완전히 망가뜨리고 억누른다고 가정해 보자. 그렇게 되면 이런 성품은, 예컨대 위선이나 운동경기의 난 폭함, 방탕한 자들과의 교류, 야망, 방종, 폭음, 게으름, 나태, 경제 적인 관심사나 오로지 돈만을 향한 매우 강한 욕망이나 지배적 인 정념에 휘둘리게 된다.§46 그러면 어디서든 아주 비천한 마음 이 매우 뚜렷하게 드러나게 되고, 매력적으로 사유된 것처럼 보이 던 것도 그것이 무엇이든지 간에 모두 추한 것이 되어버린다.§48

§51   제2장에서 다룬 바 있는 재능은 조야하게 남아 있더라 도E§403, 이미 고상하게 높여진 성품은 응당 그래야 하는 듯이 보 이는 것처럼 보존되거나 가능하다면 어떤 다른 방식으로든 고상 하게 높여질 수 있다.M§732 아마도 내가 §45에서 말한 바처럼 이 로부터 덕성의 그림자가 생겨날 것이다. 하지만 그럴 경우 한편 으로는 어디서나 재능의 조야함이 두드러지면서 당신이 선하다 고 말할 선한 마음의 움직임들을 추하게 만들어버리게 될 것이 다.§48 사람들이 종종 그렇게 말하곤 하는 것처럼 말이다. 다른

한편으로, 적어도 부분적으로는, 인간의 영혼이 아름다운 인식을 싫어하거나 충분히 원하지 않기에, 상황이 안 좋을 때면[23] 재능이 마비되도록 내버려두기를 꺼려하지 않을 것이다.[§48] 이런 이유로 재능은 절대로 다시금 무언가를 아름답게 인식하는 데까지 고양되지는 못할 것이다.[§27]

§52　　미적 훈련[§47]은 1) 잘 다듬어진 기술의 지도를 받지 않은 채 수행되는 즉흥적인 임기응변(αὐτοσχεδίασμα; 아우토스케디아스마)이다. 이를 통해서 훈련하는 사람은 자신의 성품을 고상하게 높일 수 있는 힘을 얻게 된다. 여기에 속하는 것은 고대의 한 늙은 농부가 축제 때 용감하게 자신의 영혼을 북돋우면서[§50]

　　"운율을 뒤섞어가면서 시골스러운 욕설들을 시구(詩句)
　　에 담아 쏟아내던"[24]

사투르누스적(Saturnus)인 거친 시구다. 잘 다듬어진 기술이 발명되기 전 인류가 지니고 있던 모든 개별적인 아름다운 인식이 여기에 속한다. 예를 들자면 마치 오비디우스가 자신에 대해서 다음과 같이 말할 때 엿보이는 것처럼, 모든 기술에 선행하는 온갖 아름다운 본성의 최초의 불꽃들도 여기에 속한다.

"말하려 하는 것이 무엇이든, 저절로 시가 될 거라네."[25]

§53　　우리는 미적인 영역에서는 조야한 재능과 잘 다듬어진 재능을 동일한 것으로 여기지 않도록 특별히 조심할 것이다.[E§405] 확실히 호메로스나 핀다로스 등의 재능은

"갈고닦지 않은, 추하고 거친"[26]

즉 조야한 **재능**은 아니었다. 하지만 그들은 자신들의 작품을 통하여 잘 다듬어진 기술의 모방이 아니라 원형들을 제시했다. 교양으로 잘 다듬어지지 않은 사람도 미적인[§29] 재능뿐만 아니라 매우 세련된 재능을 소유할 수 있다.[§52, E§403] 마치 교양으로 잘 다듬어진 사람도 아름다움에 관한 한 상당히 조야한 재능의 소유자일 수 있는 것처럼 말이다.[§42]

§54　　라이프니츠는 음악을 본인은 숫자를 세고 있는지 모르는 상태에서 영혼이 행하는 산술 연습이라고 불렀다.[27] 이와 마찬가지로 아직은 자신이 사유한다는 사실을 거의 의식하지 못하며, 자신이 아름답게 사유한다는 사실은 더더욱 의식하지 못하는 어린아이도 이미 연습을 하고 있는 것이다. 비슷한 경우들에 대한 기대와, 그런 기대를 근거로 타고난 모방 능력을 발휘함으로

써 말이다. 가르침을 받아야 할 어떤 아이가, 연약하고 더듬거리기까지 하는 그 아이의 입을 빚어낼 어떤 장인의 손에 운 좋게 맡겨지게 된다는 전제하에서.§37

> "그는 이제 그 아이의 귀를 추잡한 말들로부터 벗어나
>> 게 하고는
> 곧 친절한 가르침으로 그 마음도 빚어낸다네.§50,§45
> 올바르게 행해진 일들을 말해주고§31,§32,§35, 그 이후
>> 시대에 대해§36
> 잘 알려진§30 실례들을 통해서 가르친다네§32 등등."**28**

§55　　그런데 본성적으로 아름다운 재능[을 지닌 사람]은 자신이 무엇을 하고 있는지 모르면서도 다른 사람에게 훈련을 받으며 더욱 분명하게 자기 스스로를 훈련한다.§54 아이가 다른 아이와 이야기를 나누거나 놀 때, 특히 놀이를 발명해내거나 친구들 사이에서 골목대장 노릇을 하는 곳에서, 많은 것을 말하고 행하며 깊이 몰입하여 땀 흘리며 놀 때, 그가 아름답게 이해할 수 있는 것을 보고 듣고 읽을 때 말이다. 물론 §49~51에 따라 이러한 모든 것이 미적 훈련이 되도록 인도를 받는다는 전제하에서만 그렇다.§47

§56 　우리는 잘 말해진 것을 듣거나 잘 써진 글을 읽을 때 이 것들을 아름답게 이해하며 그것들의 아름다움에 감탄하고 거의 음미하기까지 한다. 그래서 우리는 마음속으로 저자에게 '당신의 작품이 얼마나 아름다운지, 얼마나 훌륭한지, 얼마나 흠잡을 데 가 없는지!'[29] 하고 외치게 된다. 그런데 어른인 우리도 이런 사실 을 미처 깨닫지 못하는 경우가 드물지 않다.§35 우리가 그렇게 외 치는 동시에 저자와 함께 그리고 그를 모방하면서 아름답게 사유 하고 있음 또한 우리는 충분히 알아차리지 못한다. 그러므로 다 음과 같은 미적 훈련은 대부분의 사람이 생각하는 것보다 더 중 요하다.§54 가장 아름다운 작품의 저자들이 보여준 모범적인 작 품들을

　　　"밤낮으로 손을 놀려 뒤적이고§54

　　　명예 외에는 아무 것에도 욕심이 없는 그리스인(프랑스 인)에게

　　　뮤즈 신들은 동그란 입으로 말하는 재능을 선물했다 네."[30]

§57 　더 많은 훈련이 더 많은 힘을 준다는 것은 명백한 사실 이다. 인간의 영혼이 자력으로(αὐτομάτως; 아우토마토스) 발견술 적[31] 임기응변(αὐτοσχεδιάσματα εὑριστικά; 아우토스케디아스마타

헤우리스티카)을 해낼 수 있다는 것도 마찬가지로 명백하게 입증된 사실이다. 코르크[32] 없이도 헤엄을 칠 수 있는 법을 이미 배웠거나[54~56] 그렇게 할 수 있는 재능을 타고났다면[53] 말이다.

§58   2) 잘 다듬어진 기술이[47~57] 생득적이거나[제2장] 습득된 본성적 미학에, 주된 본성에[2] 덧붙여진다면 미적 훈련은 더 정확하고 더 확실한 것이 될 것이다. 아름답기는 하지만 신적이지는 못한 재능도 잘 다듬어진 기술 없이 우아한 인식에 이르는 길을 자주 경험하기는 할 것이다. 하지만

"숲속에 길이 하나 있는데, 거기서는 주피터가
    흐릿하게 비치는 음험한 달빛 아래에서처럼, 구름으로
        하늘을
    가렸고, 캄캄한 밤이 사물들에게서 그 색을 앗아가 버
        렸다네."[33]

§59   아름다운 인식을 훈련해야 하는 사람이 실제로 그렇게 하기로 결심하고 실천한다면, 두 종류의 훈련은 모두[52, §58] 그가 실천하는 만큼 재능만이 아니라 미적 성품이나 체질도 하비투스로 이끌고 습관을 통하여 확고하게 만든다.[45] 그럼으로써 날 때부터 위대한 가슴을 더욱 위대하게 만들어준다.[46, M§247]

§60   역학적 혹은 비평적 미학은 이미 존재하는 어떤 인식의 이미 존재하는 아름다움에 이르는 데 충분한, 이미 존재하는 어떤 인간의 능력을 고찰한다. 그런데 이런 미학도 본성적으로 타고난 능력을 그 결과나 훈련으로부터가 아니면 측정할 수 없다.§27 이럴 경우 당연하게도 다음과 같은 결론이 도출된다. '이미 존재하는 어떤 인간의 임기응변의 결과와 그가 제시하는 실제 작품이 그러하기에 그의 타고난 본성도 그러하다. 미리 행한 훈련들 덕분에 타고난 본성이 거기에 도달할 수 있었던 것이다.'M§57 하지만 이보다 더 자주 내려지는 다음과 같은 결론은 그처럼 훌륭하지는 못하다. '이미 존재하는 어떤 인간의 힘들이 지금 상태로는 그와 같은 임기응변을 행하거나 실제 작품을 만들어내기에 충분치 못했다. 따라서 그는 그런 종류의 숙고를 위해 타고나야 하는 본성을 결여하고 있다.'M§60;34

§61   그러므로 자신의 능력을 측정해보려는 미적 인간에게는 어떤 특정한 인간의 힘이 어떤 특정한 아름다운 인식에 도달하기에 충분한지, 그리고 어느 정도로 그러한지를 체험하기 위한 **미적 시도**(실험)들이 필요하며, 다른 무엇보다도 결연한 훈련이 자주 필요할 것이다.M§697 그런 시도가 잘 진행된다면 그 힘이 그러기에 충분하다는 긍정적 경험이 저절로 생겨나는 것은 어쩌면 당연한 일일 것이다.§60 만일 잘 진행되지 않는다고 해도 그 원인이 언

제나 본성의 결함인 것은 아니다. 어떤 주어진 [미적] 체험을 위해 요구되는 특수한 미적 특성이 나타나지 않는다고 해서, 미적 특성이 일반적으로 결여되어 있거나 다른 특수한 미적 특성들도 결여되어 있으리라고 결론을 내려서는 안 된다.§27 키케로가 실험적으로 시를 썼다거나 오비디우스나 호라티우스가 실험적으로 서사시를 썼다 해도 그다지 훌륭한 성공을 거두지는 못했을 테니 말이다.

제4장 미적인 가르침

§62   행복한 미적 인간의 일반적 특징으로는[27] III) 미적 지식
(Μάθησις; 마테시스)과 **미적인 가르침**이 요구된다. 즉, 오로지 본
성과 그것의 발휘를 통해서만 달성되곤 하는 것보다는 아름다
운 인식의 내용과 형식에 더 밀접하게 영향을 미치는 것들에 관
한 더욱 완벽한 이론이 요구된다. 이런 이론은 더욱 진지한 훈련
을 통하여 실제로 적용될 수 있어야 한다. 이로써 하비투스는 무
지나 불확실성 때문에 사유되어야 할 사태나 규칙과 그 근거로부
터 벗어나 헤매거나 제멋대로 사유하지 않을 수 있게 된다. 그렇
지 않으면 어떤 사람은 모든 사람이 보게 될 자신의 실수를 자신
은 어떤 것인지도 모르리라고 생각해서 아름다운 숙고를 연습하
는 것 자체를 멀리하게 될 것이다.[47, §48]

§63   미적인 가르침에는 1) 모든 **아름다운 교양**이 속한다. 잘

다듬어지지 않은 교양보다는, 아름답게 사유되어야 할 대상들에 관하여 더 훌륭한 인식을 제공해주는 교양이 거기에 속한다. 본성적으로 아름다운 재능은 이런 교양을 통하여 가르침을 받고 매일의 훈련을 통하여 일깨워진다. 또 페르시우스[35]가 인정한 바와 같이 설익은 것일지라도 미적인 마음은 이런 교양을 통하여 감동을 받고 무언가를 시도할 마음 상태가 된다. 그렇게 되면 이런 재능과 마음은 미리 주어진 아름답게 사유해야 할 주제에 관하여 더욱 성공적으로 조화를 이룰 수 있다.§62, §47

§64   신, 우주, 인간, 특히 인간의 도덕적 상태와 관련해서 역사, 고대의 유산이나 어떤 특정한 종류의 기호를 드러내 보여주는 가르침은 아름다운 교양의 중요한 부분이다.§63 신화적 설명도 거기서 배제되지 않는다.

§65   이런 종류의 가르침을 행하는 데 있어서는 오직 미적 인간만이 아름다운 숙고의 대상 안에서 현상으로 나타나는§14, §15 완전함에 도달할 수 있다. 그는 어떨 때는 부정적인 방식으로, 즉 추하게 만드는 실수(παροράματα; 파르호라마타)들을 피하게 해줌으로써 그렇게 한다. 또 어떨 때는 교양 있는 독자나 관객이 긍정적인 방식으로, 즉 매우 훌륭한 교육 능력을 갖춘 저자가 쓴 단 하나의 문구나 아주 간결한 기호에서조차 종종 어떤 것이든 위대

한 가르침을 기대하지 않을 수 없게끔 만듦으로써 그렇게 한다. 그 저자가 우아하지 않지는 않은 예외[36]를 통해서 더 많은 교양을 감춰놓았다고 해도 말이다.§48, §25

§66   우리는 어린 시절에 행해지는 교육은 여기에 포함시키지 않는다.§54 이 가르침에서 다뤄야 할 것들에 관한 지식이라고 해도, 다음과 같은 급조된 지식들 또한 여기에 포함시키지 않는다. 제3장에서 다룬 바 있듯 단순한 연습만을 통해서, 즉 스쳐 지나가듯 읽거나 무슨 음악이든 닥치는 대로 듣는 것을 통해서 얻어지는 지식들 말이다. 반면 얼마나 완벽한가와는 상관없이, 그것들[즉, 다뤄져야 할 것들]에 대한 방법론적이면서 어른스러운 지식은 여기에 포함시킨다. 왜냐하면 그것이 §65에서 언급된 효과를 더욱 많이 가져오기 때문인데, 오직 그러한 한에서만 그 지식은 여기에 포함된다.

§67   하지만 우리는 미적 인간이 박식하거나 온갖 지혜를 갖출 것을 요구하지는 않는다. 왜냐하면 일반적 성격은 일반적 교양만을 요구하기 때문이다. 하지만 누군가가 아름다운 인식의 특정한 종류에 있어서 뛰어난 사람이 되고자 한다면, 그의 특수한 성격이 그런 사람에 더 가까이 다가갈 수 있게 해주는 교양 분야를 더욱 세밀하게 규정할 것이다. 따라서 이런 종류의 아름다운 인

식을 갈고닦기로 마음먹은 사람은 그 영역 안에서는 문외한이면 안 된다.§27

§68 　미적인 가르침에는 또 다음과 같은 이론들이 속한다. 2) 아름다운 인식의 형식에 관한 이론. 적절한 경로들을 통해 아름다운 인식을 얻는 방식과 그 근거들에 관한 이론. 따라서 오직 본성을 통해서만 그리고 그것의 발휘를 통해서만 얻곤 하는 것보다는 더 완전한 이론. 이 이론은 더욱 신중하고 엄격한 훈련을 통해서 실행되어야 한다.§62 그런데 하나의 체계를 통해 분류되고 정돈된 규칙들의 복합체를 사람들은 하나의 **기술**이라 부르곤 한다. 이로부터 훌륭한 미적 인간의 일반적 특성 안에 **미적 기술**이 포함되어야 할 필요성이 생겨난다.

§69 　행복한 미적 인간, 예를 들자면 연설가, 시인, 음악가 등의 특성에 대해서는 웅변의 기술, 시작(詩作)의 기술, 음악의 기술 등을 통하여 이미 오래전에 이러한 [즉, §68에서 제기된] 요구들이 충족되었다. [앞서 언급한 웅변, 시작, 음악의 기술 등에서 사용되는] 개념들이 제공하는 즐거움이나 효용, 그것들의 필연성에 대해서 무엇이 논해졌든, 약간씩이라도 더 일반적인 것으로 고양시켜주기만 하면 그것들은 미적 기술에도 적용될 수 있다. 따라서 이런 방식을 통하여 이 기술에 부여된 그러한 술어들은 다

른 기술들에 주어진 찬사들을 동시에 합쳐놓은 것만큼이나 널리 적용될 수 있다.§68

§70 이제 우리는 어떤 기술이 1)더 많은 경우에 적용하는 것이 유익할 뿐만 아니라 필연적인 규칙을 더 광범위하게 포함하고 있을수록, 그만큼 더 훌륭하다고 가정할 수 있을 것이다. 또 비록 그렇게 되기에 충분한 규칙을 간략하게 요약해놓은 것에 불과한 것이라 해도, 어떤 기술이 그 자체로 더 완전하면 할수록 그만큼 더 훌륭하다고 가정할 수 있을 것이다. 또 어떤 기술이 다음과 같은 특성을 지닐수록 그만큼 더 훌륭하다고 가정할 수 있을 것이다. 2)더 강하고 더 중요한 규칙을 제시하면 할수록, 즉 그것이 제시하는 규칙을 무시하고서는 더 큰 손실을 결코 피할 수 없으면 없을수록, 3)더 정확하고 더 세밀한 규칙, 4)더 명료한 규칙, 5)더 확실하며, 그것들의 생명인 참된 원리로부터 도출된 규칙을 더 많이 제시하면 할수록, 6) 사람들로 하여금 행위나 실천 자체를 그 규정에 따라 행하게 이끌면 이끌수록.§22

§71 미적 기술의 법칙들은 마치 개별적인 기술들을 인도하는 일종의 길잡이별[37]처럼 모든 자유인의 기술에 두루 퍼져 있다. 그런데 무언가를 아름답거나 추하게 인식하는 일은 엄밀한 의미로 과학적 인식의 과제는 아니다. 따라서 무엇이든 아름답게

인식하는 것이 추하게 인식하는 것보다 나은 곳에서는 어디서나 그 법칙들은 과학적 인식보다 더 넓은 영역을 지닌다. 그러므로 개별적인 기술들에 관한 어떤 법칙보다§69 더 기술의 형태를 띨 자격이 있다. 결국에는 단편들로 서로 분리된 상태($\dot{\alpha}\pi o\sigma\pi\alpha\sigma\mu\dot{\alpha}-\tau\iota\alpha$; 아포스파스마티아)보다는 이 법칙들이 동일한 인식으로부터 도출될 수 있는 인식의 아름다움의 더 완전한 체계를 제시해줄 것이기 때문이다. 개별적인 기술들에서는 그 무한한 다양성 때문에 완전한 무언가를 기대할 수가 없다. 우리가 아름다움이든 인식이든 그것들의 근원과 본성으로 거슬러 올라가서, 제3자 배제의 법칙에 따라 두 가지 서로 모순되는 것들로만 구분의 대상을 정함으로써 그 둘이 처음으로 구분되는 지점에까지 이르기를 추구하지 않는다면 말이다. 그런데 이런 일은 미적 기술이 학문의 형태를 지니게 됨으로써만 일어날 것이다.§70;38

§72 상위의 규칙은 그것에 종속되는 다른 모든 규칙보다 언제나 더 강하다. 그러므로 미적 기술의 법칙들은 그로부터 도출된 특수한 기술들의 모든 규칙보다 더 강하다. 그런데 만일 이 규칙들이 서로 충돌한다면, 후자[즉, 특수한 기술들의 규칙들]에 우아하지 않지는 않은 예외가 인정되어야 한다. 그러나 후자만이 알려져 있는 경우, 혹은 전자가 예를 들자면 깊은 심연 속이나 아주 멀리에 있어서 간신히 관찰되거나 간신히도 관찰되지 않는 데

반해 후자는 눈이 부실 정도로 온갖 치장을 하고 많은 예를 갖춘 경우에는 다른 결과가 나타날 것이다. 이런 일은 언제나 더 심각한 손해를 야기한다. 그러므로 미적 법칙들의 복합체는 그 결과로 발생하는 더 특수한 규칙들보다 앞서서 기술의 형태를 띨 만한 자격이 있다. 그것이 학문의 형태를 띠게 되면서 동시에 동일한 법칙들의 힘을 충분히 명백하게 우리 눈앞에 펼쳐 보여주게 된다면 말이다.§70

§73   잘못된 규칙은 규칙이 없는 경우보다 언제나 더 나쁘다. 하지만 이런 혹은 저런 실례로부터만 도출되고 그 이상의 다른 어떤 근거도 제시하지 않고 보편적이라고 과대 선전되는 법칙들이라면 특수한 것으로부터 보편적으로 추론하는, 빈틈이 매우 많은 귀납적 논증과 도대체 무엇이 다른가? 따라서 전적으로 잘못된 것은 아니라 해도 그런 법칙들은 적용 범위에 있어서 매우 자주 오류를 범한다. 게다가 완전한 귀납적 추론은 결코 이뤄질 수가 없다. 그러므로 먼저 더 중요한 규칙들의 진리를 통찰하고 나중에 경험을 통해 그러한 진리를 확증하고 예를 들어 설명하는 것이 필요하다. 마치 경험이 그러한 진리를 발견하기 위한 첫 번째 보조 수단이기라도 한 것처럼 말이다. 그러므로 참된 규칙을 가짜 규칙으로부터 구분해내고자 한다면 특수한 기술들은 그보다 상위의 규칙을 필요로 한다. 그로부터 자신에게 해당되는

제4장 미적인 가르침

특수한 규칙들이 무엇인가를 알아낼 수 있을 그런 규칙들을 말이다. 그리고 신뢰하기 어려운, 비슷한 경우들에 대한 동일한 기대만을 학문의 형태를 띠기 위한 기초로 삼으려 하지 않는다면 미적 기술도 그것[즉, 상위의 규칙]을 필요로 한다.§70

§74 오성과 이성은 아름답게 사유된 모든 것을 도덕적 필요에 따라 이끄는 역할을 맡아야 한다.§39 그런데 아름다운 사유의 규칙들이 판명하게 인식되지 않으면 그럴 수가 없다.M§624, M§640 그러므로 이 규칙들을 이해할 수 있게 제시하고 많은 예를 통해 설명하는 것만으로는 충분하지가 않다. 이 규칙들에 대한 이렇듯 혼연한 인식은 특히 습득된**39** 본성적 미학을 통한 가르침 없이도 성취될 수 있기 때문이다.§62 그러므로 미적 기술의 가르침 전체는 유비적 이성을 통해서 만들어진, 오직 유비적 이성만을 위한 규칙들을 정리하여 체계적으로 제시하는 것으로만 끝나지 않기 위해§68 규칙들을 판명하게 파악할 뿐만 아니라 오성적으로 명료하게 파악하려고 노력하기도 하는데, 그와 동시에 유용한 학문의 형태로 높여지게 된다.§70

§75 언젠가 라이프니츠는 자신의 힘으로 형이상학을 재건하는 일을 시작하기 전에 형이상학에 대하여 이렇게 말했다. "내가 보기에 수학적 이론을 좋아하는 사람 대부분은 형이상학을 혐오

한다. 수학적 이론에서는 빛을, 형이상학에서는 어둠을 발견하기 때문이다. 이러한 상황이 생기게 된 가장 중요한 원인은 사람들이 우리에게 가장 잘 알려져 있다고 여겨지는 일반적인 관념들에 대해 생각하기를 소홀히 하고, 생각한다 하더라도 꾸준히 하지 않아서 이것들이 불명확하고 모호한 것이 되어버렸기 때문이다. 흔히 제시되는 정의들은 명목적인 정의조차도 되지 못하며 따라서 아무것도 설명해주지 못한다."[40] 나는 비슷한 근거로 자유로운 기술에 관한 가르침이나 한 무더기의 규칙에 대해서도 똑같은 주장을 하고자 한다. 학식이 있든 없든 무언가를 제대로 음미할 줄 아는 사람이라면 아주 아름다운 작품이 실제로 만들어지면 그것을 접하고는 자신은 원치 않더라도 어쩔 수 없이 감동하게 되며, 대부분의 사람도 그를 따라 그 작품에 찬사를 보내게 된다. 하지만 더욱 엄격한 학문들의 수호자 대부분은 이런 종류의 눈부신 기적으로 이끌어줄 가르침들을 멸시한다. 이 점에서 그들은 평범한 사람들과 의견이 일치한다. 왜냐하면 타고난

  "재능이 형편없는 기술보다 축복받은 것이라고
   그들은 믿기 때문이라네."[41]

하지만 신중하게 마련된 정의는 공리와 추론의 적절한 연쇄적 결합을 통해서 무언가 아름답고 매력적인 것을 제대로 설명해준다.

분명 가장 중요한 인식의 문제들이 이런 사실을 토대로 잘 해결될 뿐만 아니라 멋지게 해결된다면 어쩌겠는가? 아름다운 재능의 일반적 특성을 다루는 하나의 기술이 제시될 수 있을 뿐만 아니라, 거기에 학문의 외관을 입힐 수도 있다면 어쩌겠는가? 우리는 한편으로는 레스보스식이지 않은[42] 그러한 기술의 규칙에 따라 관념을 장식하라는 요구를 더 확실하고 안전하게 실행하면서, 다른 한편으로는 그 결과들을 판단하게 될 것이다.§70

§76   나는 이미 경험한 바에 근거하여 몇 가지 예를 들어 다음과 같은 사실을 미리 밝히고자 한다. 그렇게 한다고 내가 무익한 예언자가 되지는 않으리라고 나는 믿는다. 천박하지 않고 고상한 영혼과 필요한 재능을 소유한 적지 않은 사람들에게 자유로운 기술들을 획득하고자 하는 성실한 노력은 언제나 동일하게 추천될 것이다. 그러면 그 기술들은 그 자체로 어린아이뿐만 아니라 어른이나 무언가를 제대로 음미할 줄 아는 사람에게 어울리는 것이라 여겨질 것이다. 그러면 그들은 미적 훈련을 통해 직접 새롭고 탁월한 무언가를 지어내는 시도를 감행할 것이다. 아니면 그렇게 하도록 이끌어주는 기술과 그것의 실제적 응용에 대해 제대로 충분히 교육받은 더욱 유능한 심판관으로서 더 알맞게, 더 호의적으로 그리고 더욱 존중하면서 판단할 것이다.§70

§77　　나는 다시금 다음과 같은 사실을 상기하고자 한다. 나는 미학을 통해서 나나 다른 사람들에게서 거의 모든 방면에서 완전한, 전반적으로 매력적인 재능을 지닌 사람 혹은 칭찬할 만한 웅변가나 시인, 음악가 등의 특정한 모습만을 빚어내려는 것이 아니다. 나는 그러한 이론에 앞서서 이미 본성, 재능, 성품, 훈련, 재능의 연마 등을 요구한 바 있다. 그런데 그러한 것들이 일종의 지식 없이 제대로 성취될 수 있는 경우는 거의 없다. 또 나는 아름다운 사유의 규칙들에 대한 경험적 지식을 요구하며, 이런 경험적 지식이 적어도 가장 중요한 부분에서는 학문이어야만 참으로 뛰어난 것으로 인정받을 수 있음도 입증하였다. 이제 나는 §58에서 다룬 바 있지만, 방법론의 측면에서 더 개선되고 성과의 측면에서 더 확실해진 다음과 같은 훈련을 새로이 요구한다. '한 줄의 시라도 쓰지 않고는 단 하루도 그냥 지나가는 법이 없는 훈련.' 이런 훈련이 없다면 사람들이 규칙이라 부르는 것들은 그 자체로는 죽어 있는, 사변적인 것이 된다. 이런 규칙들이 분명 유익하기는 하지만 훈련이 없다면 그것들이 가장 유익해야 할 곳에서도 유익하지 못하게 될 테니까 말이다. 나는 나중에도 이보다 더 많은 것을 요구하지는 않을 것이다. 물론 행복한 미적 인간의 특수한 성격을 묘사하려는 사람이라면 당연히 이보다는 더 많은 것을 요구할 것이다.§27

　　　　제4장 미적인 가르침

제5장 미적 열정

§78　행복한 미적 인간의 일반적 특성으로는§27 다음과 같은
것이 요구된다. IV) **미적 열정**{아름답게 흥분되고 불꽃처럼 타오
르는 정신, 내적 열망(ὁρμή; 호르메), 무아의 경지, 열광, 신들린 상
태(ἐνθουσιασμός; 엔투시아스모스), 신적인 영혼(πνεῦμα θεοῦ; 프
네우마 테우)}. 이러한 열정은 다음의 과정을 통해 생겨난다. 이
미 우리의 본성은 즉흥적인 임기응변 자체를 통해서제3장 평소보
다 더 많은 자극을 받았다. 거기에 더해 이 본성이제2장 재능을 더
욱 예리하게 해주고 위대한 영혼을 성장시켜주는 가르침들로부
터 더 많은 도움을 받게 된다고 가정해보자.제4장 상황이 호의적
일 경우M§323 그 영혼은 자신의 신체가 처한 위치에 따라, 그리고
그 이전 상태에 따라M§512, M§596 여태까지 죽어 있던 자신의 낮
은 단계의 인식 능력과 하비투스와 힘을M§220 아름다운 사유행
위 자체로 집중시키게 된다. 그러면 그것들이 서로 이루어내는 조

화가 현상으로 드러나게 되며, 그것들은 마찬가지 주제와 관련하여 다른 많은 사람에게서 나타날 수 있는 것보다, 혹은 동일한 인간에게서라도 그처럼 자극을 받지 않은 다른 때에 나타날 수 있는 것보다 더욱 크게 활성화된다. 이렇게 해서 미적 열정이 생겨나는 것이다. 그것들이 자아내는 결과들은 앞에서 언급한 과정을 거쳐 그것들이 지니게 된 생생한 힘들과 같은 힘을 지니게 된다. 이 힘들은 평범한 힘들보다는 훨씬 크며, 대략 제곱수가 그 근수(根數)와 맺는 것과 비슷한 관계를 그것들과 갖게 된다. 이렇게 해서 나는 미적 열정이라고 부르는 영혼의 상태가 어떻게 탄생하는지 서술하였다. 이 상태는 내가 앞에서 다양한 단계들에 따라 다양한 명칭으로 언급했던 바로 그 내적 열망이다.

§79   이러한 격정은 정신의 통상적 힘이 가져다주는 것보다 더 큰 효과를 낳는다. 물론 낮은 단계의 격정에서는 그런 사실 자체가 모두에게 분명하게 드러나지 않는다. 그런데 이런 내적 열망이 정말로 존재했다면, 그것이 식어가는 동안 그 열망을 다시 불러일으키려 시도하는 이에게는 다음과 같은 일이 일어날 것이다.

"누구든 자신에게
그와 동일한 것을 기대하는 사람이라면 많은 땀을 흘
리고 수고하겠지만 헛된 일이리라.

동일한 것을 시도하는 한 말이다."**43**

자기 스스로를 제대로 평가하면서도 이런 내적 열망에 때때로 사로잡힐 수밖에 없는 사람에게서 나타나는 특징은 다음과 같을 것이다. 1) 예를 들자면 다른 종류의 일에 시간을 얼마간 바친 뒤에 자신의 글을 다시 읽게 되었을 때, 그는 글을 쓰는 동안이나 쓰고 난 직후보다도 자신의 글을 더 마음에 들어 하게 된다. 2) 본성 속에 존재하는 생생한 힘들의 특성이기도 한 더욱 빠른 속도 그 자체.**44**

§80   이러한 열정 안에 있을 때 인간의 온 영혼은 자신의 힘을 특히 낮은 단계의 인식 능력에 집중하게 된다. 그리하여 인간 영혼의 거의 모든 심연이 M§511 얼마간 더 높이 솟아오르며, 무언가 더 거대한 것을 뿜어내고, 우리가 망각한 것, 경험해보지 못한 것, 우리가 미리 볼 수 없고 다른 사람들은 더더욱 그렇게 할 수 없어 보이는 것을 흔쾌히 드러내 보여준다. 심리학자들은 이런 사실을 명확하게 알고 있다. 그런데 지금까지는 많은 사람에게, 심지어 철학자들에게도 이러한 영혼의 심연이 알려져 있지 않았기 때문에 여러 저술가는 그것이 초래하는 특별한 결과를§78 신의 것으로 돌렸다. 저 유명한 루크레티우스의 말에 따르자면

"어떤 사태의 원인을 알지 못하면 그 사태가 신들의 힘 때문에

그렇게 되었다고 여기게 되며,

어떤 이성으로도 그 일의 원인을 들여다볼 수 없도록

최고의 권위를 부여하여 그 일이 신들의 뜻에 따라 행 해진 것이라 생각하게 만든다네."[45]

§81   신체의 위치에 따라 이런 종류의 자극을 얻으려고 노력 하거나 적어도 "지금이 아니면 절대로 안 되기에 내 눈앞에 드러 나는 것들을 붙잡아야 한다".[46] 이런 종류의 자극이 발생하는 몇 몇 경우를 살펴보기로 하자. 1) 특히 어느 정도 멜랑콜리적인 체 질을 지닌 사람에게, 예를 들자면 상당히 빠르게 말을 타고 달릴 때 발생하는 신체의 움직임과 동요.§46 아마도 이런 이유로 페가 수스는 히포크레네 샘물[47]을 열어젖혔고, 여행길에 사람들이 그 토록 많은 노래가사를 썼을 것이다. "인간의 영혼이 신체의 움직 임과 동요에 따라 흥분한다는 것은 경탄할 만한 일이다."[48]

§82   2) 우아하게 사유하는 데 필요한 힘은 특히 보통의 경우 에는 극도로 빈약하다.§39, M§597 따라서 매력적인 사유를 향한 열 정을 불러일으키려면 예견하거나 예감하기가 본성적으로 더 쉬 운 영혼의 상태가 필요하다.M§602 또 건전한 신체에 깃든 건전한

정신도 필요하다.ᴱ §254 매력적인 재능을 지닌 다른 사람을 보게 되면 그것이 그를 모방하려는 경향을 갖게 해주니 말이다.§56, §44 이러한 원인들을 통해 자극을 받은 사람은 포이보스[49]에 사로잡힌(φοιβόληπτος; 포이보랩토스) 것이다. 그래서 삶의 중대한 변화가 있을 때쯤에는, 즉 그런 계기들을 가장 많이 그 안에 지니고 있는 커다란 변화가 다가올 때면,

> "신탁을 물을 시간이 올 걸세.
> 신이라네, 보게, 신이라네!"§80; [50]

§83   3) 역사(클리오), 지어낸 이야기들, 특히 영웅들의 이야기(칼리오페), 혹은 슬프거나(멜포메네), 즐거운(탈리아) 사건들, 음악(테르프시코레), 춤(에라토), 회화(폴뤼휨니아), 그리고 시기심을 불러일으키는, 그래서 열심히 모방하게 하는 자유로운 기술의 온갖 예, 우리 밖에서 사랑스럽게 노닐고 있는 자연 자체 혹은 더 거대한 세계, 예를 들자면 태양의 장관을 통해서 멍해질 정도로 우리를 사로잡는 우리 바깥에 존재하는 자연 자체(우라니아).§82; [51] 따라서 이러한 방식으로 자극을 받은 사람들은 *뮤즈 신들에게 사로잡혀* 그 영혼이 *뒤흔들린*(μουσόληπτος καὶ μουσοπάτακτος; 무소래프토스 카이 무소파타크토스) 것이다. 따라서 뮤즈 신들은 우아함의 여신들(Gratiae; 그라티아이)[52] 못지않은 자매 여신

들이며, 떼어놓고 생각하기 어렵다. 예를 들어 알렉산더 대왕 시대나 아우구스투스 황제 시대, 루이 14세 시대 즈음에는 하나의 뮤즈 여신이 꽃을 피우면 다른 뮤즈 여신들 역시 꽃을 피웠다.[53]

§84   4) 상대적인 휴식.[E§267, M§638] 인간의 정신이 염려에서 벗어나 노동이나 골치 아픈 일의 짐을 내려놓을 때, 쾌적한 산책길을 따라[§83] 이리저리 헤매고 다닐 때[§81], 그 마음은 평온한 고독 속에서 신적인 영감에 열리게 된다.[§80] 어쩌면 이것이 헬리콘 산에서 양들에게 풀을 뜯게 하고 파르나소스[54] 산에서 꿈을 꾸는 것과 같은 일일 것이다. "오, 달콤하고 고결한 휴식이여! 거의 모든 번잡한 일보다 더 아름답도다! 오, 바다여! 오, 해변이여! 참되고 신비스러운 뮤즈 신들의 신전($\mu o \upsilon \sigma \varepsilon \tilde{\iota} o \nu$; 무세이온)이여! 너희가 얼마나 많은 것을 발견하는지! 얼마나 많은 것을 말하는지!"[55]

§85   5) 무엇보다도 감각의 내용들이 정해진 사유의 대상에 매우 낯선 것일 경우 아름답게 사유하기 위해서 내가 §39에서 서술한 바 있는 상태가 요구된다면, 물만 마시던 사람에게는 신체의 상태에 따라[§78] 더 건강에 좋은 음료를 조금 마셔보는 것이 유익할 것이다. 이를 통해서 예를 들자면 불쾌한 감각들이 얼마간 약화되면서 아름다운 사유를 위해 필수불가결한, 예를 들자면 유쾌한 상상의 내용들이 더욱 선명해질 수 있고 예견들은 그만

큰 더욱 선명해질 수 있을 테니 말이다.M§554 그러므로 자연의 역사를 기록하는 이들은 이것이 [즉, 더 좋은 음료가] 아주 많은 샘으로부터 나왔다고 서술하고 있다. 아가니페 샘[56] 안에도 그런 힘이 있었음을 인정해야 한다.

§86   6) 호라티우스처럼 다음과 같이 판단하는 사람들은 포도주를 이런 종류의 샘들보다 더 선호한다.

> "물을 마시고 쓴 노래들은
>   오래도록 사람들의 마음을 기쁘게 할 수도, 살아남을
>   수도 없다네."[57]

> "이 음료[즉, 포도주]가 노래로 목소리를 가다듬는 법을
>   가르쳐주었고§83
> 움직일 줄 모르는 몸을 일정한 박자에 맞춰 움직이게
>   했다네.§81
> 바쿠스 신은 많은 노동으로 지친 농부에게도
> 슬픔에서 벗어날 용기를 준다네.§84,§52
> 바쿠스는 고통당하는 유한한 인간에게 휴식을 준다네.
> 딱딱한 족쇄에 다리가 부딪혀 요란한 소리를 낸다 해
>   도 말일세."§85;58

그러므로 바쿠스는 미적 흥분과 불꽃같은 열정의 창조자다.§80 호라티우스가 지어낸 도취 상태[59]가 정말로 참이라고 순수하게 믿고서는 그것을 흉내 내고자 하고, 마침내 신탁을 받을 때까지 아폴론 신이나 뮤즈 신들에게 제사를 지내고 바쿠스 신에게 제물을 바치는 사람이

"땅바닥에
쓰러져 넋이 나간 채 두려워 떨며 누워 있는"[60]

경우는, 그가 조잡한 속임수에 현혹된 것이기는 하지만 말이다.

§87   7) 또 하나는 순수하게 미적인 인간들의 경우다. 이들은 감미롭게 웃고 있는 누군가의 건너편에 앉아 되풀이해서 그녀를 쳐다보며 그녀의 말에 귀를 기울인다. 하지만 불행하게도 그녀는 그들에게서 모든 분별력을 앗아간다. 자신들의 레스비아를 바라보는 동안 그들에게는 다른 아무것도 존재하지 않기 때문이다.[61]

"하지만 혀는 마비되고, 가느다란 불꽃
내 몸속 구석구석 흘러 퍼져, 그 소리에
귀에선 종소리 울리고, 두 눈은 두 배의
어둠에 덮여버렸네."[62]

하지만 만일 그들이 떠나고 없는 연인의 집 골목을 배회하다가§81 잠긴 대문과 비어 있는 창문을 향해 인사하고는 홀연히 도시를 떠나 숲으로 가버린다고§84 생각해보자. 그러면 그들은 거기서 자신들에게 나타나는 자연의 기적을 보게 된다. 멀리서 감미롭게 웃고 감미롭게 말하는 그 기적을 듣고 지어내며 글로 쓰고 노래하며 악기로 연주하고 그림으로 그려낸다. 숲은 그들의 근심 걱정을 대변해주며, 별들은 다음과 같은 사실을 잘 알고 있다.§83 한편으로는 싫어하면서도 다른 한편으로는 엄청난 쾌락을 느끼면서 미리 보게 되는 이것들을 그들이 감히 기대조차 하지 않았다는 것을 말이다.§82 분명 비너스와 큐피드는

"더럽고 불명예스러운 말들을 떠벌려대는"§54, §59;63

사창가의 호객꾼이라기보다는 오히려 우리가 §78에서 다룬 바 있는 흥분 상태의 원인 제공자라 여겨진다.

§88   아마도 다음과 같은 경우들은 영감의 근원으로서의 신들에 관한 이야기들보다도§80 더 참된 것일 것이다. 만일 8) 호라티우스처럼 다음과 같이 노래한다면 말이다.

"날개가 잘려 땅에 떨어진 채, 부모로부터 물려받은

집도 땅도 없이 가난에 내몰려 무모하게도
시를 쓰게 되었다네."[64]

그는 다음과 같이 자신에 대한 이야기를 농담조로 늘어놓기를 멈추지 않았는데, 사람들은 매우 진지하게 그의 말을 아주 진실한 것이라 여겼다.

"그런데 이제 부족함 없이 갖게 되었으니
도대체 어떤 약이 나를 충분히 정화해줄 수 있으려나?
내가 시를 쓰느니 잠이나 자는 게 더 낫다고 생각하지
않는다면 말일세."[65]

§89   9) 분노.
"분노가 아르킬로코스로 하여금 자신만의 단장격(短長格) 운율로 무장하게 했다네."[66]

호라티우스는 자기 자신에게 이런 일이 생길 것을 예감하고 있었다.[67] 유베날리스는 그런 분노를 처음부터 다음과 같이 바로 토해내고 있다.

"언제나 나는 듣기만 하는 사람일 뿐 절대로 되갚아주

어선 안 되는 걸까? 쉰 목소리로
떠들어대는 코르두스의 「테세우스 이야기」를 듣느라
    그토록 자주 짜증이 났건만 등등

풍자시를 쓰지 않기란 어렵다네. 누가 로마의 그토록
    많은 불의를
겪으면서도 무감동하게 풍자시를 쓰지 말라고 스스로
    를 만류할 수 있단 말인가? 등등

내가 무엇을 이야기할까? 내가 얼마나 많이 화가 나서
애간장을 태웠는가를? 등등

내가 이런 일들을 베누시아의 등불에 합당하다고 여기
    면 안 된단 말인가?
내가 그것들을 비난하면 안 된단 말인가?

본성이 안 된다고 말하면 분노가 풍자시를 지어낼 걸
    세.
내가 지어낼 수 있는 것이라면 무엇이든 가리지 않고
    말일세."[68]

그는 이런 식으로 계속 써 내려간다. 데모스테네스나 키케로의 「필립포스 왕 공격 연설」들도 동일한 근원[즉, 분노]에서 나왔다. 베레스와 카틸리나에 대한 그의 글도, 오비디우스의 『이비스』도 마찬가지다.[69]

§90   분노와 매우 유사한 것은 10) 경멸이다.[M§684] 그런데 경멸은 호라티우스에게 분노보다 더 친근하다. 왜냐하면 그의 글은 덜 신랄하며, 담즙보다는 소금을 더 많이 포함하고 있기 때문이다. §52에서 다룬 바 있는 즉흥적인 임기응변들도, 개선 행진을 하는 마차를 둘러싼 병사들의 즉흥적인 임기응변들도 이로부터 나왔다. 그래서 호라티우스는 다음과 같이 말했다.

"옛 희극에 많은 찬사가 주어지지 않았던 건 아니라네.
 하지만 거기서는 자유가 법의 규제를 받아 마땅한
 악행과 난폭함으로 타락해버렸다네."[70]

아리스토파네스[71]도, 루키아노스[72]의 거의 모든 작품도 그리고 마르티알리스[73]의 대부분의 경구도 경멸로부터 나왔다.

§91   11) 아름다운 사유만이 아니라 아름다운 표현의 대상들에 대해서도 말하는 경우, 영혼의 모든 동요도 분노와 충분히 유

사하다. 그것들이 너무나 커서 직관이 인식과 거의 유사한 모든 상징적 인식작용을 억누를 정도가 아니라면 말이다.[74] 12) 더 즐거운 사건들을 무력화하지 않으며 영혼을 전적으로 무기력하게 만들거나 심란하게 만들지만 않는다면, 모든 슬픈 운명적 사건도 분노와 충분히 유사하다.§82 우리는 완전히 우습기만 한 작품보다는 불행한 사건을 묘사하는 작가의 우아한 작품에 더욱 많은 것을 빚지고 있다.

§92　13) 쉽게 그 내용을 풍부하게 할 수 있는 이 목록 안에서 이 모든 흐름을 마무리하는 것은 바로 청춘, 더 정확하게는 인간의 영혼이 아직 그 정점(ἀκμή; 아크메)까지는 넘어가지 않은 삶의 시기다. 이 시기를 넘어가면 상상도 현저하게 줄어들게 된다. 그러니까 낮은 단계의 인식 능력은 그것이 인간의 영혼 안에서 현상으로 드러나 발전해온 순서대로 다시 자연스럽게 약화해가는 것이다. 우리는 이런 사실에 근거하여 아름다운 사유에 대부분의 소재를 공급해줄§30, §31 두 가지 낮은 단계의 인식 능력이 쇠약해져 우아하게 사유할 수 있는 최고의 기회를 놓쳐버렸다고 판단하게 되는 것이다. 그러기에 호라티우스는

"늙어가는 경주마를 제때에 풀어주게.
　결국에는 잘못을 범해 웃음거리가 되고 방귀나 뀌지

않도록 말일세"**75**

라고 가르쳐주었을 뿐만 아니라, '자신의 작품을 사람들이 충분히 관람했고, 이미 은퇴까지 한 마당에' 더 이상 '오래된 오락에 참가하기'**76**를 원하지 않아서

　　"시나 다른 오락들을 그만두었다"**77**

는 사실도 가르쳐주었다.

§93　　1) 물론 이런 예들이 복된 삶의 더 강한 법칙들에 어긋나도록 사용되어서는 안 되며, 2)이것들은 그저 예일 뿐 유일한 원인들은 아니라는 것은 그 자체로 분명한 사실이다. 그 주위에 이것들이 차고 넘치게 존재한다고 해도, 서투르거나 둔감한 재능을 지닌 사람은 그것들로부터 자신이 추구하는 성과를 이끌어내지는 못할 테니까 말이다.§78

§94　　대부분의 아름다운 숙고의 경우 전체의 아름다움이 어떤 임의적인 부분의 아름다움보다, 사태나 질서의 아름다움이 기호의 아름다움보다 구현해내기 어렵다.§18~20 그러므로 작품을 열렬하게 만드는 동안에는 정신의 미적 열정과 그것이 드러나는 경

우들이 무엇보다도 첫 번째 종류의 아름다움[즉, 전체의 아름다움이나 사태나 질서의 아름다움]을 구현하는 데 사용되어야 한다.§78~92

§95　　신들린 상태($\dot{\varepsilon}\nu\theta o\upsilon\sigma\iota\alpha\sigma\mu\acute{o}\varsigma$; 엔투시아스모스)가 지속될 때 온 영혼을 쏟아 작품 전체와 그 중요한 부분을 아름답게 만들려고 노력하면서§78, 충분히 행복한 재능을 가진 사람이 사소한 부분들 속에 있는 사소한 우아함을 더욱 다듬는 일에 신경 쓰지 않는 것은 칭찬할 만한 일이다.M§529 다음과 같은 장인과 비슷한 사람이 되지 않기 위해서 말이다.

　　"형편없는 장인은 손톱도
　　묘사하며 청동으로 부드러운 머리카락도 흉내 내지만
　　전체를 구성해낼 줄은 몰라서 작품 전체에는 만족하지
　　　　못한다네.
　　이제 무언가를 만들이내고자 한다면 나는 그와 같은
　　　　사람이 되길 바라지는 않으리.
　　검은 눈과 검은 머리카락을 지닌 사람으로 다른 이들
　　　　눈에 비친다 해도
　　매부리코를 지닌 채 살아가는 걸 바라지 않는 것처럼
　　　　말일세."[78]

제6장 미적 교정

§96   아름답게 사유되어야 하는 것들은 나중에 손보는 것이 허락되지 않을 정도로 완벽하게 만들어져야 하며, 마치 임기응변에 의해 만들어진 것처럼, 예를 들자면 정말로 가족 간의 대화나 편지인 것처럼 보여야 한다. 이러한 경우에는 전체가 모두 광채로 반짝이며 그 중심이 되는 것은 정말로 아름다운데§94, 책망할 여지가 전혀 없기 때문이다. 그런데 만일

> "부주의로 인해 생겨났거나, 인간이 본성적으로 별로
>> 피하려 하지 않아서
> 생긴 작은 흠 때문에 기분이 나빠진다면,"§95;79

나는 그만큼 더 불공정한 심판관일 것이다.

§97   나중에 손보는 것이 가능한데도, 우리가 마련할 수 있는 매력을 모두 마련하기 전에 아름답게 사유된 것들을 먼저 발표해서는 안 된다. 다른 조건들이 동일하다면 부분의 아름다움은 모두 전체의 아름다움을 증가시킨다.M§185 따라서 이런 것들 안에서는 Ⅴ) **교정하려는 노력**(끈기 있게 다듬는 수고)이 행복한 미적 인간의 특징을 완성시킨다. 아름답게 형상화된 작품에 계속 정신을 집중하면서 당신이 할 수 있는 만큼 작품의 사소한 부분들이라도 소소한 완전함을 더욱 증대시키고 불완전함이 매우 작은 현상일지라도 전체를 손상시킴 없이 그것을 제거하는 하비투스도 마찬가지다.§27 모든 아름다운 사유는 다음과 같은 점에서 그림과 같을 것이다.

    "이것은§96 어둠을 사랑하며, 심판관의 예리한 관찰력
        을 두려워하지 않는
    저것은§97 불빛 아래서 관찰되기를 바랄 것이네.
    이것은§96 한 번 즐겁게 해주었지만, 저것은§97 열 번 계
        속 즐거움을 주었다네."**80**

§98   전체를 아름답게 공들여 만드는 것보다는 교정하는 것이 더 쉽기 때문에§94,§97, 작품의 저자는

> "만일 그가 무지해서 덧칠하는 것을 추하다고 생각하
> 며 두려워하거나"**81**

끈기 있게 다듬는 수고를 기분 나빠하지 않는다면M§527, 이미 마음의 커다란 열정이 지나가서§78

> "처음의 광기가 사라지고, 미쳐 날뛰던 입들이 잠잠해
> 지면"**82**

작품을 끝까지 완성할 수 있을 것이다. 그때에는 오성과 이성의 빛이 더욱 밝게 비치고, 오성적 판단 능력이§38 미학의 규칙들, 심지어는 인위적 미학의 규칙들에 따라 개별적인 사항들을 판단할 것이다.제4장

§99 인위적 미학은 아름답게 또는 약간은 추하게 사유되는 것들에 — 이렇게 말해도 된다면 — 선행하거나제4장 거기에 동반되는제5장 의식뿐만 아니라 그 결과로 나타나는§98 의식도 이끌어 준다.

> "당신이 양피지 표지 안에 넣어둔 채로 출판하지 않은
> 작품은 없애버릴 수 있을 테니까"§98;**83**

그런 한에서 이런 의식은 아직 무익한 것이 아니다.

§100 만일 누군가가 작품을 수정하는 일을 무척 잘할 수 있었는데도§97 소홀히 했다고 가정하자. 예리한 관찰력을 지닌 사람은 그가 더 잘할 수 있었음에도 부족한 상태로 만족함으로써§98 자신의 관객들을 그다지 높이 평가하지 않았음을 알아차리고는 그것을 매우 부당한 처사라 여길 것이다. 관객들은 또 저자가 자신을 업신여긴 것을 자신이 저자를 업신여김으로써 앙갚음하는 것이 정당하다고 생각할 것이다. 그렇게 되면 이처럼 하찮아 보이는 것들이

> "한번 비웃음당하고 어설프다 여겨졌던 이를
> 더욱 심각한 곤경으로 이끌 것이다."[84]

§101 우리는 교정을 게을리하는 일에 대해 언급하고 있다. [그런데] 이것이 고대 로마인이 고대 그리스인에 비해 글쓰기에 있어서 열등한 유일한 원인이라고 『시작의 기술』 제291행에서 호라티우스는 평가했다. 『풍자시집』 제1권 열 번째 풍자시에서 그는 특히 이것 때문에 루킬리우스를 비난하였다.[85] 마지막으로 문장을 다듬는 것이 얼마나 필요한지 아펠레스[86]는 하나의 그림을 완성하는 과정을 보여줌으로써 가르쳐주었으며, 베르길리우스는 유

언을 통하여 자신의 책『아이네이스』를 불태워버리라고 함으로써, 오비디우스는 자신의 게으름을 오직 유배의 고통을 통해서만 용서받게 함으로써『흑해에서 온 편지들』(*Epistulae ex Ponto*), 1, 5, 14 그렇게 했다. 오비디우스는 로마에서는 자신이 자기 글을 단 한 번도 고쳐 쓰지 않았다는 사실을 기억해내고는『흑해에서 온 편지들』, 2, 4 "섬세하게 자신의 글을 다듬으려 노력하는"[87] 그런 연설가를 칭찬하였다.『흑해에서 온 편지들』, 4, 6 키케로는 연설가는 "사소한 것들도 절대로 소홀히 다뤄서는" 안 된다고 말하면서, "잘 다듬은 종류의 말"[88]을 실례를 통해 그리고 규칙들에 따라 추천해주고 있다.

§102 　　그런데 만일 누군가가 나소와 함께

> "하지만 난 아무것도 고치지 않는다네. 이런 수고는 글
> 　　쓰는 것보다 더 크고
> 고통을 겪는 내 마음은 힘든 건 아무것도 버티질 못한
> 　　다네.
> 내가 더 집요하게 내 글을 다듬기 시작해야 할까?
> 또 말 한 마디 한 마디를 법정으로 소환해야 할까?"[89]

라고 말한다면, 그는 더욱 많은 권태를 동반하는 것을 더욱 많은 힘을 요구하는 것과 혼동하는 것이다. 나는 교정의 경우에 전자

가 [즉, 권태를 동반한다는 주장이] 잘 들어맞는 것은 인정하지만 후자는 [즉, 많은 힘이 요구된다는 주장은] 인정하지 않는다.§98 누가 됐든 당신의 작품을 평가하게 될 사람들을 위해서는

　　"최선을 다해야만 한다네."§100;**90**

§103　　우리가 어릴 때 익숙했던 일을 어른이 되어서도 원하는 사람들이 있다. 그들은 다른 사람이 자신의 글을 고쳐주기를 바라고 그런 사람이 없음을 한탄한다.

　　"누구나 자신의 오류가 있다네.
　　하지만 우린 등 뒤에 맨 자루에 무엇이 들어 있는지 보
　　　진 못한다네."**91**

옛 사람들이 자신의 작품을 사람들 앞에서 낭송했던 방식이 매우 유익한 것임을 나도 인정한다. 그것 역시도 낭송을 들은 사람들이 뱉어내는 아첨의 말들로 망쳐지지 않았다면 말이다. 아마도 9년 내에 출간된 것이 아닌데도 우리 글이 어떤지 판정해달라는 부탁을 받으면

　　"아리스타르코스로 변하는"**92**

훌륭하고 지혜로운 사람이 없다고 한탄하는 것이 정당하다는 사실도 역시 인정한다. 하지만 이런 유의 비평가에게서는 "아무쪼록 이러저러한 것을 고치게나"[93]라는 말이나

> "세련되지 못한 글에다
> 펜으로 비스듬히 검은색 표시를 해두는"[94]

것 외에는 더 이상 아무것도 요구할 수가 없다. 그 비평가 자신이 더 좋은 글을 제안하는 것도 합당한 일이 아니다. 글을 봐달라고 부탁한 사람은 자신과 동등하다고 생각한 사람에게 부탁했을 테니 말이다. 누구에게나 각자 생각하는 방식이 있고 자신에게 고유한 방식이 있다. 만일 나와 내게 자신의 글을 읽어주고 있는 이가 능력 면에서 거의 동등하다고 서로 인정한다면, 내 사유방식에 따라 작품 전체를 완성하는 것이 내게는 어떻든 간에 더 쉬울 것이다.§78 마치 내가 끼워 넣은 글들이 저자가 열정적인 감정 상태 안에 있을 때 쏟아낸 말들보다 더 낫고, 나나 내가 사유하는 방식으로부터 나오지 않은 다른 것들과 결합해서 잘 맞아떨어지기라도 하는 것처럼, 차분한 마음으로§98 타인의 낯선 생각들 사이로 내 생각들을 뒤섞어 넣는 것보다는 말이다.

> "만일 자네가 실수를 없애기보다는 오히려 변호하기를

더 원한다면

자네가 혼자서 아무 경쟁자도 없이 자네와 자네 자신
　　의 것을 사랑하도록

우리는 더 이상 어떤 말도 어떤 쓸데없는 수고도 하지
　　않을 거라네."[95]

제7장 몇 가지 주의사항

§104 　본성적 사유방식이 사유하고자 하는 영혼이나 사유의 대상들이 지닌 본성적인 힘들에 비례한다고 가정해보자. 또 자연의 본성적 힘들에 비례한다고 가정해보자. 그것들을 사용하고 향유할 것을 기대하면서 사유가 감행되는 바로 그 힘들에 비례한다고 말이다. 더 간략하게 말해서 본성적 사유방식이 이러한 본성들을 모방한다고 가정해보자.§14 이러한 본성적 사유방식은 아름답게 사유하고자 하는 이에게 너무나도 필수불가결한 것이다. 아름답게 사유하고자 하는 영혼과 그 다양한 대상들의 본성에 대해서 지금까지 비교적 적게 알려져 있기는 하지만 말이다. 어쨌든 이런 이유로 매력적인 사유의 결과물인 모든 기술은 다음과 같은 유일한 규칙에 따라 파악되는 것처럼 보인다. *자연/본성을 모방하라.*[96]

§105 그러므로 아름답게 사유하고자 하는 사람은 다음과 같은 것을 피해야 한다. 1)만일 매력적인 재능이 전적으로는 아니더라도 우리가 제2장에서 묘사한 바 있는 본성을 상실한 것이 명백하다면, 그것을 찬양하려 하지 말라. 그것은 바이올린을 켜고 있는 당나귀처럼 **본성을 거스르는** 것이다. 2) 어쩌면 일반적으로는 매우 충분한 본성을 지녔을지라도, 자신의 특정한 성격에 이러한 자연의 선물들이 주어져 있는지 확인해보기 전에는 특정한 성격이 자신에게 정말로 필요하다고 생각하려 해서는 안 된다. 이렇게 말해도 된다면, 본성의 어떤 특정한 굴곡에 대해서도 마찬가지다. 그렇지 않으면 **본성을 넘어서** [다른 것에 대해] 사유하고자 할 것이기 때문이다. 그런 식으로 사유했던 수페누스는

"매력적이며 익살스럽고 세련된 인간"[97]

이지만, 당신이 그의 시구들을 읽을 때면

"저 멋지고 세련된 수페누스는 그와는 반대로 광부나
    양젖 짜는 이처럼 보인다네.
  이렇듯 그는 자기 자신과 맞지 않게 되고 그 반대로 변
    한다네."[98]

이런 두 가지 사유방식은 모두 **미네르바의 뜻을 거스르는** 것인데,

> "자넨 아마도 미네르바의 뜻을 거슬러서는 아무것도
> 말하거나 행하지 않을 걸세." Cf. 키케로, 『의무에 관하여』,
> 1, 110;**99**

§106　본성적 사유방식을 따르는 것이 가장 합당하다.§104 "살
찌고 뚱뚱한 미네르바",

> "어떤 학파에도 속하지 않는 지혜로운 농부가 되어"**100**

구름을 주노(Juno)로 생각하지만 않는다면 말이다. 자신의 청소
년기도 아니고 유년기 작품들로부터도 무시될 수 없는 본성적인
무언가가제2장 찬란히 빛나고 있으며, 그것이 수없이 많은 다른 모
든 것보다 절대적으로 완벽하다고 믿지만 않는다면,제3장 또는 평
생 자신의 다듬어지지도 않은 재능에 만족해하면서 자신의 작
품들을 본성적인 것이라고 찬양하지만 않는다면 말이다. 만일 그
렇게 한다면 그는 **다듬어지지 않은 사유방식**을 따르는 것이다. 이
러한 사유방식의 본성은 종종 아주 평범한데, 그러한 본성에는
어떤 규칙도 어떤 기술도 덧붙여질 수 없을 것이다.제4장

§107   다듬어지지 않은 사유방식은 두 가지 이유로 매우 추한 현상이다.§14 1) 그것은 **무지한** (배우지 못한, 교양이 없는) **사유방식**이다. 이것은 다음과 같은 경우에 발생한다. 일반적으로는, 보통 사람보다 많은 것을 알려고 하는 모든 이에게 우리가 요구하는 수준의 아름다운 교양에 사유방식이 매우 심하게 어긋나는 경우에 발생한다. 특수하게는, 누군가가 자신의 생각을 마치 매력적인 것처럼 다른 것보다 더 치켜세우는 것이 분명할 때 발생한다. 평범한 가르침만으로도 그 본성에 대해 더욱 온전하게 알 수 있었을 텐데도§104 그는 그에 관해서는 전혀 모르고 있는 것이다.

     "볶은 콩이나 호두를 사는"§66, §67;**101**

모든 사람이 알 수는 없는 것이 있는데, 그것이 무엇이든 그도 역시 전혀 모르고 있다.

§108   다듬어지지 않은 사유방식은 2) **게으른 사유방식**이다. 이것은 다음과 같은 경우에 해당한다. 일반적으로는, 올바른 근거를 지닌 우아한 사유의 규칙들에 대한 무지가 드러나는 경우. 특수하게는, 스스로 모범이라 내세우는 자기 자신의 기술에 대한 무지를 드러내는 경우.§106, §68, §69 혹은 그 안에 우아한 것이라고는 아무것도 없는 예외들을 개의치 않고 사용했음이 드러나는

경우.§25, §72

§109　두 경우 모두§107, §108 본성을 멋지게 보완해주는 참된제4장

　　"기술이 결여되면, 오류를 피하려다가 작품에 이중으로
　　　결함이 생긴다."**102**

그 첫 번째는 다른 규칙을 **그림자처럼 따르는**, 스콜라적인 **사유방식**이다. 이런 방식은 다음 두 경우 중 하나에 해당된다. 아름다운 사유방식이 요구되고, 본성뿐만 아니라 제2의 본성, 즉 도덕적인 생활방식을 지닌 사람들 가운데서 발견되는 더욱 우아한 생활방식의 관습을 모방하고 따라야 하는데§104, 1) 그 대신 수많은 난해한 지식이 아름다움이 아예 사라져버릴 정도로 채워 넣어지거나§15, 2) 어린아이나 몇몇 문법학자만을 속일 수 있는 어떤 특정한 지식에 대한 거짓말들이 모아져 체계적으로 제시되는 경우.

§110　다른 하나는 **인위적으로 고안되어 강요되어진 사유방식**이다. 이런 사유방식은 기술을 통해서 본성을 제대로 보완해주지 못한다. 퀸틸리아누스가 보여주었듯, "기술이" 무슨 종류든지 간에 "세련됨을 지나치게 추구함으로써" 우아한 숙고 안에 있는 "훌륭한 것은 무엇이든지 부수고 망쳐놓을"**103** 때 이런 방식이 생겨

난다. 다음과 같은 경우에는 이런 해악이 드러나면서 본성적 사유방식의 씨를 말리게 된다.§105 1) 자연스럽고 지나치지 않은 장식만으로도 충분한데, 어떤 기술로부터든지 쓸데없이 많은 장식의 도움을 청하여 오히려 그것에 해가 될 때. 2) 너무나 불행하게도 누군가가 기만적 기술의 나쁜 규칙들에 빠져들 때. 3) 기술의 좋은 규칙들이 제대로 된 곳에 적용되기는 하지만 적절하지 않게 적용될 때.§105, E§336

§111 어떤 이들은 본성적 사유방식을 올바르게 따르면서도
§104 자신들의 평범한 상태를 본성과 혼동한다. 또 어떤 가르침을 통하여 발전된 것이기는 하지만제4장 죽어 있고 맥이 빠져 있으며 그로부터 아무런 열정도, 아무런 영혼의 불꽃도 생겨나지 않는 힘을 생생한 힘과 혼동한다. 이것이 제5장에서 서술한 내용과는 반대로 생기 없는 (무감각한, 졸리는, 하품하면서 권태로워하는) 사유방식이다.

§112 "어리석은 사람들은 한 종류의 실수를 피하려다가 바로 정반대의 실수를 범한다."[104] 무미건조하고 무기력한 사유를 피하려다가 광기[105]에 빠지거나 오성과 이성의 멍에를 떨쳐버릴 뿐만 아니라, 취미를 더 날카롭게 연마하는 것도 게을리하는 **방종한 사유방식**에 빠지게 되는 것이다. 그들은 [그런 반응을 이끌어

내기에] 충분할 만한 어떤 근거도 현상으로 드러나지 않는데도 지나치게 많은 격정을 드러낸다. 그래선지 그들은 본성을 모방하기는 하지만 건강하지 못한 두뇌의 본성만을 모방하는 것처럼 보인다.§104 호라티우스는 자신의 『시작의 기술』 결론 부분을 제정신이 아닌 사람에게 할애하면서 그를 다음과 같이 비웃고 있다.

"확실히 그는 미쳐 날뛰네, 그리고 마치
자기 앞에 놓인 우리의 쇠창살을 부숴버릴 힘이 있는 곰처럼
교육을 받았든 받지 않았든 모든 이를 쫓아다닌다네."[106]

§113   게으른 철학자나 의사는 종종 본성을 자신의 한가로움을 위한 피난처로 여긴다. 그것이 마치 데우스 엑스 마키나[106]이기나 한 듯이 말이다. 전혀 다듬어지지 않고 무지하며, 생기가 없지는§106~108 않지만 단정치 못하며 **무질서한** 어떤 **사유방식**을 본성적이라 부르는 이들도 마찬가지다. 이런 사유방식은 다음과 같은 여러 경우에 생겨난다. 제5장에서 다룬 바 있는 영혼의 열정 자체에 사로잡혀서는, 처음으로 접하게 되는 것이 무엇이든 그것을 충분히 파악할 수 있도록 천천히 나아가질 않고 마치 그것이 가장 좋은 것인 양 바로 그것을 선택할 때. 당신이 아주 빠르게 지어낸 것들을 고치려고 나중에 다시 그것들을 손질하는 일을

절대로 하지 않을 때. 제거해야 할 결함이 무엇이든 자신의 자녀들[즉, 작품들]의 본성을 망칠까 두려워 부모같이 부드럽게 용서하는 마음으로 그것을 거의 다시는 건드리지 않을 때. 우리는 제6장의 내용에 따라 **공들여 다듬은 세련된 사유방식**을 통해 이러한 잘못된 사유방식을 피해야 한다.

§114   하지만 **다듬어서 깨끗하게 손질하기는커녕 망치는 것**은 추천할 만한 일이 아니다. 너무 많이 고치는 것도 마찬가지다. 다음과 같은 경우들이 여기에 속한다. 1) 임기응변으로 갑자기 생긴 재능의 결실인 작품을 아주 많은 노력과 열심을 들여 고쳤는데도, 오히려 갑작스럽게 생긴 것들이 갖는 그럴듯한 아름다움조차§96 더 이상 소유하지 못하게 되어 악취를 풍기는 등불처럼 되어버린 경우. 2)§95의 내용과는 반대로, 더 크고 위대한 것에 쓰여야 할 열정이 방만하게도 아주 사소한 것들에 머물면서 산만해지는 경우. 3) "영혼의 모든 감동이 마치 바람처럼 사유하는 사람을 떠나버리고, 모든 열망은 사라졌으며", 어떤 능력을 통해 먼저 생산된 작품은 이미 "무미건조해지고", 아름다운 사유로 이끄는 모든 자극이나 "불꽃같은 정열"이 동시에 "식어버렸는데도"**108** 어떤 것은 삭제하고 다른 것은 장식을 위해 덧붙이는 식으로 자기 작품을 다시 손질하는 경우.§111 이런 식으로 작품을 다듬을 때면 사람들은 우아하지 않은 예외들 중에서 더 우아한 것보다 덜

우아한 것을 선호하게 된다.§25 왜냐하면

> "경박한 것을 추구하는 이들에게선
> 모든 힘과 활력이 떠나가기 때문이라네."[109]

제7장 몇 가지 주의사항

제8장 미적인 풍요로움

§115　　한편으로는 이미 제2장에서 제6장까지 일일이 열거해가며 설명한 것들로부터 가르침을 받았고, 다른 한편으로는 그것들을 싫어하지 않는, 충분히 행복한 미래의 미적 인간이[27] 있다고 치자. 만일 그가 아름다운 사유 일반에 대하여[17], 특히 사태들의 아름다움에 대하여[18] 더욱 광범위하게 조언을 구한다면,

> "나는 쇠를 날카롭게 해줄 수는 있지만 스스로 무언가
> 를 자를 수는 없는 숫돌처럼 사용되고 싶다네.
> 스스로는 아무것도 글로 쓰지 않지만 책임과 의무에
> 대해서 알려주려네.
> 1) 어디서 도움을 얻을 수 있는지도 말일세."[110]

물론 사태들에 대해 사유할 때 제일 먼저 신경 써야 할 것은 **풍요**

로움(풍부함, 넘쳐흐름, 많음, 풍족함, 부)이다.M§515 단, 미적인 것이어야 한다. 즉 주어진 주체, 그러니까 여기서는 사유하고자 하는 누군가가 그것을 통하여 어떤 사유 대상에 관하여 더욱 다양한 방식으로 아름답게 사유할 수 있는 그런 것이어야 한다.§22

§116   플리니우스는 이사이오스에 대한 칭찬을 다음과 같이 시작한다. "그 능력과 풍요로움과 풍부함이 최고였다."111 우선 이 것을 다음과 같이 둘로 나누기로 하자. 아름답게 사유하는 데 언제나 필수불가결한 **절대적인 풍요로움**.§115,§22 아마도 아름답게 사유될 수 있을 어떤 것들, 예를 들자면 아직 덜 알려져 있거나 엄청나게 유용하면서도 주의력이 모자란 사람에게는 가르침을 통해 머릿속에 집어 넣어주어야 하는 것들에 필요할 수 있을, 절대적인 풍요로움의 어떤 **상대적** 단계. 플리니우스는 에우프라테스의 모든 대화를 **풍부하다**고§115 말하면서, 그가 "플라톤적인 광대함을 자주 표현해냈다"고 인정했다. 바로 그 플리니우스를 따라서 후자를 "플라톤적인 광대함"이라고 부르기로 하자.112

§117   때로는 아름답게 숙고하고자 하는 사람이 상대적인 광대함을 추구하지 않는 경우도 있다.§116 그럼에도 그것[즉, 상대적인 광대함]은 흘러넘치는 사태들의 풍부함으로 인해, 무언가로 가득한 접시처럼 참으로 우아하게 드러난다. 그래서 그것을

바라보는 사람은 사유할 거리가 고갈되지 않는다고 생각하게 된다.§115 이에 대해서는 나중에 더 자세하게 서술하게 될 것이다.[113] 어쨌든 그래서 베르길리우스는 다음과 같이 말했다.

> "내게 백 개의 입과 혀,
> 강철 같은 목소리가 있다 해도 등등."[114]

키케로는 다음과 같이 말했다. "어떤 사람도 그토록 많은 재능을 지니지 못했고 그 누구도 말하고 글 쓰는 능력을 그토록 풍부하게 소유하지 못했다오. 난 그것을 미화하지 않고 있는 그대로 설명할 것이오 등등."[115]

§118   인간의 재능이 지닌 힘이 그 대상들을 풍요롭게 그려낼 수 있게 해주는 중요한 원인이 사유 대상 자체 내에 있는 경우, 이로써 나타나는 미적인 풍요로움은 (사태들의, 물질적인) **객관적** 풍요로움이다. 그렇지 않고 그런 근거가 어떤 사태를 가상적으로라도 풍요롭게 표상할 수 있게 해주는 어떤 인간의 본성적 능력과 힘인 경우에는 (재능의, 인격적인) **주관적** 풍요로움이다. 어떤 대상들은 마치 자신의 풍족함을 스스로 드러내 보여주는 것처럼 보인다. 그런 대상들이 어떤 사람의 마음속에 들어오자마자,

"가득 찬 뿔 안에서는 축복받은 **풍부함**이 분명하게 드
러난다네."116

그래서 당신이 충분할 만큼의 능력을 지녔다면 다른 사람들뿐만
아니라

"당신에게도 풍부함이 차고 넘쳐흐를 거라네.
땅의 선물들로 풍성하게 가득 채워진 뿔 안에서 말일
세."117

제8장 미적인 풍요로움

제15장 미적인 크기

§177　　사태들에 관한 매력적인 사유에 있어서§115 두 번째로 신경 써야 할 것은 크기다.M§515 단, 미적인 크기다. 이 명칭 아래 우리는 1) 대상의 무게와§18 그 중요성M§166, 2) 이러한 대상에 상응하는 관념의 무게와 그 중요성, 3) 둘 모두가 갖는 풍부한 효과를M§166 함께 포함시킨다.§22 "진정으로 큰 것은 사유와 고찰의 대상으로 우리가 계속 마주치게 되는 것(οὐ πολλὴ ἡ ἀναθεώρεσις; 후 폴레 헤 아나테오레시스)이며, 거의 단 한 번도 우리 영혼으로부터 벗어나본 적이 없고, 한결같이 굳건하게 유지되며 지워버릴 수 없는 기억을 통해 보존된다."[118]

§178

"재능에다 신이 내려준 매우 탁월한 정신을 지니고

위대한§177 소리를 울리는 입을 지닌 이에게 그 이름에
합당한 경의를 표하게나."**119**

사람들은 위 인용문에서 묘사된 특성을 지닌 어떤 시인, 위대한
것을 노래하는 음악가, 큰 것을 그려내는 화가 등이 그런 사람이
라고 말한다. "책들조차"도 거기 담긴 내용의 "크기에 따라 일종
의 권위와 아름다움을 부여받는다".**120** 우리는 풍요로움과§116 마
찬가지로 미적인 크기도 다시금 모든 아름다운 사유에 필수불가
결한 **절대적 크기**와§177 **상대적**이고 **비교적인 크기**로 나눈다. 후
자는 어떤 아름다운 사유에 고유하고 독특한 방식으로 요구되는
절대적 크기의 어떤 단계를 가리킨다.

"엄격한 기술의 효과들을 열렬히 사랑하고
자신의 마음을 위대한 것에 바치며, 동시에 정확한 법
칙에 따라
절제의 관습을§164 잘 이해하고 있는 사람은"**121**

이 두 가지를 모두 잘 알아서 제대로 구분할 것이다.

§179   다음과 같은 경우에는 진정으로 아름답게 사유하는
사람들이 존재하게 된다. 1) 비교적인 크기를 추구하지 않는 경

우.§116 2) 기만적이고 산만하며 지나치게 무절제한 사유를 많이 줄이려 노력하는 경우.§165 3) 깎아내리는 말이나 종종 어쩌면 아이러니컬할[122] 수도 있는 묘사를 통하여 스스로의 부족함을§120 자책하는 경우.§175 또 듣는 사람이 자신의 말을 믿기를 바라지는 않으면서도, 숭고한 것에 대해서는 생각하지도 않으며 흥분된 감정을 갖는 것은 더더욱 좋아하지 않기에 자신의 영혼은 보잘것없다고 말하는 사람도 존재한다. 그들이 그렇게 하는 이유도 아마 앞서 말한 경우와 같을 것이다. 호라티우스가 다음과 같이 말한 것도 마찬가지 이유에서다.

> "다행스럽게도 신들은 내 영혼을 보잘것없고 빈약하게
> 만드셔서 난 드물게 아주 적은 말만 한다네
> 하지만 자네는 대장장이가 가죽 주머니 속에 갇혀 있
> 는 바람을 등등."[123]

마르티알리스도 이렇게 말했다.

> "가우루스여, 자네는 내 재능이 너무도 보잘것없어§177
> 내가 짧아서 마음에 드는 노래 가사들을 쓴다는 사실
> 을 증명했군그래.
> 나도 그렇다고 인정하겠네. 하지만 프리아모스가 치른

커다란 전쟁들을 스무 권의 책으로
서술했다고 자네가 참으로 위대한 인간일까?"[124]

§180   상대적 혹은 비교적인 미적인 크기에는 확실히 많은 단계가 있다.[178] 하지만 이제 우리는 미적 인간에게 적합한 대로[15,][16] 문법학자들이 사용한 것 중에서 오직 세 단계만을 구분할 것이다. 어떤 것은 절대적으로, 즉 실제로[125] 크다.[178,][177] 어떤 것은 비교적 크며, 어떤 것은 최고로 크다. 첫 번째는 "키 작은 관목 숲", 두 번째는 "포도나무 숲",[126] 세 번째는 "커다란 삼림"이다.

> "키 작은 관목 숲이나 과수원이 모두를 즐겁게 해주지
>   는 않는다네.
> 만일 우리가 숲을 노래한다면, 집정관의 위엄을 갖춘
>   그런 숲이어야 한다네."[127]

§181   그런데 절대적이든[178] 상대적이든[180] **미적인 크기**[177]는 **자연적인** 것이거나 **도덕적인** 것이다. 전자는 자유와 밀접하게 연결되어 있지 않은 것에 부합하며, 후자는 대상이나 관념이 자유에 밀접하게 연결되어 있는 경우 그것들에 귀속된다. 자연적인 크기는 예를 들자면 베르길리우스의 『아이네이스』 제421행에서 찾을 수 있다.

"엔텔루스가 두 겹 외투를 어깨 너머로 벗어 던지자

거대한 팔다리의 뼈와 근육이 드러났고

그는 거대한 모습으로 경기장 한가운데에 서 있었다네

등등."128

만일 미적 지평 안에 놓인 주제들이 풍부하게제8장 사유된다면, 그리고 당신이 자신의 주장을 더 풍요롭게 해주는 어떤 논점 129이나 논증을 사용할 줄 안다면, 이것들은 동시에 분명 절대적이고 자연적인 크기를 가지게 될 것이다.§177 그러므로 이것을 [즉, 절대적이고 자연적인 크기를] 위해서는 새로운 규칙들이 거의 필요 없다.

§182   도덕적으로 미적인 크기, 즉 도덕적인 법칙에 맞게 규정된 자유를 통하여 가능한§181 크기를 나는 어떤 대상 안에서, 그리고 그 대상의 다양한 부분과 그 결과 안에서 발견한다. 1) 만일 이것들이 덕성을 해치지 않고, 게다가 우아하게 여러 사람에 의해서 사유될 수 있다면, 2) 만일 이것들이 이미 언급한 방식대로 조만간 결국에는 덕성과 일치하는 것으로 사유될 수 있다면 말이다. 또 3) 어떤 관념들이 아무런 해도 끼치지 않으면서 자신의 대상이나 소재와 조화를 이루며 그것들과 대등한 것이 될 수 있다면, 4)그래서 결국 너무나도 건전하고 아름다운 덕성과 선한

관습이 얼마간의 유익을 확실히 얻게 된다면§177 나는 그러한 크기를 관념들 안에서도 발견한다. 이러한 도덕적으로 미적인 크기를 간단하게 줄여 **미적 위엄**이라 부를 수 있으리라. 그리고 이미 §115에서 서술한 내용 다음으로는

　"2)무엇이 어울리고 무엇은 아닌지,
　　덕성이 우리를 어디로 이끌고 허물은 어디로 이끄는지
　　　도"§22;130

알 수 있으리라.

§183　나는 관념들의 이러한 매력을 하나의 유(類)로부터 다른 유로의 이행(μετάβασις εἰς ἄλλο γένος; 메타바시스 에이스 알로 게노스)131을 통해서 끌어내기를 원하지 않는다. 또 마치 낫을 사용하여 다른 사람의 수확물을 베는 것처럼 오직 축복받은 삶의 더 진지하고 더 높은 법칙으로부터만, 혹은 진정한 그리스도교의 가장 성스러운 계시로부터만 끌어내기를 원하지도 않는다. 오히려 나는 사람들이 관념의 매력을 인간의 정신적 능력이 진정으로 아름다운 작품을 만들어내기 위해 꼭 필요한 전제조건이라 여기기를 바란다. 유비적 이성은 정신이나 이성뿐만§15 아니라, 날 때부터 가지고 태어나며 훈련이나§50 가르침을§63 통하여 강화되는

위대한 가슴을 통해서도 지탱된다.§45 그런데 이런 관념의 매력이 완전히 결여되면 유비적 이성 자체에도 추함이 선명하게 드러나며, 이러한 추함은 다른 우아한 것들도 흉하게 만들어버린다. 왜냐하면 우아하지 않은 예외의 경우§25, 또는 범속하거나 저속한 것은 아니라도 어쨌든 풍미에§35 따라서만 도덕관습을 평가하는 어떤 사람의 판단에 따르는 경우 도덕관습을 희생하지 않으면서 그것들[즉, 정신, 이성, 위대한 가슴]을 유지하기란 불가능하기 때문이다.[132]

§184   따라서 자신과 생각이 다른 이들에게 가장 불명예스러운 벌을 주겠노라고 위협하면서도 카툴루스가 다음과 같이 말할 때에는 스스로를 기만하고 있다는, 그것도 추악하게 기만하고 있다는 것은 명백한 사실이다.

"제대로 된 시인은 품행이 단정한 것이 좋다네.
    자기 자신은 말일세. 하지만 시는 전혀 그럴 필요가 없
        다네.
    부드럽지만 너무 단정하지 않으면서
    색정을 불러일으킬 수 있다면
    마침내 재치와 익살을 지닐 수 있으니 말일세."[133]

마르티알리스도 더 참일 수 없을 정도로 다음과 같이 말하기는
했다.

> "이것이 익살스러운 노래에 주어진 법칙이라네.
> 색정적이지 않고는 사람들을 즐겁게 해줄 수 없다네."[134]

그럼에도 그는 자신의 추한 법칙을 적합하게도 다음과 같이 증명
해냄으로써 자신의 그릇에 어울릴 만한 덮개를 찾아냈다.

> "누가 창녀에게
> 귀부인의 정숙함을 허락하겠는가?"§165; [135]

페르시우스는 의심의 여지없이 더 정확하게 다음과 같이 말한다.
형식에 있어서 그가 범한 과오를 제외하면 말이다.[136]

> "여기서 자넨 보게 될 걸세. 노래가 허리춤으로
> 들어오고 시구가 울려 퍼져 내밀한 어딘가를 건드릴
>   때면 티투스들이[137]
> 잔잔한 목소리로 단정하게 노래 부르는 게 아니라§183
>   흥분하여 떠는 것을 말일세."[138]

§185　미적 위엄은§182 미적인 크기의 일부이자 하나의 하위 유형인데, 미적인 크기처럼§177,§178 **절대적**이거나 아니면 **상대적**이다. 절대적인 미적 위엄은 모든 아름다운 사유에 필수불가결한 것으로, 그에 관해 우리는 로마의 법률 전문가들을 따라서 다음과 같이 판단한다. 무엇이든 더 자세하게 사유하는 것이 훌륭한 도덕관습에 위배되는 경우, 그것에 대해 오래도록 곰곰이 생각해서는 안 된다.§183,§184 상대적인 미적 위엄은 아름답게 사유되어야 할 어떤 특정한 것에 요구되는 것으로, 모든 것에 동일한 정도로 요구되지는 않는다.§178 다음과 같이 말하면서 코르넬리우스가 염두에 둔 것이 바로 이것[즉, 상대적인 미적 위엄]이다. "나는 미래에는 이러한 장르의 글을 [즉, 전기를] 쓰기 쉬운 것이라 판단하며, 지금은 아주 훌륭하다고 인정받는 이들 중 어떤 이들은 존경받기에 충분하지 않다고 판단하는 사람이 많이 생길 것을 믿어 의심치 않는다."**139** 다음과 같은 키케로의 말도 마찬가지 의미를 갖는다. "내가 추측하기로는 이러한 종류의 글쓰기(철학자가 어떤 주제를 다루면서 그리스어로 쓴 글을 라틴어로 옮기는 일)가 아무리 우아한 것이라고 해도 자신의 인격과 위엄에는 어울리지 않는다고 생각하는 사람들이 생겨날 것이다."**140**

§186　키케로는 『의무에 관하여』에서 "아름다움의 두 가지 종류"를 확정하고 "그중 하나는 매력이고 다른 하나는 위엄인데, 매

력은 여성적, 위엄은 남성적인 것"[141]이라고 여긴다. 이때 그의 말은 앞 절에서 언급한 상대적 위엄에 관한§185 것이라 해석될 수 있다. 왜냐하면 바로 그 키케로 자신이 연설가에게서 "위엄"뿐만 아니라 "매력"도 "드러내는" 완벽한 "외모"를 요구하기 때문이다.[142] 실제로도 그는 매력이 아니라 "추함"을 "위엄"에 대립시키고 있다.[143] 따라서 귀부인에게도 자신에게 어울리는 위엄이 있는데, 물론 울피아누스가 『원로원 의원에 대하여』에서 법률 전문가에게 어울리는 방식으로 더 정확하게§15 말한 것처럼 "더 큰 위엄은 남성에게 속한다".[144] 우선 키케로의 동의와 그의 권위를 전제로, 절대적인 위엄조차도 전혀 없는 모든 것은 추하다고 말해도 좋을 것이다.§185, §177 그리고 참된, 특히 남성적인 아름다움, 예를 들자면 행위의 아름다움 안에서는 매력도 그 으뜸가는 것들에는 위엄을 요구하는 것이 허락될 것이다.[145] 또 어떤 사태나 인격도 그 "위엄을 탈취당하고 빼앗기게 되면 추하게 된다"[146]고 결론지어도 무방할 것이다.

§187   나는 또한 다음과 같은 사실을 부인하지 않는다. 독일인으로서 특히 독일인을 위해 글을 쓰기 때문에 나는 아름답게 사유될 수 있는 대상들의 으뜸가는 매력들 중에서 위엄을 특별히 더 자신 있게 골라내었다.§186 독일민족이 로마인과 각별히 유사한 여러 가지 점을 지니며, 그중에서도 키케로가 『무레나를 위하

여』에서 행한 다음과 같은 찬사가 두 민족 모두에게 바쳐질 수 있다는 사실을 경험을 통해서 알고 있기 때문이다. "우리 로마 민족에게" (게르만 민족에게) "애착의 대상이 될 만한 모든 기술은 경탄할 만한 위엄뿐만 아니라 매우 많은 즐거움을 선사해주는 유용함을 지니고 있어야 합니다".[147] 따라서 같은 민족 구성원 중에서 나타날 진지하기는 하지만 음울하지는 않은 심판관은 다음과 같은 사실을 인정할 것이다. 절대적 위엄을 지닌 것들을 우리의 미학에 일반적으로 그리고 적극적으로 추천해주면서, 상대적 위엄도 더 명석하게 우리 눈앞에 드러내 보여주는 사람은 절대적 위엄을 확고하게 지닐 뿐만 아니라 상대적 위엄도 갖추고 있다.§185

§188　내가 잘못 아는 것이 아니라면 독일민족 구성원 가운데서도 때로는 다음과 같은 사람들이 있다. 그들은 §182에서 미적 위엄의 예로 제시된 첫 번째와 세 번째 항목은 매우 대범하게 인정한다. 그러면서도 두 번째와 네 번째 항목은 아름다운 사유에 요구되면, 어디서든 올바른 것에든 매력적인 것에든 지나치게 엄격한 기준이 된다고 판단한다. 하지만 다음과 같은 일이 생긴다면 나는 이런 비난에서 더욱 쉽게 벗어날 수 있을 것이다. 1) 명확하고 분명하게 권면하는 글을 다음과 같은 글과 더 신중하게 구분하는 법을 그 사람들이 배우게 되는 경우. 암묵적으로 은연중

에, 그리고 마치 상품의 사후 인도(longa manu)[148]에서처럼 적어도 간접적으로 도움이 되거나 혹은 덜 중요한 도덕적 규칙에 어느 정도 도움이 되는 글. 2)아름다운 인식의 으뜸가는 선물인 생명력이§22 스스로를 다양한 방식으로 그리고 다양한 정도로 드러내곤 하는 것보다 더욱 온전하게 그들이 그것을 통찰할 수 있게 되는 경우. 그러면 이제§169 나는 다음과 같이 나 자신을 변호할 수 있을 것이다. 도덕적인 가르침이나 정직함에 있어서 자신은

"에피쿠로스를 따르는 무리들 중 한 마리 돼지"[149]

라고 말하는 저 사람과 같은 것을 요구하거나 심지어 그보다 확실히 더 적은 것을 요구한다고 해서, 내게 악덕의 문제가 있는 것은 아니다. 예를 들자면 호라티우스는 시인에 관하여 거듭거듭 다음과 같이 주장하였다.

"시인은 쓸모가 있고 즐거움을 주는 사람이 되고자 한
     다네.
   그와 동시에 즐거움을 주고 삶에 도움이 되는 걸 말하
     고 싶어 하지.
   유용한 것을 달콤한 것과 뒤섞는 사람은 모든 사람의
     표를 가져가 버린다네.

독자를 즐겁게 해주면서 그에 못지않게 그를 바로잡아

주기도 한다면 말일세."**150**

§189　마지막으로 미적인 크기는§177 절대적이든 상대적이든
§178, §185 (사태, 소재에 관한 것으로서) 객관적이거나 아니면 (인격
에 관한 것으로서) 주관적이다. 미적 위엄의 경우도§182 마찬가지
다. 아름다운 재능이나 마음이제2장 대상이나 사유되어야 할 사태
를 그 크기나 위엄에 비례하여 묘사할 수 있는 특별한 근거가 그
대상이나 사태 자체 안에 존재하면, 그때의 미적인 크기는 객관
적이다. 어떤 사람이 주어진 소재의 크기와 위엄을 사람들의 눈
앞에 매력적으로 드러내 보여주려는 욕망이 있고 이미 그렇게 하
기로 결심했다고 치자. 그렇게 할 수 있고 그렇게 하는 것이 옳은
한에서 그의 물리적**151** 힘과 능력이 그것이 무엇이고 어떠한 조건
하에서**152** 그러한가에 따라 파악될 때 그 크기는 주관적이다. 우
리는 후자를 미적 고결함 혹은 미적 품격이라고 부른다.E§489

§190　어떤 사태나 소재는 처음 보고 바로 묘사할 수 있으며,
우리는 이것을 즉시 어떤 아름다운 방식으로 표현할 수 있다. 옛
날에 베르길리우스가 그랬던 것처럼 말이다.

"내게 나타나는 사태의 단계가 높아질수록

그만큼 더 내 작품도 위대해진다네."[153]

그러므로 스스로를 합당하게 평가하면서도, 자신이 살아 있는 동안 다시 오게 될 황금시대에 대해 노래할 때의 베르길리우스처럼 자신이 아름답게 다룰 수 있는 그런 주제에 관해서 다음과 같이 예언할 수 있는 사람은 행복하다.

"트라키아 출신의 오르페우스도 리노스도 노래로는 날
　　　이길 수 없을 거라네.
　한 사람의 아버지나 다른 사람의 어머니가, 그러니까
　　　오르페우스에게는 칼리오페,
　리노스에게는 잘생긴 아폴론이 함께 한다 해도 말일세.
　심지어는 판 신이 나와 함께 경쟁하고 아르카디아가 심
　　　판이라고 해도
　판 신도 아르카디아의 판결에 따라 자신이 패배했노라
　　　고 말할 걸세."§189;[154]

제27장 미적 진리

§423   우아하게 사유될 수 있는 사태와 관련하여§115, §177 주목해야 할 세 번째 항목은 **진리**다.M§515 단, 미적§22 진리, 그러니까 미적으로 인식될 수 있는 그런 진리다. 우리는 대상들의 형이상학적 진리가 가장 보편적인 원리들과 그 대상들의 일치라는 사실을 이미 알고 있다.M§92 그래서 우리는『변신론』에서 라이프니츠가 한 다음과 같은 말을 잘 이해한다. "어떤 관점에서는 모순율과 충족이유율이 참과 거짓의 정의에 포함된다고 말할 수 있다."**155** 이러한 형이상학적 진리는 물질적 진리라 불린다. 이에 반해 대부분의 사람은 어떤 하나의 대상 안에서 발견되는 형이상학적으로 참인 것에 대한 표상을 *논리적 진리*, 다른 사람들은 *정신적 진리*라고 부른다. 그것이 어떤 주체의 영혼 안에서 이뤄지며, 따라서 감각에 의해 촉발된 상응과 일치, 즉 표상과 대상의 일치인 한에서 말이다.

§424　좁은 의미의 형이상학적 진리는 객관적 진리, 어떤 주어진 영혼 안에서 나타나는 대상과 관련하여 참된 것들의 표상은 **주관적 진리**라고 부를 수 있을 것이다. 우리는 대부분의 사람도 쉽게 이해할 수 있는 말을 써서 후자를 넓은 의미에서의 **논리적 진리**라고 부르고자 한다. 의견의 일치에 이를 수 있도록 우리는 이것들을 다시금 좀 더 깊이 고찰할 것이다. 나는 다음과 같은 사실이 분명하다고 믿고 있다. 형이상학적, 혹은 당신이 그렇게 말하고자 한다면 **객관적 진리**는 하나의 영혼 안에서 넓은 의미에서의 논리적 진리, 혹은 정신적인 또는 주관적인 진리를 낳을 정도로 그렇게 표상된다. 이러한 **진리**는 어떨 때는 무엇보다도 먼저 정신 안에서 오성에 나타나며, 그 안에서 판명하게 지각된 것들 안에 존재한다. 이 경우 우리는 그것을 더 **엄밀한 의미에서의 논리적 진리**라고 부른다. 다른 때는 이성의 유비에 따라 낮은 단계의 인식 능력을 통하여 나타나는데, 이 경우에는 그것을 미적 진리라고 부른다.§423;**156**

§425　만일 당신이 원한다면, 테렌티우스의 『자학하는 사람』 제3막에서 크레메스가 메네데무스에게 해준 조언을 읽어보라. 그러면 당신은 메네데무스가 크레메스에게 다음과 같이 대답하면서 일종의 미적 진리에 대해 말하고 있다는 사실을 알아차리게 될 것이다.

"당신은 참되게, 그리고 있는 그대로 말씀하시는 것 같
네요."[157]

"미움을 낳는 진리"[158]를 주저함 없이 자주 드러내는, 또

"섬약한 귀를
신랄한 진리로 할퀴어대길"[159]

망설이지 않을 때의 풍자시들을 기억하라. 이것들은 마치 다음과
같은 자신들의 특권에 의해 보호받는 것처럼 보인다.

"웃으면서 진리를 말하는 걸
누가 막는단 말인가?"[160]

동일한 논증을 지닌 듯이 보이는, 자신의 논증을 더 세심하게 그
리고 학문적으로 입증해내는 어떤 윤리철학자의 실제적인 조언
을 이것들과 비교해보라. 그러면 당신은 이러한 예를 통해서 엄
밀한 의미에서 논리적 진리와 미적 진리 사이의 차이가 무엇인지
알아차리게 될 것이다.§424

§426   키케로가 『의무에 관하여』 제2권 제18장에서 밝힌 바

에 따르면 다음과 같은 것을 통찰하는 능력은 논리적, 미적 숙고 모두에서 다같이 발견되는데, 이것을 그는 그 기원에 따라 다음과 같이 묘사하고 있다. 1)"어떤 사태에서든 참되고 순수한 것", 2)"각각의 사태에서 자기 자신에게 일치하는 것"(모순의 원리와의 일치), 3)"어떤 사태의 결과로 생겨나는 것"(결과의 원리M§23), 4)"그것으로부터 모든 것이 발생되며 따라서 모든 사태의 원인인 것"(근거의 원리M§20와 충분한 근거의 원리M§22와의 일치).[161] 하지만 전자[즉, 논리적 숙고]가 이러한 사태들에 대한 오성적인 판명한 명료함을 추구하는 반면, 후자[즉, 미적 숙고]는 자신의 지평 안에 머물면서 감각과 유비적 이성을 통하여 동일한 명료함을 우아하게 직관하는 데 집중한다.§424

§427   지금까지는 우리가 정신적이면서 주관적인 **진리**, 표상에 관한 모든 진리를 오직 논리적이라고만 지칭했다. 만일 우리가 이런 진리를 **미적-논리적** 진리라 부르려 한다면, 논리적 진리를 미적 진리와 구분하는 사람들은 1)미적으로 참인 어떤 것, 심지어는 그것들 중 많은 것이 동시에 논리적으로도 참이라고 생각하지는 않는다고 주장할 것이다. 하지만 우리는 기꺼이 그렇다고 인정한다.『사물의 본성에 관하여』제3권 제940행부터 제957행에서 지어낸, 죽기를 거부하는 사람에게 자연의 여신이 건네는 말과 루크레티우스가 거기에 덧붙인 다음과 같은 너무도 참된 말 속

에서는 거의 모든 것이 동시에 논리적으로도 참이다. ^{M§265, E§252}

"자연의 여신이 정당한 비판을 제기하고 있으며,

참된 원인을 말로 설명하고 있다는 대답 외에 우리가

무슨 말을 하겠는가?"**162**

§428   2)우리는 아름답게 그려낼 수 있는 부분들 안에서 미적 진리가 종종 논리적 진리 전체를 제공한다는 사실을 부정하지도 않지만, 실제로 그런지는 아직 알지 못한다. 부분들을 마지막까지 일일이 세어본 이후에야 겨우 그것이 가능한지도 알지 못한다. 우리는 오직 다음과 같은 사실 하나만을 확인한다. 미적 인간은 진리가 오성적인 것인 한 그것을 직접적으로 추구하지 않는다. 하지만 만일 그것이 간접적으로 많은 미적 진리로부터 동시에 하나의 진리로서 드러나거나 미적으로 참인 것과 일치하게 된다면, 이성적인 미적 인간은 그런 사실을 알고 자기 자신을 축하하게 될 것이다.§38 그가 무엇보다도 먼저 그것을 추구했던 것은 아니지만 말이다.§423

§429   오직 오성을 통해서만 사유될 수 있는, 말하자면 더 엄밀한 의미의 논리적 진리가 참으로 존재한다고 해보자.§424 그러한 진리는 아름답게 사유하기를 원한다고 우리가 가정하는 주체

에게서도, 혹은 주로 당신이 그 때문에 사유를 시작하게 되는 개인적 대상들에서도 발견된다. 두 경우 모두 언제나 혹은 어떤 특정한 상황 속에서 발견된다. 하지만 어쨌든 그와 같은 진리는 미적 지평 너머에 있으며, 적어도 현재의 시점에서는 제쳐두는 것이 옳다.§15, §121 예를 들어 당신이 자연과학자뿐만 아니라 수학자인 천문학자라고 가정해보자. 그런 당신이 다른 천문학자들과 함께, 지난해에 있었던 반지 모양의 일식(日蝕)을 본다고 생각해보라. 다른 한편 목동인 당신이 동일한 현상을 동료들과 함께 그리고 당신의 네아이라163와 함께 보고 있다고 생각해보라. [그러면 당신은 아마도 천문학자에게 이렇게 외치게 될 것이다.] 그만! 당신은 참된 것들에 대해 너무도 많이 생각해왔소! 지금은 완전히 무심하게 지나쳐버려야 할 것들을 말이오!

§430   어떤 진리들은 너무나 미약한 것이어서 그것을 추구하거나 언급하는 것이 미적 지평 아래에, 적어도 아름다운 크기의 지평 아래에 놓여 있다. 어떨 때는 완전히 절대적인 아름다운 크기의 지평 아래에, 어떨 때는 분명 상대적인 지평 아래에 놓여 있다.§120, §178 미적 인간은 이렇듯 무한히 작은 진리들에는 관심을 기울이지 않는다.§191, §221 그는 "참된 무언가에 대해서 침묵해서는 안 된다"164라는 엄격한 원칙이―역사가[의 역사 서술]에도―전혀 예외 없이 [적용되도록] 기록된 것은 아니라고 생각한

다. 특히 그가 다음과 같은 구절을 읽을 때는 말이다.

"헤스페리아의 기슭으로

젊은이들의 불꽃 같은 손이 솟아올랐네.

하지만 경건한 아이네이스는 제단을 향해 올라갔네.

무시무시하면서도 비밀스러운 시뷜라의 엄청나게 큰

　　동굴이 있고

고결한 아폴론 신이 주재(主宰)하는 그곳으로 말일

　　세."[165]

이때 그는 아이네이스가 어떤 발로 먼저 이탈리아 땅을 밟았을
지 전혀 관심이 없고 아예 생각도 하지 않는다. 물론 왼발로 혹은
오른발로, 아니면 덜 그럴듯하기는 하지만 양발로 함께, 라는 대
답 중 하나가 매우 참된 것이기는 하겠지만 말이다.

§431　　미적 진리는 I)대상들이 우아하게 사유될 수 있을 가능
성을 요구한다.§426 그것이 감성적으로 인식될 수 있는 한에서§423
그러한 가능성은 1)절대적 가능성이다. M§15, M§90 즉, 우리가 그
자체로 고찰하기를 원하거나, 아니면 감각들과 유비적 이성을 통
해서 고찰하게 되는 대상 안에서 서로 모순되는 특질들이 관찰되
지 않는다면 말이다. M§8 그런데 오류들 사이에 존재하는 불균등

128

함에는 이러한 가능성이 포함되어 있으며, 그 때문에 그런 불균등함은 미적으로도 참이다.^{M§272} 반면,

> "잘못들이 서로 거의 비슷비슷하다고 여기는 사람은 불
>   안을 느낀다네.
> 진리가 가까워질수록 말일세. 감각과 관습도, 정의롭고
>   공정한 이들의
> 어머니나 다름없는 유익함 자체도 자신의 주장을 거스
>   르니 말일세."[166]

§432   미적 진리는 그 대상들이 2) 조건적으로$^{§426, M§16}$ 가능한 것이길 요구한다.^{§431} 그런데 이것은 다시금 A) 어떤 특정한 자유와 더 밀접하게 연결되지 않으면서 유비적 이성을 통하여 판정될 수 있는 한에서^{§423} 자연적 가능성을 요구한다.^{M§469} 그러한 가능성을 나는 『아이네이스』의 다음과 같은 구절에서 발견한다.

> "그러자 모든 사태에 대해 최고의 권능을 지니신 전능
>   하신 아버지가
> 말씀을 시작하네. 그가 말을 하자 신들의 높다란 거처
>   도 잠잠해진다네.
> 대지도 홀로 두려워 떨며 하늘 높이 솟아오른 대기(大

氣)도 침묵한다네."**167**

§433   또 미적 진리는 자신의 대상들 안에서 B) 도덕적 가능성을 요구한다. a) 그것은 넓은 의미에서는 M§723 오직 자유로부터 이끌어낼 수 있는 것으로서, 예를 들자면 어떤 특정한 도덕적 인물에게 주어진 자유나 주어진 인격, 성격으로부터 유비적 이성을 통해 흘러나오는 것처럼 보일 정도의 특징과 크기를 지녀야 한다. 이것이 저 유명한 "삶의 진리에 더 가까이 근접함"**168**인데, 그에 따르면 말하는 사람이

> "성숙한 노인인지 아니면 아직 꽃다운 젊음을 누리는
>   뜨거운 청년인지, 권세 있는 귀부인인지 아니면 부지런
>   한 유모인지
>   떠돌이 장사꾼인지 아니면 작은 땅을 푸르게 가꾸는
>   농부인지
>   콜키스인인지 아시리아인인지 테베에서 자란 사람인
>   지 아르고스에서 자란 사람인지"**169**

또 지금 자신의 직업에 대해 말하는지 아니면 개인적인 것에 대해 말하는지는 서로 매우 다른 것이다.

"내가 그리고 백성들이 나와 함께 원하는 바를 자네는
　　들었네.
막이 오르기를 기다리고 가수가 등장해서 '여러분 박
　　수 주세요'라고
말할 때까지 계속 앉아 있다가 박수갈채를 보내는 이
　　를 원한다면
자네는 흘러가는 세월이나 변화하는 본성에 그 장식을
　　더하면서
모든 연령대의 특징을 주의해 살펴야 하네.

우린 언제나 어떤 나이에든 적합하고 그와 밀접하게 연
　　결된 것들에 머물 걸세."[170]

그러기에 호라티우스는 실천적 철학, 이렇게 말해도 된다면 응용
철학도 추천하곤 했다. 그러한 철학을 제대로 견지하는 사람은

"어떤 사람에게든 그에게 잘 맞는 것을 주는 법을 확실
　　하게 안다네."[§433;171]

그리고 자신이 가진 기술이나 지식이 자신의 시대에 가져다주는
유익을 이미 통찰하고 있으면서

> "모범적인 도덕적 삶을 주의 깊게 살펴보라 명한다네.
> 학식 있는 모방자를 바라보면서 그로부터 참된 이야기
> 들을 얻어내라고 말일세."[172]

이러한 유익에 대해서는 테오프라스토스의 『윤리적 특징들』이
다루기 시작했고, 그 다음에는 프랑스의 테오프라스토스가 더
풍요롭게 다룬 바 있다.[173]

§435   미적 진리는 b)사유하는 사람 자신에게만이 아니라 명
시적으로든 암묵적으로든 그에 의해 평가되어야 하는 대상에도,
간단히 말하자면 아름다운 관념에도 엄밀한 의미의 M§723 도덕적
가능성을 요구한다. 예를 들어 아케론[174]을 묘사하려고 한다 해
도 말이다. 하지만 여기서 요구되는 것은 오직 감각이나 유비적
이성의 저울의 판단 대상에만 해당되는 가능성이다. 호라티우스
에 따르자면, 이러한 **도덕적 진리**에 근거해서

> "참인 사실은 누구나 자신의 척도에 따라 스스로를 판
> 단한다는 것이다."[175]

§433, §434에서 요구된 것을 넓은 의미의 도덕적 진리라고 부른 것처럼 나는 후자를 기꺼이 더 엄격한 의미의 도덕적 진리라고 부를 것이다. 반면 기호를 통해 표현된 의미가 우리 마음속 생각과 일치하는 경우에는 가장 엄밀한 의미의 도덕적 진리라고 부를 것이다. 물론 우리 마음속 생각이 덕스럽다면 이미 진실한 사람이라고 불릴 것이고, 만일 그것이 악하다면 이미 틈이 많다는 오명이 따라다닐 것이다.E§339

§436　키케로는 『무레나를 위하여』에서 이렇게 말한다. "그런데 카토는 엄격하게 스토아적인 방식으로, 음식으로 호의를 이끌어내는 것은 옳은 일이 아니라는 등 나와는 반대로 말을 했습니다."『무레나를 위하여』제74절 이로써 그는 매력적인 사유에서 나타나는§435, §182 도덕적이면서도 미적인 이러한 진리, 이러한 위엄의 미적 경계들을 멋지게 보여준다. 카토가 비난했던 관습의 미적 진리를 옹호하면서 그는 계속해서 다음과 같이 말한다. "그의 연설이 놀랄 만큼 훌륭하기는 하지만, 실제 체험이나 삶, 관습, 시민권 자체는 그의 주장을 반박하고 있습니다 등등."『무레나를 위하여』제75절 그러니까 "카토여, 자네는 자네보다 나이 많은 이들이 만든 제도들을 너무 준엄한 말투로 비난하지는 말게나. 로마라는 공동체 자체나 제국이 오랜 세월 동안 유지되고 있다는 사실이 그 제도들의 가치를 입증하고 있으니 말일세 등등".『무레나를 위하여』제76절 "어

떤 사람이"(철학자들에 의해 오성적으로만 파악되는) "위엄을 갖추고 있을 때 외에는 그 어떤 경우라도 그에게 관직을 맡겨서는 안 된다는 결론으로 사람들의 마음이 이끌려야 한다고 자네는 말했네. 하지만 최고의 위엄을 갖춘 자네 스스로도 그 말을 지키지 못하고 있네. 그렇지 않다면 자네가 무엇 때문에 자네가 추구하는 바를 이루도록 도와달라고 호소하겠는가? 등등."『무레나를 위하여』제77절 "자네는 자네가 만나는 사람들의 이름을 알려주는 하인에 대해 어떻게 생각하는가? 등등."[176]

§437 미적 진리는 아름답게 사유되어야 하는 대상들이 II) 근거와 근거 지워진 것 사이의 관계를 가질 것을 요구한다.§426, §431 그러한 관계가 유비적 이성을 통해서 M§640 감성적으로 인식될 수 있는 한에서 말이다.§423, M§24 그 한 예가 리비우스의 『로마건국사』 제2권에 등장하는 코리올라누스에 대한 서술일 것이다. 그의 이름과 권위에 대한 설명은 제33장에 처음 등장한다. 다음 제34장에서는 호민관의 권위에 맞섰던 그의 거만함이 묘사된다. 제35장은 그로 인해 코리올라누스가 일반 민중의 분노를 사게 되고 유배당한 사실을 서술하고 있다. 또 그 이전에 있었던 사건들을 통해 드러난, 볼스키[177] 종족에 대한 그의 근거 있는 적대감도 설명하고 있다. 그런 그가 유배당했을 때 그를 자신의 집으로 맞아주었던 툴루스와 의논하고서는 로마인과 전쟁을 하기로 결심

한 사실도 기록되어 있다. 제37장은 툴루스가 꾸민 교활한 술책과 그로 인해 볼스키 종족의 평민들 사이에서 일어난 로마인에 대한 새로운 분노에 대해 서술하고 있다.

§438　『로마건국사』제2권 제39장의 서술에 따르면 볼스키인은 전쟁을 하기로 결정했고 그 지도자는 툴루스와 우리의 코리올라누스, 즉 "로마에서 추방된 마르키우스"였다. 그의 용맹함 덕분에 전쟁이 처음부터 볼스키인에게 유리하게 진행되었다. 로마의 평민들 사이에서 동요가 일어났으며, 그래서 로마의 첫 사절단이 파견되지만 "냉혹한 답변"만을 받고 돌아오게 된다. 로마인이 다시금 적에게 사절단을 보내지만 이번에는 아예 적군의 진영 안으로 들어가지도 못했다. 신전의 사제까지 나서서 애걸해보았지만 소용이 없었기 때문에 로마인들 사이에는 거의 여인네들이 느끼는 것과 같은 공포가 삽시간에 번져나갔다. 제40장에서는 결국 마르키우스의 어머니와 아내, 한 무리의 여인들이 그의 완고한 영혼을 움직이게 된다. 이것이 아무 이유 없이 일어나는 것처럼 보이지 않도록 역사가는 그의 어머니가 행하는 참으로 열정적인 연설의 내용을 지어냈다. 그러자 적들이 진영을 뒤로 물렸다. 하지만 코리올라누스는 그의 남은 운명에 대한 얼마간의 언급이 있은 뒤에야 리비우스의 역사 서술에서 사라지게 된다. 이러한 서술 가운데 얼마나 많은 것이 서로 조화롭게 어울리는지! 적어도

독자들이 유비적 이성을 행하도록 지탱해주고 보강해주면서 말이다.§437

§439   미적 진리는 대상들의 절대적 가능성뿐만 아니라 감성적으로 인식되는 조건적 가능성도 요구한다.§431~436 모든 가능성은 통일성을 요구한다.M§73 절대적 가능성은 절대적 통일성을, 조건적 가능성은 조건적 통일성을 요구한다.M§76 그러므로 감성적으로 파악될 수 있는 한, 미적 진리 역시 그 사유 대상들 안에 두 가지 통일성이 모두 존재할 것을 요구한다. 또 지각 전체의 아름다움이 상실되지 않으면서 사유 대상의 규정들을 분리시키기가 불가능할 것을 요구한다.§73 대상들의 이러한 **통일성**은 그것이 현상으로 드러나는 한 **미적인** 것이다. 또 아름다운 숙고의 대상이 행위인 경우 그것은 내적 규정들의 통일성이며M§37, **행위**의 통일성이 거기에 속한다. 그렇지 않으면 외적 관계들M§37이나 상황들M§323의 통일성이다. 후자에는 **장소와 시간의 통일성**이 속한다.M§325, M§281;**178**

"그것이 무엇이든 적어도 단순하거나 하나여야 한다."**179**

그러면 당신은 당신을 즐겁게 하면서 동시에 적당하게 짧은, 그러면서도 아름다운 관계를 얻을 수 있을 것이다.§437 이런 이유로 아우구스티누스는 "통일성"을 너무도 마음에 들어 해서 그것을 "모든 아름다움의 형상"이라고 불렀을 정도였다.[180]

§440 미적-논리적 진리는 §424 보편적인 것이나 개념들, 일반적인 판단들의 진리가 아니면 개별적인 것이나 이념들의 진리다.M§148 전자는 **일반적인**, 후자는 **개별적인** 미적-논리적 진리다. 무엇보다 감성적으로는, 일반적 진리의 대상 안에서는 결코 개별적 진리의 대상 안에서만큼 많은 형이상학적인 진리가 발견되지 않는다.M§184 미적-논리적 진리가 더 일반적일수록 그 대상 안에서 발견되는 형이상학적 진리는 그만큼 더 적게 표상된다. 일반적으로도 그러할 뿐만 아니라 유비적 이성을 통해서도 마찬가지다.M§150, M§184 이로써 당신은 깨달을 수 있는 한 가장 큰 진리를 추구하는 미적 인간이§22 가능한 한 개별적인 것을 일반적인 온갖 것보다 선호하는 이유를 하나 알게 되었다. 더 일반적이고 가장 추상적이며 가장 보편적인 것보다는 덜 일반적이고 덜 추상적인 것을 선호하는 이유를 말이다. 풍요로움의 원칙도 같은 일을 하도록 권한다.§115 왜냐하면 더 구체적으로 규정된 대상일수록 그와 동시에 그것을 다른 것들과 구분해주는 더 많은 특징을 지니게 되며M§151, 그 대상에 대해 아름답게 사유하는 일이 그만큼 더 많이 허용되기 때문이다. 미적인 크기의 원칙도, 본성적 위엄의 원칙뿐만 아니라 미적 위엄의 원칙도 마찬가지 일을 하도록 권

한다. 만일 당신이 어떤 보편적인 것의 크기에든지 그 하위 단계의 종차(種差)[181]에 덧붙여지는 무게와 품격, 많은 것을 산출해내는 능력을 동시에 고려한다면 말이다.§177

§441   어떤 유의 미적-논리적 진리는 어떤 커다란 형이상학적 진리에 대한 지각이며, 어떤 한 종의 미적-논리적 진리는 더 커다란 형이상학적 진리에 대한 지각이고, 개별적인 혹은 단일한 어떤 것에 대한 미적-논리적 진리는 그 종에 따르자면 가장 커다란 형이상학적 진리에 대한 지각이다. 첫 번째는 참된 것에 대한 지각이며, 두 번째는 더 참된 것에 대한 지각, 세 번째는 가장 참된 것에 대한 지각이다.§440 단일한 진리는 최대, 최선의 존재자의 내적 규정들에 관한 진리거나 아니면 절대적으로 우연적인 것들에 관한 진리다. 우연적인 것들은 어떤 하나의 온전한 우주 안에서 가능한 것으로 표상되는 경우에만 단일한 것으로 표상되어진다. 그러므로 우연적인 것들에 관한 단일한 진리는 한편으로는 그것들을 가능한 것이면서 이 우주의 일부분인 것들로 확정해준다.M§377 이러한 진리는 절대적으로 필수불가결한 최고의 진리와 함께 가장 엄밀한 의미의 진리, 통상적인 표현을 쓰자면 그저 단순하게 **진리**라고 불린다. 그렇지 않으면 그 진리는 인간들의 평범한 인식에 있어서 우연적인 것들을 다른 우주에서 가능한 것들이나 그 부분들로서 확정해준다.M§876 이런 진리를 우리는 **다른**

세계에서 가능한 진리라고 부른다.

§442   키케로가 『연설문의 작성에 관하여』에서 묘사하는 것처
럼 가장 엄밀한 의미로서의 §441 "진리를 통해서 지금 있거나 전
에 있었거나 앞으로 있을 것이 불변하는 것이라"(변하지 않는 것
이라) "말해진다"(지각되어진다).[182] 그런데 『투스쿨라눔 대화편』
(*Tusculanae Disputationes*)에서 다음과 같이 말할 때 그는 가장 엄
밀한 의미에서의 진리를 그보다 덜 중요한 다른 진리들과 뒤섞어
놓은 것처럼 보인다. "여러 덕목들(한결같음, 위엄, 씩씩함, 지혜
와 그 밖의 덕목들)의 저 합창은 고문대(拷問臺) 안에 놓이면 너
무도 위엄 있는 모습을 이루어낸다."제21장 (그렇게 되는 것은 "[한
꺼번에] 마셔버릴 때가 아니라 그것을 음미할 때 더욱 기쁨을 주
는 스토아학파의 덕목들처럼" 일반적이고 추상적인 진리 때문이
거나 아니면 다른 세계에서 가능한 진리 때문이다.§441, §440) "그리
하여 복된 삶은" (중간적[183] 인식에는§441) "그것들을[즉, 여러 덕목
들]을 향하여 서둘러 달음박질해 올 것이며 그것들이 자신으로
부터 버려지게 내버려두지는 않을 것처럼 보인다. 하지만 당신이
당신의 영혼을"(일반적이고 추상적이거나 아니면 다른 세계에서
가능한) "덕목들의 저 그림이나 다른 이미지들로부터" (가장 엄밀
한 의미의) "사태와 진리로 이끌어 간다면", (중간적 인식이 제시
하는, 다른 세계에서 가능한 대상으로부터 벗어나서 그 모든 대

상들로부터 분리된) "다음과 같은 단순한 물음이 남게 된다." {이 우주 안에서 혼자서 실제로(in concreto numerico)}[184] "고문을 당하면서 행복해할 수 있는 사람이 누가 있을까?"[185]

§443   일반적인 미적-논리적 진리들 중에서 매력을 상실하지 않으면서 유비적 이성에 따라 감성적으로 표상될 수 있는 것들만이, 실제로도 그런 한에서만 미적이다.§440, §423 이런 진리들은 뚜렷하고 명백하게 표상되거나, 아니면 생략삼단논법에서 생략된 대전제나 결론 안에 혹은 실제적인 예들 안에 숨겨진 채로 표상된다. 후자의 경우에는 추상적인 것이 구체적인 것을 통하여 파악된다. 이런 방식으로 동일성의 원리 자체가M§11 플라우투스의 『포로들』 서문 안에 (이걸 누가 믿겠는가?) 다음과 같이 존재한다.

> "여러분이 여기 서 있는 것을 보고 있는 이 두 포로는
> 우뚝 서 있소, 두 사람 모두 앉아 있지 않고 서 있소.
> 여러분, 여러분은 내가 진실을 말하고 있다는 사실의 증
> 인들이오."[186]

§444   가장 엄밀한 의미로 참된 것들의 진리는, 그것이 감각이나 상상 혹은 예견이나 예감을 통해서 감성적으로 참인 것으로 지각되어지는 한에서만 미적 진리다. 그 영역이 이보다 더 넓지는

않다. 다른 세계에서 가능한 진리들도 동일한 전제하에서만 미적 진리이며, 유비적 이성을 통하여 지각되어질 수 있는 것들보다 더 많지도 더 적지도 않다.§441 당신은 이러한 구분이 라이프니츠에게서 온 것이라고 생각한다.[187] 하지만 이러한 구분은 이미 티불루스에게서도 찾을 수 있다. 그는 오디세우스의 방랑에 대해 많은 설명을 한 뒤에 다음과 같이 이야기의 끝을 맺고 있다.

"이 일들이 우리에게 알려진 땅에서 실제로 일어난 일인지 (가장 엄밀한 의미로 참인 것들§442)

아니면 이 방랑들을 서술하기 위해 새로운 세계를 꾸며낸 것인지 (다른 세계에서 가능한 방식으로 참인 것들 §441)."[188]

AESTHETICORVM

PARS ALTERA.

SCRIPSIT

ALEXANDER GOTTLIEB
BAVMGARTEN

PROFESSOR PHILOSOPHIAE.

FRANCOFVRTI CIS VIADRVM,
Impensis IOANNIS CHRISTIANI KLEYB,
cIↃcIccLVIII.

서문

『미학』 제1권 서문에서 약속한 바를 이행하고자, 제1권이 출간되고 얼마 지나지 않은 때부터 제1권 개관에서 제시한 것 가운데에서 무엇이든 쓰기 시작했고, 그것을 전체적인 체계에 세심하게 잘 짜 맞추어 마무리하는 데 몰두하였다. 이렇게 책을 계속 저술해나가는 동안 식자공도 내가 글을 쓰는 속도에 뒤처지지 않고 부지런히 따라와 주었고, 조판(組版)을 상당히 빠르게 완성할 수 있었다.

그런데 이 무렵 나는 너무나도 지독하고 끈질긴 병마로 인해 몸져눕게 되었는데, 종종 나 자신뿐만 아니라 내 가족들에게, 그리고 경험이 풍부한 의사들에게조차 가망이 없어 보일 정도였다. 그래서 이 작은 책자의 출간은 꽤 오랫동안 중단되었고, 앞으로도 그러했을 것이다. 완성된 원고를 먼저 발행하자는 출판업자의 제안을 반대하는 것이 옳다고 내가 판단했다면 말이다. 그는 지금까지 출간이 지연된 것을 참을성 있게 기다려주었다. 하지만 내 건강 상태를 보건대, 이런 종류의 책을 저술할 힘을 되찾기보다는 죽을 것이 확실하다고 그는 생각했다. 이미 인쇄해놓은 것 이상을 출간할 수 있으리라는 확신이 점점 더 사라져갔던 것이다. 평범한 사람들에게는 마음이 쓰일 일이기는 하지만, 자신의 사정을 구구절절 설명하는 저자 대부분이 미움을 산다는 사실을 내가 모르는 것은 아니다.

하지만 나는 그저 왜 다음과 같은 일이 생겼는지 밝히고 싶었을 뿐이다. 미적 확신의 내용이 전혀 온전하게 다루어지지 못했는데도, 매력적인 인식의 가장 감미로운 아름다움인 생명력과 명쾌한 방법론, 사람들이 아름다운 말들 속에서 표현이나 행위라고 부르는 우아한 기호의 아름다움을 왜 다루지 않는지, 또 이론적 미학에 이어 쓰겠노라 약속한 실천적 미학 부분에 발을 들여놓을 희망이 어째서 존재하지 않는지를 말이다. 물론 그러한 것들에 관한 숙고와 긴밀하게 관련된 내용을 설명할 수 있는 기회가 충분한 강의를 통해서 학생들에게 그 개별적인 내용들을 제시한 바 있고, 학생들은 강의 내용을 받아 적었다.

친애하는 독자여, 만일 당신이 나에게 마음을 써주고, 나를 알고, 더욱이 나를 사랑하는 사람으로 남고자 한다면, 다른 사람들에게서, 특히 이미 여덟 살 때 헤어 나올 수 없어 보이는 근심의 미로를 헤매고 다녔던 내게서 운명을 배우게나. 더욱 적절한 때에 가장 좋은 것을 제대로 사유하는 일에 익숙해지는 것이 얼마나 필요한지 말일세.

개관

제2권 일반적 미학에 관하여

제1부 발견술

제37장 미적인 빛

§614   사유를 통해서§18 더욱 참된 아름다움과§17 우아함을 추구하는 사람은 네 번째로§115,§177,§423 **빛**, 명석함, 그리고 모든 사유 대상의 명료함(perspicuitatem)[1]을 추구할 것이다. M§531 하지만 그 빛은 **미적인** 것인데, 특히 유비적 이성을 통하여 어떤 사태를 다른 사태로부터 구분해주는 특징을 지각하게 해주기에 충분할 정도의 것이어야 한다.§22, M§531 연설이 지녀야 할 으뜸가는 덕목들 중 하나로 퀸틸리아누스가 명료함을 추천한 것은 매우 정당하다. 여기서 상세히 다루지는 않겠지만, 그런 그가 『수사학 강요』 제8권 제2장에서 매우 적절하게도 "단어의 명료함"과§13 "사태의 명료함"[2]을 구분하고 있다. 매력적인 숙고의 대상들은 후자를 통하여 "명확해지고"(dilucida)[3] "그것들을 듣고 주목하기를 소홀히 하는 사람들에게도 접근 가능한"[4] 것이 될 수 있다.

§615 　나는 퀸틸리아누스의 견해에 기꺼이 동의한다. 주목하거나 "듣기를 소홀히 하는" 사람은 온 신경을 집중하여 오성과 이성의 힘을 사용함으로써 자신이 다루고 있는 사태들을 지각하지 않는 사람이라는 것이 앞의 인용문에서 그가 주장하는 바라면 말이다. 아주 훌륭한 연설가도 같은 견해를 가지리라 나는 거의 확신한다. 왜냐하면 퀸틸리아누스가 자신의 주장의 근거로 다음과 같은 사실을 덧붙이고 있기 때문이다. "자기 자신에게서 나타나는 모호함을 제거하고, 연설에서 명확하게 드러나지 않은 부분들에 자신이 지닌 오성의 빛을 어느 정도라도 비춰줄 정도로 심판관(관람객, 독자, 청중)의 집중력이 언제나 예리하고 강한 것은 아니다."[5] 그러나 "너무 많은 생각으로 인해 정신이 다른 데 쏠려"[6] 완전히 정신이 산만해져서는 당신이 생각하고 있는 것과는 전혀 다른 것에 대해 골똘히 생각하는 사람, 아니면 술에 잔뜩 취해 하품을 하며 곧 잠들 것 같은 사람, 간단히 말해서 당신이 생각하고 있는 내용들에 유비적 이성을 적용하기를 원하지도 않고 그렇게 할 수도 없는 사람만을 퀸틸리아누스가 "듣거나" 주목하기를 "소홀히 하는" 사람이라 부르기를 원한다고 가정해보자. 그렇다면 나는 그의 견해에 전적으로 동의하지는 않을 것이다. 비록 당신이라면 더 매력적으로 사유할 수 있을 어떤 것들에 접근하기가 이 사람에게는 더 어려울 수 있겠지만, 그렇다고 그에게 아름다움의 빛이 결여되어 있다는 데는 동의하지 않으니까 말이다.

§616   우아함의 규칙들에 따라 사유되는 모든 것의 내용이 "아주 명석해서, 마치 태양에 주목하지 않더라도 햇빛이 눈 속에 들어오듯 연설의 내용이 듣는 사람의 영혼 속에 도달할 수 있을 정도"[7]여야 한다는 주장을 내가 아무런 근거 없이 부정한 것은 아니다.§615 퀸틸리아누스에 따르면 어떤 사건의 변호를 맡은 사람은 "자신이 하는 변론을 재판관이 이해할 수 있도록 신경 쓸 것이 아니라 그가 절대로 오해하지 않도록 신경 써야 한다".[8] 하지만 매력적으로 사유하고자 하는 모든 사람이 변호인은 아니다. 또 그가 작품을 통해서 만나게 될 어떤 대상이 뛰어난 인격을 갖춘 사람임을 그가 제대로 파악했다고 치자. 그런 사람 모두가 수준 낮은 로마의 재판관들 같지는 않다.

§617   미적인 빛과 명료함을 다음과 같이 구분할 것을 진리 자체가 명령한다. 하나는 아름답게 사유되어야 할 모든 것에 필수 불가결한 **절대적인 빛**이고§614, 다른 하나는 우리가 §616에서 그 예들을 살펴본, 절대적인 빛의 어떤 단계인 **상대적인 빛**이다. 이것은 더 아름답게 숙고되어야 할 어떤 것들에 대해서가 아니라면 쏟아부을 필요가 없는 것이다. 판명함이나 정밀함[9], 오성적 능력의 심오함이나 순수함을 통하여 강화된 명석함은 M§637 미적인 빛이 전혀 아니다.§614 절대적이든 상대적이든 미적인 빛이 아니며 오직 논리적인 빛이다. 그러므로 아름답게 사유하고자 하는 사

람은 마치 으뜸가는 목적인 것처럼 그것을 직접 추구하지는 않는 다.§14 그가 어떤 주제에 관하여 이것을 자신의 것으로 만든다면, 아름답게 사유하는 동안 때때로 그에게 도움이 될 수도 있지만 말이다. 또 어떤 주제의 적지 않은 부분이 미적인 빛으로 반짝일 때면, 그와 동시에 아름다운 오성이 M§637 외연적으로 판명한 전체의 관념을 M§634 획득할 수도 있겠지만 말이다.

§618   그래서 당신이 사태들 안에서 직접 주목하는 모든 미적인 빛은 사태들의 감성적 명료함, 즉 수많은 특징을 통하여 확장된 명석함의 외연이 될 것이다.§617 또 이 빛은 그 자체로는 절대적이지만 더 생생한 관념들이나 소재들의 눈부신 광채로서는 상대적이기도 할 것이다. M§531 "어린 시절 네로는 규칙적으로 그림을 그렸고 악기 연주나 승마 훈련을 했으며 이따금 노래를 읊조리기도 했기에" (그가 얼마나 다채로운 일들로 분주했던지!) 타키투스는 『연대기』에서 그의 "영혼에 생생한 활기"가 넘쳤음을 인정하고 있다.[10] 마찬가지 이유로 플리니우스는 『서간집』에서 "스푸린나가 민첩하고 활력 넘치는 신체를 소유하고 있었다"고 평가한다. "그가 덕망이 높고 의무들을 준수하며 자신의 직무를 잘 수행했고 자기가 맡은 지방을 잘 다스렸으며 많은 노력을 함으로써 여가를 즐길 만한 자격을 얻었을 뿐만 아니라 노인이 되어서도 아침 일찍 삼천 걸음 넘게 산책하는 것을 즐겼으며 신체 못지않

게 영혼을 연마하고는 얼마 지나지 않아 마차 위에 올라타기"도 했기 때문이다.[11] 거기에 더하여 그가 다시금 놀라울 정도로 다양한 운동과 다채롭게 변화하는 일상의 생활방식을 지니고 있었음을 플리니우스는 덧붙여 설명하고 있다.

§619   그러므로 내게는 다음과 같은 주장이 정당해 보인다. 그 안에서 특정한 내용들이 다채롭게 등장하고 마치 서로 뒤쫓는 듯이 갑작스럽고 빠르게 교차하는 것이 포착되는 바로 그러한 관념들은 생생하다. 그것들이 퍼져나가 두드러지게 드러남으로써 한편으로는 그것들에 대한 숙고가 눈부신 광채를 더욱 발하게 되며, 그럼에도 그 전체적인 모습은 명료하며, 절대적으로 명석할 수 있다는 사실이 분명해진다. 『수사학 강요』에서 퀸틸리아누스는 정당하게도 연설의 서두 자체는 "명확할 것"을 요구했다.§617 하지만 그는 어떤 연설이 청중의 "영혼을 더 많이 사로잡아 그들의 마음을 뜨겁게 했다면", [거기에는] 적어도 다음과 같은 장소들이 있음을 인정하였다. 그 장소들이 갖는 자연스러운 풍요로움으로 인해 [그 연설에서 나타나는] 어떤 자유분방함이 그 주위를 둘러싸고 있는 빛에 의해 눈에 띄지 않게 되는 그런 장소들 말이다.[12] 여기서 퀸틸리아누스가 자연의 풍요로움을 연설이 갖는 광채의 어머니로 찬양한 것처럼, 키케로는 『브루투스』 제36장에서 휘페레이데스나 아이스키네스 등의 연설에는 "풍요로움이나 활력, 변

질되지 않은 힘이 있음"을 인정하였다. "인공적이 아닌 자연스러운 광채가 그 안에서 발견되는 그런 풍요로움이나 활력, 힘" 말이다.§104, §115;13

§620 매력적인 숙고의 빛나는 생생함이 그 열정이나 생명력과 혼동되어서는 안 된다.§22 이에 대해서는 뒤에 상세하게 다루게 될 것이다.[14] 관념들이 빛날 뿐만 아니라 불타오르도록 하기 위해 가능한 한 자주 둘을 결합시키는 것은 옳을 뿐만 아니라 아름답다. 하지만 매력적인 것들은 자신들의 본성에 따라 서로 분리되어 있으며 그것들에 대한 정확한 이론을 통해서 따로따로 평가되어야 한다. 이런 이유로 키케로는 『법에 관하여』에서 이렇게 설명한다. "안티파트로스"는 자신의 선임자들보다 "어느 정도 더 깊게 숨을 내쉴 수 있었고 분명 무서울 정도로 야성적인 힘을 지니고 있었지만 (사람의 마음을 움직이는 힘과 생명력이 결여되어 있었고) 아무런 광채도 웅변의 기술도 갖지 못했다".§619;15

§621 『최고의 선과 최고의 악에 관하여』에서 키케로는 자신이 지녔던 플라톤적 정치이론이 자신의 행동에 많은 영향력을 행사하고 스스로를 공적인 일에 합당하게 행동하도록 강제했던 반면, 카토가 지녔던 스토아적 정치이론은 그 정도는 아니었다고 지적하였다. 그러면서도 그것 때문에 그를 비판하려 하지는 않았다.

그것은 아마도 앞 절에서 제시된 것과 마찬가지 이유에서였을 것이다. 그래선지 그는 카토를 오히려 다음과 같은 이유로 거침없이 비판하였다. 그의 스토아적 이론은 "정치적인 것들을 너무 거칠게 정의하고 세분해놓았다. 반면 이러한 것들에 대한 플라톤주의자의 말은 광채로 번득인다. 왜냐하면 그들이 공적인 것에 대해서뿐만 아니라 법에 대해서도 많은 글을 썼고 훌륭하게 말하는 기술에 있어서 지켜야 할 규칙들뿐만 아니라 실제 연설의 모범도 남겨놓았기"[16] 때문이다. 이런 글들은 이제 내게 광채의 참된 개념을 찾기에 충분한 근거를 제공해준다. 하지만 나는 키케로의 비판을 나의 것으로 삼지는 않는다. 미적인 빛을 강조하고자 하는 우리의 목적을 위해서는 오히려 키케로가 『브루투스』에서 "매우 빛나는 연설과 전혀 다듬지 않은 연설"[17]을 이마를 맞대고 싸우는 적수로 묘사하는 대목을 제시하고자 한다.

§622   요구되는 것이 장식적 광채가 아니라 자연스러운 광채임을 우리는 이미 두 번이나 고찰한 바 있다.§619 중요한 우아한 관념들 중 어떤 것에 관해서든 매력적인 숙고의 이러한 자연스러운 광채에 관해서보다 더 많은 권고가 필요해 보이지는 않는다.§22 제대로 된 자연의 모방으로부터 멀어지기가 매력적인 숙고에서보다 더 쉬운 경우는 없기 때문이다. "자신의 머릿결을 불로 지지고는 불필요하다고 생각되는 것들은 뽑아버리고 나머지는 잘 다듬

어 빗으로 곱게 빗어 넘긴 다음, 원래 색이 아닌 다른 색으로 염색해서 빛이 나게 만든 사람들에게 원래의 자연스러운 형태가 제공할 수 있는 것보다 더 큰 아름다움이 있다고 겉모습에 사로잡힌 사람들은 생각한다. 그래서 그들에게는 신체의 아름다움이 악덕으로부터 오는 것처럼 보일 것이다."[18] 하지만 사유에 있어서 자연스러운 광채를 획득하려면 1)영혼의 타고난 재능으로 충분하지, 재능을 우격다짐으로 쥐어짜 내거나 그것을 발휘하도록 더 과격하게 강요해서는 안 된다. 따라서 그로부터 흘러나오는 "본성에 따르는 숙고에는 재능이 발휘된 곳이라곤 아무 데도 없는 것처럼 보일 것이다".§104;[19]

§623 사유에 있어서 자연스러운 광채는 2) 당신이 그것에 대해 생각하고 있는 소재나 사태에 너무나 적합하고 알맞은데다 거의 그것에 고유한 것이어서, 장식을 위해서 사유 속으로 몰아넣어지고 거기에 덧붙여지는 것이라기보다는 오히려 그것이나 그것에 대한 사유로부터 필연적으로 싹터 나오는 것이다. 따라서 이러한 우아함에 우호적인 사람은 자신이 손질한 작품이 원래부터 존재하는 내적 풍요로움을 통하여 "빛날 수 있다는 희망이 없다면" 그것을 이질적인 장식으로 억지로 빛나게 만들려 하기보다는 "그대로 놓아둔다".[20] 3) 사유에 있어서 자연스러운 광채는 당신이 작품을 제작하면서 염두에 두고 있는 사람들의 본성적 파악

능력, 이해의 지평, 재능, 천재적 재능, 성품, 그리고 이렇게 말해도 된다면 그들의 눈 자체에도 너무나 잘 어울리는 것이어서 전혀 피곤해하지 않고 이것들을 받아들일 것이다. 그들은 이러한 광채에 현혹되어 둔감해지지도 않을 것이고, 그러면서도 충분한 빛을 누리게 될 것이다. 이러한 광채는 사랑스럽게 빛나면서도 지나치게 불타올라 괴로움을 주지는 않을 것이다. 예를 들자면 자연스러운 광채에 요구되는 이러한 세 번째 항목에 충분히 신경 쓰지 않는 사람이 어떤 사유의 결과물을 읽는다고 해보자. 그것이 자신의 본성이나 사유하고 감각하는 방식, 재능, 자신들이 주로 노력하는 바에 그다지 일치하지 않을 경우 그들은 거기서 그러한 광채를 발견할 수 없다고 주장한다. 사실은 자신이 작가가 가르치거나 즐겁게 해주려 결심한 대상이 아니라는 사실을 인정해야 하는데도 말이다.§104:21

§624　"어떤 사람들은 조야하고 다듬어지지 않은, 비밀스럽고 어두워 보이는 회화작품을 좋아하며, 다른 사람들은 환하고 풍성하며 밝게 빛나는 것을 좋아한다. [이렇듯] 다양한 종이 존재하며 각각의 종 안에서 뛰어난 것 또한 존재한다. [그중 어느 것이 더 훌륭한지 판단하는 데 쓰일] 규칙이나 원칙을 찾아낼 수 있을까? 하지만 나는 이러한 의구심 때문에 그러한 규칙이나 원칙을 찾아내려는 노력에서 멀어지지는 않았다. 모든 사태에는 최상의

(가장 아름다운) 무언가가 존재하며, 그것이 (많은 이에게) 감춰져 있더라도, 그러한 사태에 정통한 사람이라면 그들에게 그것을 드러내 보여줄 수 있다고 나는 생각한다."**22** 미적인 것에 있어서 절대적인 아름다움의 빛을 결여한§617, 절대적으로 조야하며 갈고 닦아지지 않았고 숨겨져 있어서 어두운 것에서 기쁨을 느끼는 사람들이 있다면 어찌 됐든 그들은 구름을 주노로 여기는 실수를 범한 것이다.**23** 하지만 모든 것이 우리가 절대적인 빛이라 부른 것을 통해 환하게 드러나 있기만 하다면, 회화에 있어서와 마찬가지로 모든 매력 일반에 있어서도 상대적으로 밝은 것은 전부가 아니라 그중 일부만이

> "마치 새하얀 데이지나
> 샛노란 양귀비꽃처럼
> 곱게 핀 얼굴로 빛난다네."**24**

어떤 것은 참으로, 그리고 멋지게 또렷한 모습을 보인다. 비록 저 빛나는, 그리고 어디서나 아주 환하게 빛나는 것과 비교해보면 어두워 보이며, 처음 보았을 때는 무언가 무시무시한 것이라 여겨지기는 하지만 말이다.§621

> "시가(詩歌) 속에서는 모두는 아니지만 많은 것이 우아

하게 빛난다네."**25**

§625   우리가 절대적으로 미적인 빛을 상실하지 않은 **사유방식을 단순히 명료하고** (감성적으로) 또렷한 것이라고 말하는 것처럼§617 상대적 빛으로 반짝이는 것 또한 **환하고 눈부신 것**이라고 말한다면, 우리는 다음과 같이 말한 퀸틸리아누스의 자취를 따르고 있는 것이다. "참으로 완전하고 명료하게§619 말하는 사람들이 얻는 상은 보잘것없다. 그들의 연설은 커다란 장점을 얻기보다는 결함만 겨우 피한 것처럼 보인다. […] 만일 키케로가 [자신의 주장을] 특히 자신이 이루고자 하는 목적에 유용한 방식으로만, 훌륭한 라틴어를 사용하여 명료하게 재판관에게 설명하기만 했다면 자신이 광채로 빛나는 무기들을 가지고 성취한 바를 이루지는 못했을 것이다. 하지만 이런 장식은 (반복이 허용된다면§622) 남성적이고 강인하며 순수한 것이어야 하고, 여성적인 가벼움으로 장식하거나 분칠해서 두드러지게 된 화려한 외관을 사랑하지 않아야 하며, 왕성한 힘과 혈기가 그것을 빛내주어야 한다.§619 이것은 정말로 맞는 말이다. 결함이 대부분 장점과 비슷비슷해서 잘 구별되지 않는 이 영역에서는§622 결함을 지닌 사람이 자신의 결함을 장점이라고 부를 정도이기 때문이다. 그러므로 타락한 자들 중 누구도 내가 세련되게 말하는 사람들의 적이라고 말해서는 안 된다. 나는 그것[즉, 세련되게 말하는 것]이 장점임을 부인

하지도 않는다. 하지만 나는 그들이 그런 장점을 지녔다고 인정하지 않는다."[26]

§626   호라티우스는 다음과 같은 예를 들어서 자연의 광채를 원숭이처럼 흉내 내는 것과 과도하게 장식적인 문체를 비웃는다.

> "시작은 장엄했고 위대한 것을 그려내겠노라 약속했는
>   데 멀리까지 빛을 발하는 자줏빛 천 조각[만]이 종
>   종 여기저기 덧대어졌다네.
> 경치 좋은 들판, 굽이치며 흐르는 개울이나 디아나 여
>   신의 숲과 제단, 라인강이나 무지개를 묘사할 때
>   면 말일세.
> 하지만 그곳은 그것들을 위한 자리는 아니었다네."[27]

여기서 그는 다음과 같은 불행한 화가들을 조롱하고 있는 것이다. 이들은 매우 아름다운 소재를 택하기는 했다. 우리는 이런 소재로부터 특별히 아름다운 것뿐 아니라 새로움으로 찬란하게 빛나는 무언가도 기대한다. 그것을 창조한 이[즉, 조물주] 스스로가 우리가 기대하는 것보다 더욱 많은 것을 약속하기까지 한다. 하지만 이 눈먼 모방꾼의 무리는 자신들이 마주치고 다루게 된 어떤 사태의 본성이 풍요롭게 제공해주는 새로운 무언가를 충만한

이해의 빛 가운데로 불러오지를 못한다. 특별한 광채로 번쩍여야 할 곳에 제대로 된 빛조차 비추지 못하는 것이다. 그와는 반대로 그들은 통일성을 무시하고, 전혀 다르거나 아니면 그것과는 별 관련이 없는 다른 사태로 관심을 돌려버린다. 그런 이유로 그들은 결국에는 일관성 없는 작품만 만들어내게 된다. 그래서 그들은 이제 참으로 아름다운 재능을 지닌 사람들이 이미 훌륭하게 묘사해놓은 것을 또다시 그려낸다. 신들의 마음에 들려고 참으로 모호하고 아시아적인[28], 나는 잘 모르는 온갖 호화로운 표현을 통하여 더욱 빛이 나게 그려내는 것이다.§623

"내가 마르스의 숲을 아는 것보다 자기 집을 더 잘 아
    는 사람은 없다네.
아이올리스의 절벽과 이웃한 불카누스의 동굴도 그렇
    다네.
바람이 무엇을 몰아대고 아이아코스가 어떤 어둠을
    비틀어대는지,
어디서 누군가가 몰래 황금빛 양털을 꺼내 가는지,
얼마나 큰 물푸레나무들을 모뉘코스가 집어던졌는지
    도 말일세.
계속해서 낭독하는 소리로 프론토의 집 정원 플라타너
    스 나무들과 대리석 방들은

언제나 진동하며 소리 지르고, 기둥들은 금이 간다네.

가장 훌륭한 시인에게서든 가장 보잘것없는 시인에게
 서든

같은 이야기를 기대해도 된다네."[29]

§627   유베날리스가 다루고 있는 가장 보잘것없는 화가들 중
어떤 이들은 위대한 재능을 지닌 사람이 말하는 대담한 발언에
현혹되었다. [예를 들자면] 키케로는 『스토아학파 학자들의 역설』
서문에서 "너무나 거칠고§621 갈고닦아지지 않아서 말을 통해 눈
부셔지고 그와 마찬가지로 고상해질 수 없는 것은 아무것도 없
다"[30]고 주장했다. 그런데 그 화가들은 이런 유의 [위대한 재능을
지닌] 사람 중에서도 으뜸가는 이는 자신의 힘을 "신뢰하는" 사람
이라는 사실을 깨닫지 못했다. 그들이 주장한 바를 더 깊이 들여
다보면, 그들은 매력적으로 사유하는 인간의 "과제에 대해 잘못
된 판단을 제시하고 있으며, 기술이 무엇을 할 수 있는가가 아니
라 아마도 자신들이 할 수 있을 무언가를 설명한 것이다".[31] 우리
가 다루고 있는, 말만 번지르르하고 속이 좁은 이들은 대부분 자
신이 무언가 뛰어난 사람이라고 생각하면서 다음과 같이 결론 내
린다. 이제 저들[즉, 위대한 재능을 가진 사람들이]이 한 예언을
실현하고, 키케로라는 어떤 사람이 이따금씩 졸다가 가능하다고
말한 것을 지혜의 여신 미네르바가 아니라면 운명의 여신 포르투

나의 도움을 얻어 이루려고 시도하는 것이 자신의 임무라고 말이다. 그래서 그들은 자신들이 생각해낼 수 있는 한, 본성 자체로는 최소한의 광채만을 허락할 소재를 찾아내서는 심지어 모든 신의 의사에 반하여 그것을 너무도 많은 이질적인 미사여구와 장식으로 치장한다. 그렇게 되면 그 글의 독자 중 가장 훌륭한 이에게 그들은 자기 것이 아닌 깃털을 자랑하는 이솝 우화 속 까마귀와 다르지 않게 된다.[32] 하지만 독자들이 기술에 대해서는 눈치채지 못한 듯이, 따라서 기술에 대해서는 전혀 언급하지 않으면서 그 글에서 자연스러운 만족을 얻을 수 있었다고 더 적게 인정할수록, 그들은 언제나 마음속으로는 자신들이 그만큼 더 훌륭하게 사유한 것이라고 생각하고 즐거워한다.§623;[33]

§628   본성상 헬리콘[34] 산에서 난쟁이인 사람만이 멋지게 사유되어야 할 것을 위해 다른 데서 가져온 그러한 장식을 진정으로 자연스러운 광채로부터 거의 혹은 거의 전혀 구분하지 못하는 것은 아니다. 청소년기에 만들어져 굳어진 좋지 못한 습관이 진정으로 우아한 본성인 것처럼 가장할 때§622, 그리고 그들이 살았던 시대와 장소가 행했던 불법, 또 가장 아름다운 사태들의 가장 내밀한 본성을 가리는 야만스러움이 언제나 겉모습에만 머물도록 강요할 때는 평범한 재능을 소유한 사람들에게도 그와 같은 것은 무척이나 어려운 일이다. 만일 당신의 판단력이 매우 비

제37장 미적인 빛

뚤어져 있다면 똑같이 아름다운 사태들 중에서는 오직 겉모습이 그런 것에만 경의를 표하는 데 익숙해지기 때문이다. 마치 그것들이 자연 그 자체의 자녀들인 것처럼 말이다.§622,§623 그 가운데서도 미적인 것에 관하여 더 많은 행복을 느끼는 재능을 가진 사람은제2장~제7장 키케로가『브루투스』§261에서 묘사한 카이사르와 같다. 그는 "이성을 사용하여§38 결함 있고 망가진 습관을 순수하고 망가지지 않은 관습으로 교정하였고, 어디서나 명료하고 우아한 사유를 하기 위해§625 몇 가지 장식을 따로 첨가하였다. 그래서 그는 마치 잘 묘사된 그림들을 멋지게 빛에 비춰주는 것처럼 보인다. 또 어느 정도 광채가 있기는 하지만 전혀 약삭빠르지는 않은 사유방식을 지닌 것처럼 보인다".35

§629   관념들의 광채와 화려함은 감성적 명료함의 한 부류, 아니 어떤 한 단계이므로 논리-이론적 사유방식에는 그것이 상당히 결여되어 있다. 감성-이론적 사유방식이라도 오성적 명료함의 더욱 강한 단계에서 행해지는 경우에는 마찬가지로 그것이 결여되어 있다.§617 저 사유방식의 형식이 더 철학적이고, 학문적이며, 더 확고한 이성이나 더 순수한 오성에 열려 있고, 명료하게 드러날수록 그만큼 더 그 광채가 줄어들며, 유비적 이성을 통하여 더욱 빛나게 될 명료함 역시 그만큼 더 줄어들게 된다. 이론적 사유방식이 생생한 광채를 더욱 많이 지닐수록 그것은 그만큼 덜 논

리적인 것에, 그리고 그만큼 더 미적인 것에 귀속될 수 있다. 그래서 키케로는 그 당시 비교적 새롭게 등장한 잡문 형식에 반대하여 자신의 철학적 저술들이 지닌 사유방식을 미적-논리적인 것이라고 판단하면서 다음과 같이 말했다. "그들이 이것들(나의 철학적 저술들)보다 그리스인의 철학적 저술을 더 낮게 여기는 이유가 무엇인가요? 그리스어 책을 번역한 것도 아닌 데다 눈부시게 잘 쓴 글인데도 말이오."**36**『스토아학파 학자들의 역설』 서문에서는 자신의 생각을 더욱더 드러내놓고 다음과 같이 설명한다. "여러 학교에서 테티카(θετικά)라고 부르는 것들을 내가 우리가 취하는 이러한 연설방식에 옮겨놓는다면, 자네는 내가 익숙하게 사용하는 훈련방식을 맛보게 될 걸세."**37**

§630   "데모스테네스는 자신이 플라톤에게 배운 바를 계속 지니고 있으면서 다른 사람들에게도 전해주고자 했고, 그 내용을 눈부시게 장식해서 실제로 그렇게 할 수 있었다"**38**는 키케로의 주장에 나는 동의한다. 그런데 내 판단에 따르면, 만일 그가 정말로 그것을 눈부시게 장식하면서도 철학적 논증의 방식을 통하여 스스로 데모스테네스임을 증명했다면, 그는 가능한 한 명백한 증거를 가지고 이성과 오성을 가르치려 하기보다는 유비적 이성을 엄청난 확신의 빛으로 환하게 비춰주었을 것이다.§629

제49장 미적 확신

§829   우리는 관념의 아름다움의 다섯 번째§22 중요한 조건으로§113,§177,§423,§614 감성적 확실성(certitudinem sensitivam)을 꼽는다. 유비적 이성을 통해서 얻어지는 진리와 개연성에 대한 의식과 그 빛, 확신, 특히 미적§22, M§531 확신도 여기에 포함된다. 때로는 이것이 [확신과] 동시에 행동하도록 자극하고 격려하기도 하지만, [우선적으로는] 이론적인 것 안에 자신의 자리를 가진다. 또 개별적인 것들을 제대로 검토하고자 하는 사람들은 이것을 인식의 생명력으로부터 효과적으로 구분해낼 것이다. 앞으로 우리는 인식의 생명력에 대해서 주의 깊게 살펴볼 것인데[39] 이것의 전제조건이 바로 확신이다. 그런데 이 확신이 때로는 그것의 결과로 여겨지기도 한다.

§830   "플라톤은 디오뉘시오스에게 매우 커다란 영향력을 행

사할 수 있었고, 능숙한 언변으로 전제정치를 끝내고 시라쿠사 사람들에게 다시 자유를 선사하도록 그를 설득할 수 있었다." 비록 디오뉘시오스가 "필리스토스의 조언으로 인해 이러한 의지로부터 멀어져서 그만큼 더 포악해지기 시작하기는 했지만"[40] 어쨌든 플라톤의 말은 그전에는 설득력을 발휘했던 것이다.§829 오늘날 어떤 논리학자들은 확실성을 가졌다는 잘못된 생각, 확실성을 지녔다고 잘못 생각하는 우리 영혼의 상태가 확신이라고 말한다. 단어의 의미가 이렇듯 불명확하기에 어떤 사람들은 설득하기에 적합한 모든 말을 참된 매력을 지닌 말보다는 오히려 아부나 장식적인 말로 간주하게 되었다. 또 잘못된 설명을 믿고 그것을 근거로 일하는 이를 설득을 통해 확신에 이르게 된 이라고 하는 사람이 드물지 않다는 것도 부정할 수 없다. 그래서 키케로는 『신들의 본성에 관하여』에서 이렇게 말했다. 코타(Cotta)는 "스스로도 대신관(大神官)이었기에 공적인 종교의식을 가장 양심적으로 행해야 한다고 생각했으며, 단순히 추측을 통해서뿐만 아니라 전적으로 진리를 발견함으로써 가장 중요한 일, 즉 신들이 존재한다는 사실을 확신할 수 있도록 설득당하기를 원했다".[41] 같은 이유로 베르길리우스는 다음과 같이 말했다.

"아무리 조예가 깊은 저자라도 당신을 설득하지는 못할 것이오.

보레아스가 숨을 내뿜는 동안 얼어붙은 텔루스 여신
을 움직이게 말이오."[42]

§831　"만일 재판에 회부된 사람의 이전 삶에서 무언가 부끄러
운 일이 있었다면 그를 변호하려는 사람은 그가 그렇게 된 이유
로 다음과 같은 것을 제시한다. 1) 사람들의 질투나 헐뜯는 말, 잘
못된 편견을 통해서 근거 없이 그런 평판을 얻게 되었다. 2) 경험
이 없었거나, 피할 수 없는 운명에 의해 혹은 청년기에 설득당해
갖게 된 잘못된 확신 때문에 그렇게 되었다. 아니면 그의 영혼이
받게 된, 악의적이지는 않은 부정적인 감정의 영향 때문에 그렇게
되었다."[43] 여기서 설득이 나쁜 의미를 지닌다는 사실을 부정할
사람이 있을까?§830 하지만 그와 동시에 키케로는 설득하려면 적
절하게 말하는 것이 연설의 능력을 가진 사람이 지켜야 할 의무
이며 그 목표는 적절한 표현을 통해 설득하는 것이라고 말한다.[44]
그러한 연설의 능력을 가진 사람은 모든 사태를 바로잡을 수 있
는 지혜를 지니고 있다.[45] 지혜는 절대로 다른 사람으로 하여금
오류를 범하게 하는 것을 목표로 삼지 않는다. 그렇다면 앞의 글
에서 키케로는 참된 설득을 가리키고 있음이 분명하다. 어떤 설
득이 참된 것인가에 대해 호라티우스는 이렇게 말한다.

　　"툴루스의 권력이나 천박한 권위 앞에서도

가문이 전혀 훌륭하지 않은 수많은 사람이 종종

올곧게 살아갔고 그 결과 더욱 훌륭한 평판을 얻게 되

　　었다는 사실을

설득당해 확신하게 된다면 그건 참된 것이오."[46]

§832　　그런데 퀸틸리아누스의 『수사학 강요』 제1권 제4장에는 §831에서 처음 인용된 구절에서 키케로가 "청년기에 설득당해 갖게 된 잘못된 확신"이라고 불렀던 것의 한 예가 제시되고 있다. 퀸틸리아누스는 자신의 자녀들이 "떠오르는 대로 지껄이는 말들로부터 잘 모르는 부모는 헛된 기쁨을 느끼게 될 것이라고 결론 내렸고, 청소년은 해야 할 일은 소홀히 하고, 뻔뻔스러운 태도나 아주 나쁘게 말하는 습관을 갖게 되며, 여러 잘못을 저지르고, 종종 커다란 발전을 이루고도 자기 자신에 대한 안하무인 격의 확신으로 인해 그것을 다시 무화해버릴 것"[47]이라고 주장했다. 그가 『수사학 강요』 제1권 제1장에서 다음과 같이 언급하는 확신도 더 나을 게 없다. "처음 글자를 배우고 나서 아주 약간의 진전만을 이뤄내고는 스스로 지식을 소유하고 있다고 잘못 확신하는 사람보다 더 나쁜 경우는 없다."[48] 따라서 우리에게는 애매함을 제거할 수 있는 쉬운 방법이 있다. 진리에 대한 판명한 의식은 확고한 신념[49]이고, 판명하지 못하고 감성적인 의식은 설득에 의한 확신이다. 진리에 대한 이러한 판명하지 않은 의식은 다른 모

든 인식과 마찬가지로 참되고 따라서 참된 확신이거나§831, 아니면 잘못된 것이고 따라서 잘못된 확신이다.

§833   일반적으로 확신은 인간의 영혼에 나타나는 현상이며, 영혼은 그것을 통하여 자신이 진리를 의식적으로 지각한다고 믿는다. 마치 나그네가

  "구름 사이로 새로운 달을 보고 있거나 보았다고 믿는"[50]

것처럼 말이다. 『수사학 강요』제1권 제2절에서 퀸틸리아누스는 널리 알려진 스승을 찾는 것이 당시 "거의 일반적으로 통용되는 관습임을 밝히고, 어떤 사람들은 개인적인 확신에 따라 그런 관습에서 벗어난다는 사실을 간과해서는"[51] 안 된다고 말한다. 이때 그가 말하는 것이 바로 앞에서 언급한 그 확신이다. 그는 이러한 확신이 관습과 경험으로만 이루어진 것으로 간주한다. 그러고 나서 그는 마지막으로 그 확신이 참인지 거짓인지를§832 살펴보고자 한다. 이런 고찰을 통하여 그는 다음과 같이 주장한다. 널리 알려진 학교를 기피하는 사람들의 "정신은 고독함 가운데 쇠약해지거나, 마치 그늘 속에 있는 것처럼 곰팡이가 끼거나 반대로 자신에 대한 근거 없는 확신으로 인해 우쭐대게 된다".[52] 이때 그는 단순히 일반적인 확신이 아니라 근거 없는, 즉 잘못된 확신을

명확하고 더 상세하게 언급하고 있는 것이다.§832

§834 퀸틸리아누스의 『수사학 강요』 제2권 제15절을 꼼꼼하게 읽어보면 다음과 같은 사실이 분명해질 것이다. 우리가 아름답게 사유하고자 하는 사람들에게 한편으로는 미적인 힘이나 지식, 관습이나 기술을 요구하면서도 다른 한편으로는 확신 일반§833이 아니라 미적 확신을 요구한다면§829, 그리고 이것을 수사학만의 목표가 아니라 매력적으로 사유되어야 하는 모든 것의 으뜸 되는 목표 중 하나로 삼는다면§5, 얼마나 많은 수사학에 대한 논쟁이나 공격을 가볍게 피할 수 있는지 말이다. 수사학이든 그 어머니인 미학이든 "결함 있는 기술"[53], 즉 "나쁜 기술"(κακοτεχνία; 카코테크니아)이 아니며, 둘 모두 "페이투스 데미우르고스(πειθοῦς δημιουργός), 즉 설득에 의한 확신의 창조자", 그리고 엔니우스와 함께 노래하는 것이 허락된다면 "설득에 의한 확신의 정수(精髓)"[54]가 될 수 있다.

§835 "플라톤은 수사학을 기술이 아니라 실천적 지식으로 묘사하였다." 그런데 당신이 "실천적 지식일 뿐만 아니라 우아함과 쾌락에 관련된 기술이기도 한 것"§1;[55]으로 미학을 묘사하고자 한다면 당신은 플라톤만큼이나 적절한 태도를 지닌 것이다. 이렇게 파악된 미학은 온갖 종류의 확신을 자아내기만 하는 게 아니

라 자신에게 잘 어울리는, 훌륭하고 진정으로 우아한 확신을 자아낸다. 따라서 "아테나이오스가 수사학에 대해 말한 바처럼, 기만술"[56]은 아닌 것이다.§830 왜냐하면 1) 미학은 어떤 "사태에 있어서든 설득력이 있을 수 있는 것을 사유하거나 말하는 능력"이 아니며, 수사학이 그래야 한다고 주장하지도 않기 때문이다. 비록 "아리스토텔레스가" 이런 용어를 사용함으로써 "모든 것을 연설가가 다루는 영역에 귀속시켜버린 것처럼 보이기는"[57] 하지만 말이다. 소피스트는 마치 떠돌이 장사치처럼 모든 사태뿐만 아니라 각각의 사태에 대해서도 대립되는 두 견해 모두가 청중에게 동일한 설득력을 지닐 수 있도록 자신의 생각을 설명할 수 있다고 주장한다. 미학은 이런 헛된 장담을 싫어한다.

§836   미학 자체는 설득하지도 않으며, 자신의 어머니[즉, 미학]의 권고를 굳건하게 따르는§835 수사학으로 하여금 2) "매춘부나 아첨꾼, 유혹하는 자가 사람들을 자신들이 원하는 곳으로 이끌거나 설득하는"[58] 식으로 설득하게 하지도 않는다.제15장 3) "소요학파 학자 크리톨라오스의 제자였던 아리스톤"은 다음과 같이 단언했다. "수사학은 대중을 설득하는 연설을 통하여 공적인 문제들을 고찰하고 그 해결책을 제시하는 일에 관한 학문이다. 대중을 설득하는 기술이기에 지식인들은 전혀 설득하지 못하리라고 경멸하듯"[59] 해석하면서 말이다. 미학은 그보다 [즉, 대중에 대

172

한 설득의 단계보다] 더 높이 올라서서 자신의 자녀인 수사학을 이끌어 공적인 문제를 넘어 더욱 숭고한 것으로, 평범한 대중의 자의적 판단이나 군중의 범속한 판단을 초월하여 고상함으로 나아가도록 이끈다.

§837   미학은 자신도 설득력 있는 무언가를 추구하지 않으며, 자신의 자녀인 수사학에도 4)"믿을 만한 것을 참된 것보다 선호할"제27장;60 정도로 설득력 있는 무언가를 추구하는 것을 허락하지 않는다. 때로는 참되면서 동시에 그럴듯한(εἰκός; 에이코스), 그래서 더 쉽게 사람들의 믿음을 얻을 수 있게 해주는 무언가를 보여주는 다른 어떤 것을 그저 참된 것들보다§429,§430 선호할 수는 있지만 말이다. 왜냐하면 다른 사람들을 설득하고자 하는 미적 인간도, 그리고 그와 같은 학파에 속하는 "수사학자도 코르넬리우스 켈수스의 말처럼 참된 것과 비슷한 것만을 찾지"61 않고 진리 자체를, 그것도 매우 자주 가장 엄밀한 의미의 진리를 찾기 때문이다. 물론 그는 죽어 없어질 인간들에게 말할 때는 겸손하게도 자신이 발견한 것들을 참되기보다는 오히려 참되어 보이는 것이라고 부르기를 선호하기는 한다. 죽어 없어질 인간 중에서는 극히 소수만이 진리가 무엇이며, 사실은 하나인 진리가 사람들에게 드러날 때는 언제나 얼마나 다양한 모습인지 알고 있기 때문이다. 5)이런 의미에서 진정한 미학이든 진정한 수사학이든 "분칠

을 해서 혈색을 속이고 살을 찌워 자기가 팔고자 하는 노예가 정말로 힘이 센 것처럼 속이는 노예상인처럼"[62] 거짓을 추구하지는 않는다.

§838　논리학자는 잘못된 것에 의한 혹은 잘못된 것에 관한 잘못된 설득을[§830] 거부할 것이며, 그것은 당연한 일이다. 하지만 멋진 재능(bellum ingenium)[63]을 가진 사람도 참되거나 참되어 보이는 것에 대한[§837] 참된 설득을[§831], 미적 설득과[§834~837] 그것의 하비투스를 사랑할 것이다. 또 변덕스러운[§831~837] 설득의 여신 수아델라[64]가 아니라 미적인[§829] 설득의 여신을 사랑할 것이며, 이 또한 올바른 일이다. 왜냐하면

> "비너스와 수아델라는 돈이 많은 사람을 더욱 치장해
> 　　주는"[65]

것이 아니라, "에우폴리스가 서술했듯 페리클레스의 입술 위에 오래 머물렀기"[66] 때문이다.

> "수아델라여, 우리는 당신을 여신으로 받들고 하늘 위
> 　　로 높이 올려드렸나이다."[67]

§839 미적으로 설득하려는 사람은 1)§423~613의 내용에 따라 자신의 작품에 개연성(verisimi litudinem)을 부여하는 법을, §624~824[68]의 내용에 따라 개연성이 성립하기 위해 필수불가결한 빛을 선사하는 법을 알아야 할 것이다. 개연성과 빛이 주어진다면 우리가 추구하는 확신도 주어질 것이기 때문이다.§829 진리를 향한 절대적 노력이 어디서나 요구하는 정도의 개연성이 최소한의 절대적인 빛과 함께§617 아주 선명하게 빛나면§625 **절대적 확신**이 불러일으켜진다. 다른 한편 개연성이 어떤 주어진 숙고 안에서 진리를 향한 상대적 노력이 요구하는 정도에 비례해서 환한 빛을 발하면§625 **상대적 확신**을 불러일으킨다. 전체의 아름다움이 요구하는 정도만큼 절대적인 빛과 상대적인 빛 모두를 정확하게 드러내 보여주는 사람은 **미적으로 확고**하다. 반면 전체의 아름다움을 소홀히 하거나, 이것이 업신여김을 당하는 데 전적으로 책임이 있는 사람은 **미적으로 천박**하다.

§840 자신들을 어떨 때는 철학적인 민족, 어떨 때는 수학적인 민족이라고 여기는 난쟁이 민족이 있다. 이 민족에게는 자신의 모든 것, 오직 자신의 것만이 마치 베르길리우스가 『아이네이스』 제6권에서 다음과 같이 묘사하는 지옥의 문과도 같다.

　　"강철로 만든 기둥들은

어떤 인간의 힘으로도, 신들조차도 싸워서

무너뜨릴 수 없다네. 하늘 높이 솟은 철탑도 거기 서 있

네."**69**

저들은 그런 정신적 재능이 충만한 채로 살아가겠지만, 그 대신 논리적 확고함(logicam soliditatem)을 최고로 여기는 우리에게 는 이제

"단단한 떡갈나무로부터 파포스의 도금양 꽃이 만발할

거라네."**70**

자신의 법칙을 더욱 정확하게(exactius) 따르는 것은 **세밀하며** (accuratus), 세밀하게 입증해 보여주는 것은 **확고하다**(solidus). 그 러니 개연성의 법칙에 따라 그래야 하는 대로 진리를 더욱 정확 하게 설명하면서 이러한 법칙에 따라 미적 인간에게 맞도록 진리 를 세밀하게 드러내 보여준다면, 그가 자신이 속한 부류 안에서 나 자신의 영역과 지평 안에서 확고함을 느끼지 못할 이유가 어 디 있겠는가?

§841   정말로 나는 오직 자신들의 이론만이 굳건하다고 여기 는 매력 있는 철학자들이나 그들과 거의 비슷한 수학자들에게

창끝을 겨누고 싶지는 않다. [이와는 반대로] 키케로가 자신의 저서 『최고의 선과 최고의 악에 관하여』 제1권 제61장에서 인용한 바에 따르면, 한 에피쿠로스주의자는 "우둔한 사람은 그 어느 누구도 행복하지 않고, 현명한 사람은 그 어느 누구도 불행하지 않다"는 사실을 자신이 "더 훌륭하고 더 참되게" 인식할 수 있다고 말했다. "그런데 스토아학파 철학자들은 자신들이 확고하다기보다는 빛나는 미덕이라는 명칭으로 부르는, 나는 무언지 분명하게 알 수 없는 지 그림자 같은 환영 외에는 그 어떤 것도 선하지 않다고 주장한다."[71] 이렇게 말했던 바로 그 토르콰투스[72]는 자신이 스토아학파 학자들에게 없다고 주장했던 바로 그 확고함이 시인과 수학자에게도 전혀 없다고 주장한다. "자네의 권고에 따라 나나 트리아리우스가 한 것처럼 그[에피쿠로스]도 시인에 대해 설명하면서 시간을 보내야 했을까? 시 안에는 아무런 확실한 유익도 없고 온통 유치한 즐거움만 있는데도 말일세. 아니면 플라톤처럼 음악이나 기하학, 산술학 혹은 천문학에 시간을 바쳐야 했을까? 잘못된 전제로부터 출발하게 되면 참일 수가 없고, 만일 참이라 해도 우리로 하여금 더욱 즐거운, 그러니까 더욱 나은 삶을 누리게 해주는 것은 아무것도 가져다주지 않는 이런 학문들을 말일세."[73]

§842   그러니 어쩌란 말인가? 교양 있는 궤변가들이 자신의 적

의 주장 이면에는 확고한 어떤 것도 존재하지 않는다고 서로 번 갈아가며 비난하는 동안, 진리는 고통당하며 그 논쟁을 지켜보는 중립적인 사람들은 정신이 산만해져 거의 모든 참된 것에 관하여 정말로 고통스러운 마음의 동요를 겪게 된다. 마치 의사들 사이 에서 벌어진 논쟁 때문에 죽어가는 병자처럼 말이다. 내 생각으 로는 철학자나 수학자에게 고유한 확고함이 존재한다. 그런데 역 사가나 연설가, 시인에게 제시되어야 하는 진리나§423, §424 그러한 진리를 둘러싸야 하는 빛이 존재하는 것처럼§614, §617, 그것들의 결과로 생겨나는 확실성도 역시 존재한다. 비록 철학자나 수학자 와는 다른 종류이기는 하지만 말이다.§829 이러한 확실성은 신념 을 줌으로써 논리적이고 오성적인 확고함을, 확신을 자아냄으로 써 저자의 작품의 미적 확고함을 증명해 보여준다.§839

§843   1) 미적 설득이 다루는 대상에 관해서는 완전하면서 학 문적인 확실성이 존재한다. 자신의 작품을 통해서 미적 설득을 시도하는 저자는 아마도 그런 대상에 관한 오성적 신념도 지니고 있을 텐데, 이는 유익할 것이다. 미적 설득은 심지어 그런 종류의 소재들을 엄밀하고 날카롭게 증명하는 논증들까지도 다룬다. 그 것들이 설득력을 지닐만 한 것이며 동시에 실제로도 그러한 한에 서만 말이다.§425, §617, §829 또 미적 설득은 논리적 지평과 미적 지 평에 공통된 것들을, 후자의 단계를 넘어서지 않는 한에서 다룬

다. 이로부터 그토록 자주 제기된 다음과 같은 물음에 대해 가장 적절한 판단이 내려진다. '철학적인 질문이나 사태의 본성으로부터 요구되는 논증들이 연설가, 예를 들자면 성스러운 일에 관하여 발언하는 연설가에게 적합한 것인가?' 이 질문에 대해서는 딱 잘라서 부정할 수도 긍정할 수도 없다. 왜냐하면 철학적인 물음에 있어서든 철학적인 논증에 있어서든 설득을 아주 쉽게 만들어주는 어떤 일들이 일어날 수 있기 때문이다. 하지만 [다른] 어떤 것들은 설득에 적합한 근거에 간신히 포함될 수만 있을 것이다. 또 어떤 것이든—학문적 신념에 이르게 하려는 목적으로 제시되는 것과 동일한 근거에 따라 그리고 동일한 방식으로—여러 유형의 사람들이 뒤섞여 있는 한 무리의 청중에게 지껄여대는 것은 무익할 것이다.

§844　2) 미적 설득은 다루려고 하는 주제들에 대한 감성적 확실성을 직접 추구한다. 그러면서도 때로는 아름다운 오성과 이성의 통찰력을 통해서 부분들에 관해 간접적으로 설득하기도 하고, 동시에 신념에 차서 전체를 확실한 것으로 묘사하려고 할 것이다.§428,§617 그런데 이러한 종류의 신념은, 내포적으로는 더 판명하고 학문들을 위해서는 더 적합한 신념보다 그 외연이 더 클 것이다. 특성의 수도 더 많을 수 있다.M§532;74 하지만 신념인 한에서 그것은 미적 인간이 원래 의도한 바는 아니다. 우리가 부분들

에 관한 꼭 필요한 설득을 통하여 그러한 신념에 이끌리게 되는 것뿐이다. "트로이 전쟁의 저자는" 호라티우스에게

> "무엇이 아름답고 무엇이 추한지, 무엇이 유익하고 무엇
> 은 그렇지 않은지,
> 크뤼시포스나 크란토르보다 더 훌륭하고 정확하게 말
> 해준다네."[75]

어쨌든 우리는 이런 식의 비교에 오래 매달리지는 않을 것이다.§842 도덕적인 선함과 악함의 증명 대상들이 시인이 다루는 대상이기도 하다는 예를 드는 것으로 충분하다. 시인은 도덕적인 입증을 통한 신념의 대상에 관하여 사람들을 설득하고자 하며, 결국에는 심지어 아름다운 오성과 예민한 이성도 신념에 이르게 할 수 있다. 도덕적 증명이 순수한 오성과 군건한 이성에 어떤 대상들에 관한 신념을 제공했다면, 그도 동일한 대상들에 관한 신념을 불러일으킬 수 있다.M§637, M§645

§845   3)미적 설득은 미적으로 있음 직한 일들과 관련이 있다. 그것들은 동시에 논리적으로도 있음 직한 것이거나 그렇지 않은 것이다. 당신의 영혼 앞에 현존하는, 논리적으로 있음 직하지 않은 내용이 너무나 커져서 모든 미적인 있음 직함을 파괴하고 모

든 설득력을 제거할 위험이 없다면 말이다. 호라티우스의 선박에
관한 다음과 같은 설득력 있는 논증들이 여기에 속한다.

> "퀴프로스의 주인인 비너스 여신이 이렇게 당신을 인도
> 하듯
> 밝게 빛나는 별들인 헬레나의 형제들도
> 바람들의 아버지도 그렇게 하시기를!
> 이아픽스 외에 다른 이들은 모두 묶여 있으니 말이오."**76**

선한 의도나 좋은 말이 배를 움직인다는 것도, 배의 수호신이 배
를 인도해준다는 것도 논리적으로는 있음 직하지 않은 일이다.
뱃사람들 사이에서 좋은 징조로 통하는 저 쌍둥이 별자리가 헬
레나의 형제들이며 [동시에] 밝게 빛나는 별들이라는 말이나, 바
람들의 아버지가 존재한다는 말도 마찬가지다. 하지만 신화에 대
해 너무 잘 알고 있어서 배의 요정을 지어낸 베르길리우스에게
는 이런 말이 미적으로 있음 직하지 않은 것은 아니다. 물론 그렇
게 되면 설득하거나 설득당하는 일이 줄어들기는 하겠지만 말이
다.§836

§846   당신은 새로움을 통해 놀라움을 자아내는 기술에 따라
당신의 청중에게 미적으로 의심스럽거나 있을 법하지 않은 것도

미적 설득을 위해 아주 기꺼이 사용한다. 그럼에도 당신의 청중이 그것들을 미적으로 확신할 수 있게 해주는 데 필요한 힘을 당신이 지니고 있다면 말이다. 사람들을 격려하는 연설을 하는 많은 연설가가 이런 조건을 무시했기 때문에 유베날리스는 모순된 것을 추구하는 그들의 관습을 다음과 같이 은밀히 비웃었다.

> "우리도
> 술라에게 조언을 해준 적이 있지. 그가 어떻게 하면 평
>   범한 일개인으로 돌아가 깊이
> 잠들 수 있는지 말일세."**77**

그런데 그는 이제 동일한 풍자시에서 재판이나 형벌로도 막을 수 없을 정도로 타락한, 미적으로 있을 법하지 않은 관습들에 대해서 다음과 같이 더 잘 설득해준다.

> "가엾은 소년을 약탈하여 몸을 팔게 한 자가 한 무리의
>   불한당에게 둘러싸인 채
> 사람들을 억압한다면, 또 재판을 통해 아무런 내용도
>   없는 유죄판결을 받았지만
> 그의 돈은 안전하다면 과연 그에게 씌워진 이 불명예가
>   무슨 소용이 있단 말인가?

신들은 분노에 차 있는데 마리우스는 유배 가서도 오후

  두 시부터 마시며 즐긴다네.

하지만 승리한 지방인 자네는 울고 있구먼."[78]

부록

『미학』 원전 전체 차례

『형이상학』 참조 구절

『철학적 윤리학』 참조 구절

『미학』 원전 전체 차례

제9장 소재의 풍요로움

제10장 토피카

제11장 풍요로움을 더해주는 논증들

제12장 재능의 풍요로움

제13장 절대적인 간결함

제14장 상대적인 간결함

제15장 미적인 크기

제16장 소재의 절대적 크기

제17장 소재의 상대적 크기

제18장 관념들이 소재 일반에 대해 갖는 관계

제19장 단순한 사유방식

제20장 중간적 사유방식

제21장 숭고한 사유방식

제22장 숭고함에 반하는 결함

제23장 크기를 증대시켜주는 논증들

제24장 절대적인 미적 중요성

제25장 상대적인 미적 고상함

제26장 가장 큰 미적 고상함

제27장 미적 진리

제28장 미적 오류

제29장 미적 개연성

『형이상학』참조 구절

§8   아무것도 아닌 것이 아닌 것은 **무언가이다**. 그 안에 모순을 포함하지 않으면서 표상될 수 있는 것, A이면서 동시에 A가 아닌 것이 아닌 것은 무엇이든 **가능한 것이다**.(『미학』§431)

§11   모든 가능한 A는 A다. 다른 말로 하자면, *존재하는 것은 그것이 무엇이든 간에 그것으로* [즉, A로] *존재한다.* 혹은 모든 주어는 자기 자신의 술어다. 만일 이러한 명제를 부정한다면 어떤 가능한 A는 A가 아닌 것이 된다. 그러므로 A와 A가 아닌 것 혹은 아무것도 아닌 것이 동시에 존재하게 되는데 그것은 불가능하다. *이러한 명제를 사람들은 정립[1]의 원리 혹은 동일성의 원리라고 부른다.*(『미학』§443)

§15   자신의 외부에 주어진 것들과의 관계 안에서 **고찰되지**

않는 것은 **자신 안에서 고찰되는 것**이다. 자신 안에서 전혀 **고찰되**거나 표상될 수 없는 것은 자신 안에서 (내적으로, 단적으로, 절대적으로, 그 자체로) **불가능한** 것이다. 반면 자신 안에서 고찰될 수 있는 것은 **자신 안에서** (내적으로, 단적으로, 절대적으로, 그 자체로) **가능한** 것이다.(『미학』§431)

§16   자신의 외부에 주어진 것들과의 관계 속에서 가능한 것은 **조건적으로** (상대적으로, 상관적으로, 외부적으로, 다른 어떤 것을 통하여, 다른 어떤 것에 따라서) **가능한** 것이다.(『미학』§432)

§20   모든 가능한 것은 근거를 가지거나 가지지 않거나 둘 중 하나다. 만일 근거를 가진다면 무언가가 그 근거다. 만일 근거를 갖지 않는다면 그 근거는 무(無)다. 따라서 모든 가능한 근거는 무이거나 무언가이다. 만일 무가 어떤 가능한 것의 근거라면 그것이 왜 존재하는가는 무로부터 인식될 수 있을 것이다. 그러므로 무 자체는 표상될 수 있게 되고 따라서 무언가가 될 것이다. 그렇게 되면 무가 곧 무언가이다. 그러므로 무언가 가능한 것이 불가능한 것이 된다. 따라서 모든 가능한 어떤 것은 근거다. 혹은 모든 가능한 것은 무언가의 결과다. 다른 말로 하자면 *근거 없이 존재하는 것은 없다.* 혹은 *무언가가 긍정되면 그것의 근거도 긍정된다. 이러한 명제를 사람들은 근거의 원리라고 부른다.*(『미학』§426)

§22   *충분한 근거 없이 존재하는 것은 아무것도 없다.* 다른
말로 하자면 무언가가 정립되면 그것의 충분한 근거도 정립된다.
모든 가능한 것 안에서 존재하는 개별적인 것은 모두 근거를 갖
는다. 따라서 모든 가능한 것은 충분한 근거를 갖는다. *이러한 명*
제를 사람들은 충분한 근거의 (근거에의 일치의) *원리*라고 부른
다.(『미학』§426)

§23   모든 가능한 것은 근거다. 다른 말로 하자면 *그 결과로*
생겨나는 것 없이 존재하는 것은 아무것도 없다. 또 파생물이나
보상 없이 존재하는 것은 없다. 전혀 아무런 결과도 초래하지 않
고, 아무것도 하지 않으며 아무것도 낳지 않는 것도 역시 존재하
지 않는다. 무언가가 존재한다면 그것을 근거로 생겨나는 무언가
도 함께 존재한다. 왜냐하면 모든 가능한 것은 결과를 가지거나
가지지 않거나 둘 중 하나이기 때문이다. 그런데 만일 결과를 갖
는다면 무언가가 그 결과다. 결과를 갖지 않는다면 그 결과는 무
(無)다. 그러므로 모든 가능한 것의 결과는 무이거나 무언가이다.
그런데 무언가 가능한 것의 결과가 무라면 그것은 가능한 것으
로부터 인식될 수 있다. 그러므로 그것은 무언가이다. 따라서 무
언가 가능한 것이 불가능한 것이 되는 셈[인데, 이것은 불합리한
결론]이다. *이러한 명제를 우리는 결과의 원리*라 부른다.(『미학』
§426)

§24 *모든 가능한 것은 근거이면서 동시에 근거 지워진 것이다.* 그러므로 원인과 결과로 함께 결합되어 있는, 그래서 [다른 것보다] 먼저 인식될 수도 나중에 인식될 수도 있는 이중의 연관관계를 갖는다. *이 명제는* (한편으로는 앞으로, 한편으로는 뒤로) 맺게 되는 *양방향의 연관관계의 원리*로 불린다.(『미학』§437)

§37 어떤 가능한 존재자의 **규정**은 그것이 아직 [다른 존재자와의] 연관관계 속에서 고찰되지 않는다 해도 그것 안에서 표상 가능한 것, 즉 **절대적인** 것이거나 아니면 그것이 어떤 연관관계 속에서 고찰되는 경우에만 표상 가능한 **상대적**(조건적)인 것이다. 어떤 가능한 존재자의 상대적 규정은 **관점들**{하비투스들, 무언가에 대한 관계들(τα προς τι; 타 프로스 티), 내적이 아니면 외적인 넓은 의미의 관계들}이다. 가능한 존재자 자체 안에서는 표상될 수 없는 그것의 관점은 (좁은 의미의, 외적인) **관계**이다. 가능한 존재자의 이런 관계는 그것의 **외적인** (상대적인, 외적인 것을 향해 있는, 외부로부터 온) **규정**이며, 다른 모든 것은 **내적인 규정**이다.(『미학』§439)

§57 *현실적인 모든 것은 내적으로 가능하다. 혹은 그 실존이 정립되면 그 내적 가능성도 정립된다. 혹은 존재로부터 가능성을 도출하는 것은 타당하다.*(『미학』§60)

§60　　*현실적이지 않은 어떤 것은 가능하다.* 현실성이 제거된다고 모든 가능성이 제거되는 것은 아니다. 혹은 비-존재로부터 절대적인 불가능성을 도출하는 것은 타당하지 않다.(『미학』§60)

§73　　어떤 존재자가 정립되면 그것의 본질도 정립된다. 그러므로 본질적 속성들의 관계도 정립된다. 따라서 어떤 존재자가 정립되면 모든 본성적 속성도 정립되며, 실제로 이렇게 되면 [그 중] 어떤 것도 제거될 수가 없다. 그러므로 어떤 존재자의 본질적 속성들은 그 자체로 분리가 불가능하다. **단일한 것은** 그 규정들이 분리 불가능한 것이며, **초월적으로**[2] 단일한 것은 그 규정들이 그 자체로 분리가 불가능한 것이다. *그러므로 모든 존재자는 초월적으로 단일하다.*(『미학』§439)

§76　　규정들의 분리 불가능성은 분리의 불가능성이기에 절대적이지 않으면 조건적이다. 따라서 통일성은 절대적이지 않으면 조건적이다.(『미학』§439)

§90　　각각의 존재자의 규정들은 일반적인 규칙들에 따라서 함께 결합된다. 본질적 규정들은 모순율에 따라서, 우연적 규정들, 즉 속성들은 모순율과 근거의 원리와 충분한 근거의 원리에 따라서, 양상들은 모순율과 근거의 원리에 따라서, 본질적 규정

들과 상태[3]들(affectiones)은 결과의 원리에 따라서 함께 결합된
다. 그러므로 *모든 존재자는 초월적으로*[4] *참이다.*(『미학』§431)

§92   보편적인 원리는 개별적인 존재자 모두에 해당된다. 형이
상학적으로 참된 것은 보편적인 원리에 일치하는 것으로 규정된
다. 다른 말로 하자면 이 원리에 상응하는 것으로 규정되는 것들
은 형이상학적으로 참되다. 그러므로 형이상학적 진리는 존재자
와 보편적 원리의 일치라고 정의될 수 있다.(『미학』§423)

§94   만일 함께 받아들여진 여러 개의 사물이나 사태가 서로
조화를 이루어 어떤 하나의 대상을 이룰 수 있는 충분한 근거가
된다면, 이러한 조화 자체는 **완전한** 것이다. 또 그 안에서 이것들
이 조화를 이루게 되는 그 하나의 대상은 [그러한] **완전함의 규정
근거다.**(완전함의 중심[5])(『미학』§22, §23)

§95   완전함 안에서는 여러 개의 사물이 동일한 근거에 따라
규정된다. 따라서 완전함 안에서는 그 구성요소 모두에 해당되는
완전함의 규칙과 질서가 존재한다.(『미학』§19)

§96   완전함의 규정근거가 하나라면 그것은 **단순한 완전함**이
고, 만일 여럿이라면 그것은 **복합적 완전함**이다.(『미학』§24)

§121 완전함의 반대는 **불완전함**이다. 좀 더 자세히 말하자면 1) 여러 개를 함께 모아 놓았는데 그중 어떤 것들이 하나의 공통된 원인을 갖지 않는 경우, 통일성의 **결여라는** 의미에서 **불완전함이라 불리는** 단순한 부조화가 있고, 2) 여러 개를 함께 모아 놓았는데 그중 어떤 것들은 어떤 하나와, 다른 것들은 그 반대의 것과 조화를 이루는 경우, 이러한 부조화는 **대조적** 의미에서 **불완전함**이라 불린다.(『미학』 §21)

§139 부정적인 존재자는 자체로는 실재하지 않는다. 하지만 그것이 부정으로서 하나의 실재와 일치한다면, 실재가 될 수 있을 것이다. 따라서 부정적인 존재자 자체는 자신이 그 안에 존재하는 실재하는 존재자 안에서는 어떤 하나의 실재와 일치하지 않는다.6(『미학』 §49)

§148 어떤 하나의 존재자 안에서 함께 존재하는 것이 가능한 모든 규정의 결합은 그것의 **모든 방면에서의 완벽한** 규정이다. 그러므로 어떤 존재자는 모든 방면에서 완벽하게 규정되거나 아니면 그보다 적게 규정된다. 전자는 (개별자들에 관한) **개별적** 규정이며, 후자는 **보편적** 규정이다. 후자는 자기 안에 포함하고 있는 모든 더 적은 규정의 관점에서 **하위의** 규정이라, 전자는 후자의 관점에서 **상위의** 규정이라 불린다.(『미학』 §440)

§150　보편적인 것이 오직 개별자 안에서만 구체적으로 표상 가능하거나 오로지 개별적인 것만을 자신 아래에 포함하고 있으면 종(種)이며, 보편적인 것 안에서도 구체적으로 표상 가능하거나 아니면 보편적인 것도 그 아래 포함하고 있으면 유(類)다. 후자 중에서 **가장 낮은 단계**는 그것이 어떤 유 안에도 존재하지 않거나 어떠한 유도 그 아래 포함하지 않는 경우다. 그 **최고의 단계**는 그 안에 어떤 유도 존재하지 않거나 어떤 유 아래에도 포함되지 않는 경우다. 마지막으로, 가장 높은 유가 아닌 경우에는 **낮은 단계의 유**라고 불린다.[7](『미학』§440)

§151　그보다 상위의 존재자 안에서는 규정되지 않는 하위의 존재자의 규정들은 그것의 **종차(種差)**다. 그러므로 **유적 종차**는 유 안에서는 규정되지만 그 상위의 것 안에서는 규정되지 않은 규정들의 복합체이다. **종적 종차**는 종 안에서는 규정되지만 가장 낮은 단계의 유 안에서도 규정되지 않은 규정들의 복합체이다. **수적[8]종차**(이것임, 개별화의 원리)는 종 안에서도 규정되지 않은 개별자의 규정들의 복합체이다.(『미학』§440)

§166　가장 작은 원인은 오직 하나의 가장 작은 결과를 갖는다. 따라서 더 많고 더 큰 결과를 가질수록 그만큼 더 큰 원인이다. 결국 가장 큰 결과를 가장 많이 갖는 것이 가장 큰 원인이다.

결과의 수로부터 얻어지는 원인의 크기는 풍부함이고, 결과의 크기로부터 얻어지는 원인의 크기는 그 무게(중요성, 위엄, 고상함)다.(『미학』§177)

§180 어떤 법칙이 표현해주는, 규정 안에서 발견되는 [규정]근거에의 적합성의 크기가 그 **법칙의 힘**이다. 비교적 큰 근거에의 적합성의 규정을 표현하는 **법칙은 강**하며, 비교적 작은 근거에의 적합성의 규정을 표현하는 **법칙은 약**하다. 그러므로 근거에의 적합성을 가장 적게 지니고 있는 규정을 표현하는 법칙은 극도로 약하거나 강함이 아주 작은 것이다. 법칙에 의해 표현된 규정이 근거에 적합한 정도가 크면 클수록 그 법칙은 그만큼 더 강하다. 따라서 그 안에서 가장 큰 적합성이 존재하는 규정을 표현하는 법칙이 가장 강한 것이다.(『미학』§25)

§184 가장 작은 형이상학적 진리는 하나 안에서 여럿이 이루는 가장 작은 질서이거나 보편적인 원리들과 이루게 되는 가장 작은 일치다. 따라서 어떤 존재자 안에서 결합되는 것이 더 많고 더 클수록, 더 많고 더 힘 있는 규칙들에 따라 결합되면 될수록 그만큼 더 그 안에 담겨 있는 진리는 커지게 된다. 결국에는 가장 크고 가장 많은 것이 (보편적인 원리들의) 가장 강력한 규칙들에 가장 잘 부합하는 것으로 파악될 때 가장 큰 진리가 나타난

다.(『미학』§440)

§185   가장 작은 완전함은 가장 작은 것들이 하나의 가장 작은 것 안에 모여서 오직 하나의 조화를 이루는 것이다. 그러므로 더 많고 큰 것들이 자신보다 더 많고 큰 것들 안으로 더 여러 번 들어가게 되면 그만큼 완전함이 더 커지며, 결국에는 가장 많고 가장 큰 것들이 하나로 모여 이루는 가장 커다란 조화가 최고의 완전함이다. 그런데 이렇듯 최고의 완전함은 여러 개의 구성요소가 가장 크게 한데 모여진 것이므로, 아무리 크다 하더라도 단순한 완전함은 가장 큰 것이 아니다.(『미학』§97)

§220   어떤 능동적 능력이나 수동적 능력이 주어진다고 어떤 행위나 정념이 주어지는 않겠지만, 엄밀한 의미의 힘이 주어지면 그것도 주어질 것이다. 이것은 행동이 실제로 일어나기 위해서 행동 능력에 덧붙여지는 행동 능력의 보완물일 것이다. 따라서 **엄밀한 의미로 주어진 어떤 힘**은 어떤 주어진 행위를 초래하기에 충분하거나 그렇지 못하다. 첫 번째는 **생생한**, 두 번째는 **죽은** 자극이라 불린다.(『미학』§78)

§247   최하 혹은 최소의 정도는 그보다 더 작은 것이 불가능한 것이다. 그보다 더 큰 것이 불가능한 것은 최고의 정도다. 더

큰 정도는 수많은 더 작은 것의 총합이다. 그러므로 *더 큰 정도가 긍정되면 더 작은 것도 긍정되어야 한다는 결론이 나오며 더 작은 정도가 부정되면 더 큰 것도 부정되어야 한다는 결론이 나온다.* 어떤 큰 정도에서든 **강도**[9]라고 불리는 다수의 정도가 존재한다. 만일 이것이 더 커지면 이것이 속하는 **성질**이 **증가**할 것이다. 반대로 이것이 더 작아지면 이것이 속하는 성질이 **감소**할 것이다.(『미학』§42, §59)

§265 두 가지 사물 사이에 가장 작은 하나의 공통된 성질만이 존재할 때, 둘 사이에는 가장 작은 유사성이 존재한다. 그런데 모든 존재자 안에는 어떤 공통된 성질이 존재한다. 그러므로 모든 존재자는 서로 어느 정도는 유사하다. 따라서 존재자들 사이에는 어떤 유사성이 존재하며, 이리하여 보편적인 동일성이 존재한다. 여러 존재자 사이에서 공통되는 성질이 더 많고 더 클수록 그 존재자들 사이의 유사성은 그만큼 더 크다. 두 가지 사물 사이에 가장 작은 공통된 양(量)만이 존재할 때, 둘 사이에는 가장 작은 동등함(aequalitas)이 존재한다. 그러므로 더 많은 존재자 사이에서 공통되는 양이 더 많고 더 클수록 그만큼 더 동일함이 커진다.(『미학』§427)

§272 *서로의 바깥에 실재하는 수많은 사태가 서로 전체적으*

로 동일할 수는 *없다.* 동시에 전체적으로 유사하거나 부분적으로만 유사하거나 할 수 있을 뿐이다. 만일 전자의 경우라면 그것들이 총체적으로 함께 맞아떨어지는[10] 일이 발생할 것이다. 만일 그것들이 부분적으로만 유사하다면 하나의 사태 안에는 다른 사태에는 존재하지 않는 어떤 성질이 존재할 것이다. 그러므로 둘 안에는 모두 같은 정도의 실재가 전체적으로 존재하지는 않게 될 것이다. 그리고 이렇게 해서 하나의 사태가 갖는 양(量)은 다른 사태가 갖는 양과는 다르게 되고, 따라서 전체적으로 동일하지는 않게 될 것이다. *이러한 명제는 부정된 총체적 동일(성)의 원리다.*(『미학』§431)

§281   어떤 실재하는 존재자가 자신의 바깥에 존재하는 다른 존재자들과 동시에 존재하면서 차지하는 위치가 **장소**이며, 연속적으로 차지하는 위치는 **시간**이다.(『미학』§439)

§323   단일한 행동은 그것이 초래하는 결과와 함께 **사건**이라 불린다. 하나의 사건과 연결된 다른 사태들 사이의 관계는 **주변상황**이다. 하나의 사건과 함께 일어나는 관계들의 결합체는 하나의 **계기**, 그 원인은 **계기적 원인**이다. 하나의 주어진 사건 안에서 가장 수가 적은 가장 작은 주변상황이 가장 작게 조화를 이루면 그것이 가장 작은 계기다. 주변상황이 더 많고 더 클수록, 주어

진 계기와 더 크게 조화를 이룰수록 그만큼 더 그 계기는 큰 것이다. 가장 크고 수가 많은 주변상황이 주어진 사건과 이루는 조화가 가장 크면 그 계기도 가장 크다. 장소와 관련하여 더 큰 계기는 좋은 기회이며, 그 반대는 좋지 않은 기회다. 시간과 관련하여 더 큰 계기는 적절한 시기이며, 그 반대는 적절하지 않은 시기다.(『미학』§78, §439)

§325　어떤 사건 A와 B가 어느 정도 내적으로 동등하면서 아주 다른 상황들 속에서 고찰되면, 그에 따라 발생하는 다양성은 관계들 속에만 존재하며 따라서 외적인 것이다. 그러므로 사건들의 내적 동일성은 상황이나 장소, 시간 등의 다양성에 의해 늘어나지도 줄어들지도 않는다. 즉, *장소와 시간은 사태를 내적으로 변화시키지 않는다.*(『미학』§439)

§331　온전한 성과의 크기는 그것을 실현해내는 행위의 크기와 동일하며, 따라서 행위와 동등하다. 또한 행위의 크기는 그것을 실현해내는 생생한 힘의 크기와 동일하다. 따라서 행위는 그것을 실현해내는 생생한 힘들과 동등하다. 그러므로 능동적 원인 제공자의 행위는 그것의 생생한 힘들과 동등하다. 따라서 온전한 성과는 능동적 원인 제공자의 생생한 힘들과 동등하다(힘들에 비례한다).(『미학』§27)

§332   본질적으로 어떤 능동적 원인 제공자에게 돌려져야 하는 어떤 효과의 고상함이나 웅장함은 그것의 온전한 효과와 관련이 있다. 그러므로 효과는 자신이 본질적으로 거기에 종속되는 그 능동적 원인 제공자보다 더 고상하지는 않다.(『미학』§27)

§377   다음과 같은 것들이 어떤 세계 안에서 가능한 존재자로 불린다. 절대적으로 [즉, 그 자체로] 가능할 뿐만 아니라 어떤 관계 속에서든 조건적으로도 가능하고, 뿐만 아니라 어떤 세계 안에서의 보편적인 관계[11] 속에서도 가능한 유한한 존재자들. 그러므로 이 세계에서 가능한 것들은 그 안에서의 보편적인 관계 속에서 바라보았을 때도 조건적으로 가능한 것들인데, 그렇기 때문에 그 가능성의 정도가 더 크다.[12](『미학』§441)

§444   모든 완전함 안에는 질서가 존재한다. 그러므로 가장 완전한 세계 안에는 하나의 세계 안에 존재할 수 있는 가장 커다란 질서가 존재한다. 따라서 거기에는 완전함에 공통적으로 적용되는 규칙도 가장 많이 존재한다. 예를 들자면 다음과 같다. *다른 모든 조건이 같을 경우 더 많으면 많을수록, 더 크면 클수록, 더 넓으면 넓을수록 완전함은 더 완전해진다.* 또 아무리 복잡한 질서가 존재한다고 해도 그 안에서 적용될 수 있는 모든 규칙은 우월한 것이든 열등한 것이든 결국에는 하나의 규칙, 즉 가장 우

월하면서 동시에 가장 강한 완전함의 규칙에 따라 인식될 수 있다.(『미학』§24)

§445　완전함의 규칙이 가장 많은 가장 완전한 세계 안에는, 가장 커다란 조화와 일치를 제거하지 않는, 따라서 다른 모든 조건이 다 같다면 아주 규모가 작고 수도 적은 예외도 아주 많이 있을 수 있다.(『미학』§24)

§446　가장 완전한 세계 안에서 완전함의 충분한 근거와 불충분한 근거가 충돌한다면 불충분한 근거로부터 예외가 발생한다. 완전함의 더 풍부한 근거와 덜 풍부한 근거가 충돌한다면 덜 풍부한 근거로부터, 더 중요한 근거와 덜 중요한 근거가 충돌한다면 덜 중요한 근거로부터, 더 먼 것에 예속된 근거와 더 가까운 것에 예속된 근거가 충돌한다면 더 가까운 것에 속한 근거로부터 예외가 발생한다. 열등한 근거와 우월한 근거가 충돌한다면 열등한 근거로부터, 그것이 어떠한가에 따라 [조건적으로] 충분한 근거와 무조건적으로 충분한 근거가 충돌한다면 그것이 어떠한가에 따라 충분한 근거로부터 예외가 발생한다. 마지막으로는 가장 완전한 세계 안에 존재하는 어떤 규칙이든 최고의 규칙과 충돌하게 되면 그것의 예외가 된다.(『미학』§25)

§469   어떤 우연적인 존재자의 본성에 의해서 현실화될 수 있는 사건은 본성을 초월하는 것에 대비되어 구별된다는 의미에서 본성적인 것이다. 반면 규정된 우연적인 존재자의 규정된 본성에 의해 현실화될 수 있는 사건은 본성 이외의 것에 대비되어 구별된다는 의미에서 본성적이다. 어떤 본성에 의해 현실화될 수 있는 것은 무엇이든지 그 본성 자체에는 **물리적으로**[13] 가능한 것이며 그렇게 될 수 없는 것은 그 본성 자체에는 **물리적으로 불가능한** 것이다. 그 자체로는 가능하지만 어떤 본성에 의해서도 현실화될 수 없는 것들이 존재한다. 그러므로 그것들은 많은 본성에 물리적으로 불가능한 것이 될 수 있다. 어떤 것들에 물리적으로 불가능한 모든 것이 절대적으로도 불가능한 것은 아니다. 어떤 우연적인 것에 물리적으로 불가능한 것들은 그 본성이 고찰되는 상태에서 그러하며 따라서 **단순히** (순전히, 전적으로, 전혀) **본성적으로 불가능한** 것이거나, 그렇지 않으면 어떤 상태에서 그 본성이 고찰되는 경우에 그러하며 따라서 그것이 무엇인가에 따라 (지금 그리고 이런 방식에 따라) **본성적으로 불가능한** 것이다. 실재들의 이러한 단순히 본성적인 불가능성은 **순전히 본성적인 무능력함**이다. 모든 본성적인 불가능성이 순전히 본성적인 무능력함이거나 절대적인 불가능성인 것은 아니다. 물리적으로 불가능한 것의 반대는 **물리적으로 필연적인** 것이며, 물리적으로 가능한 것은 **물리적으로 우연적인** 것이다. 그런데 물리적으로 필연적인 것이 모두

절대적으로 필연적인 것은 아니다. 반면 그 자체로 우연적인 어떤 것들이 많은 것에 물리적으로 필연적인 것이 될 수 있다. 물리적으로 필연적인 것들은 단순하게 그러하거나 아니면 그것이 무엇인가에 따라 그러하다.(『미학』§432)

§511 인간의 영혼 속에는 모호한 지각들이 존재한다. 이것들의 복합체는 영혼의 심연이라 불린다.(『미학』§80)

§512 이 우주 안에서 내 신체가 차지하는 위치로부터[14] 왜 내가 어떤 것은 더 모호하게 다른 것은 더 명석하게 또 다른 것은 더 판명하게 지각하는지를 인식할 수 있다. 즉, 나는 이 우주 안에서 내 **신체가 갖는 위치에 따라** 어떤 대상에 대한 **표상을 얻게 된다.**(『미학』§78)

§515 참된 인식은 실재하는 것이다. 그 반대는 인식이 없음, 즉 인식의 결여, **무지**이며, 겉으로만 인식처럼 보이는 것은 **오류**인데 이것들은 모두 부정적인 것이다. 가장 작은 인식은 가장 작은 하나의 대상에 대한 가장 적게 참인 인식이다. 그러므로 인식의 내용이 더 많거나 더 클수록 그만큼 더 참이다. 가장 많고 가장 큰 대상들에 대한 가장 큰 인식인 경우에는 가장 참된 것이다. 더 많은 것을 **인식**하는 경우는 **풍요로움**(풍족함, 확장됨, 부요함, 광

대함)의 단계다. 더 적은 것을 인식하는 경우는 **빈약함**의 단계다. 더 큰 것을 인식하는 경우는 **웅장함**(고상함, 크기, 무게, 위엄)의 단계다. 더 작은 것을 인식하는 경우는 **무가치함**(허약함, 경박함)의 단계다. 더 커다란 질서 속에서 더 많은 참된 것을 결합하는 인식일수록 더 참되며 따라서 더 크다. 더 참된 것을 담고 있는 인식은 **정확**하며 (잘 다듬어진 것이며), 덜 참된 것을 드러내 보여주는 인식은 투박하다. 인식 안에 존재하는 더 커다란 질서 혹은 **방법**은 인식의 **체계적인**(전문적인[15], 잘 훈련된) 모습이며, 더 작은 질서는 인식의 **혼란스러운** 모습이다. 인식과 내 영혼 속에 존재하는 그것의 표상들은 더 작거나 더 크다. 특히 그것들이 어떤 다른 것들의 근거인 경우에는 넓은 의미에서의 **논증**이며 그 영향력과 효과가 거기에 부여된다. 전적으로 효과가 없는 인식은 없지만, 더 큰 효과 혹은 힘이 있는 인식은 더 강하다. 더 작은 힘, 즉 **연약함**이 있는 인식은 더 약하다(힘없고, 무기력하다). 더 약하게 생겨난 표상은 인간의 영혼을 더 적게 변화시키지만, 더 강한 표상은 더 많이 변화시킨다.(『미학』 §26, §115, §177, §423)

§521　판명하지 않은 **표상**은 **감성적**이라 불린다. 그러므로 나의 영혼의 힘은 낮은 단계의 인식 능력을 통하여 감성적 지각을 표상한다.(『미학』 §14)

§527 　그것을 실현하는 데 작은 힘이 필요한 것은 쉬운 것이다. 더 큰 힘이 필요한 것은 어려운 것이다. 그러므로 **어떤 주체가 사용할 수 있는 힘들 가운데 작은 부분만이** 그것을 실현하는 데 필요한 것은 그 주체에게는 쉬운 것이다. 어떤 실체가 사용할 수 있는 힘들의 대부분이 그것을 실현하는 데 필요한 것은 그 **주체에게는 어려운 것이다.** 그러므로 쉬움과 어려움에는 정도의 차이가 있을 수 있다.(『미학』§98)

§529 　나는 다른 것들보다 더 명석하게 지각하는 것에 **주목한다**. 다른 것들보다 더 모호하게 지각하는 **것에서는 눈을 돌린다.** 따라서 나는 주목하거나 눈을 돌릴 수 있는 능력을 지니고 있다. 하지만 여기에는 한계가 있어서 일정한 정도로만 그렇게 할 수 있지, 최대한으로는 할 수 없다. 한정된 양으로부터 더 많이 덜어내면 낼수록 남는 것은 더 적게 된다. 그러므로 내가 하나의 사태에 더 많이 주목하면 할수록 내가 다른 것들에 주목할 수 있는 양은 그만큼 줄어든다. 따라서 나의 주목을 완전히 끌게 되는 더 강한 지각은 상대적으로 그보다 약한 지각을 모호하게 만들어버리거나 약한 지각으로부터 아예 눈을 돌리게 만든다.(『미학』§95)

§531 　세 개의 특징을 지닌 명석한 관념이 있다고 가정해보자. 그런데 이 세 개의 특징이 하나의 관념 안에서는 명석하며 다른

관념 안에서는 모호하다면, 첫 번째 관념이 더 명석한 것이다. 그러므로 어떤 지각의 명석함은 그 특징들의 명석함에 따라 증가하는데, 그럼으로써 판명해지거나 정밀하게[16] 된다. 만일 동일하게 명석한 특징들을 지닌 두 개의 명석한 관념이 있다고 가정해 보자. 하나의 관념에는 세 개의 특징이, 다른 하나의 관념에는 여섯 개의 명석한 특징이 존재한다면, 후자가 더 명석하다. 그러므로 특징의 수에 따라 명석함이 증가하는 것이다. 특징들의 명석함 여부에 따라 더 **명석한 것은 내포적으로 더**[17] 명석한 것이며, 명석한 특징의 수에 따라 명석한 것은 **외연적으로 더 명석한 것**[18]이라고 말할 수 있다. 외연적으로 더욱 명석한 **지각은 생생한 것**이다. 생생함은 **관념들과 말의 광채**(화려함)인데, 그 반대는 그것들의 **건조함**이다. 관념들과 말(사유하고 말하는 까다로운 방식)의 두 종류의 [즉, 외연적, 내포적] 명석함은 모두 **명료함**[19]이다. 그러므로 명료함은 생생하거나 오성적이거나 둘 다이다. 다른 지각의 진리를 인식하는 데서 그 힘이 드러나는 **지각과 그 힘은 입증적**인 것이다. 다른 지각을 명석하게 해주는 힘을 지닌 **지각과 그 힘은 설명적**[20]이다(명시적이다). 다른 지각을 생생하게 해주는 힘을 지닌 **지각과 그 힘은 예증적**[21]이다(장식적이다). 다른 지각을 판명하게 해주는 힘을 지닌 **지각과 그 힘은 분석적**이다(추론적이다). 진리에 대한 의식은 (주관적으로 평가된) **확실성**이다. 감성적 확실성을 부여하는 것은 **설득**이며, 오성적 확실성을 부여하는 것은 **확고한 증명**이다. 사태와 그것의 진리에 대해 사유하는 사람은, 다른 모든 조건이 같다면 사태만을 사유하는 사람보다 더 많은 것을 사유한다. 그러므로 확실한 사유나 **인식**은 다른 모든 조건이 같다면 확실하지 않은, **불확실한** 사유나 인식보다 더 크다. 그저 불확실한 인식은 **피상적인** 것이며, 정말로 확실하면서 요구되기까지 하는 인식은 **확고하다.** 어떤 인식이든 더 명석하고 더 생생하고 더 판명하고 더 확실하면 할수록 더 크다. 다른 지각의 확실함을 덤으로 지니는 **지각과 그 힘**은 설득적이거나 확신을 준다. 확실한 명료함은 **명백함**(evidentia)이다.(『미학』§23, §614, §618, §829)

§532   감성적 지각들은 내포적으로도 외연적으로도 더 명석한 것이 될 수 있다. 그리고 더 생생한 것은 덜 생생한 것보다 더 완전하다. 더욱 생생한 지각이 내포적으로 더 생생하면 심지어 판명한 지각보다 더 강렬할 수 있다.(『미학』§844)

§535   나는 감각하는 능력, 즉 감관을 지니고 있다. 감관은 내 영혼의 상태를 표상하며 따라서 내적 감관이거나, 아니면 내 육체의 상태를 표상하며 따라서 외적 감관이다. 그러므로 **감각 작용**은 내적 감관을 통해서 이뤄지는 **내적 감각 작용**(더 엄밀하게 말하자면 의식)이거나 아니면 외적 감관을 통해서 이뤄지는 **외적**

감각 작용이다.(『미학』§30)

§540   더 커다란 감각은 예민하다고, 더 작은 감각은 둔감하다고 말해진다. 감각기관이 자신이 접하게 되는 움직임에 더 적합하거나 더 적합하게 변화될수록 외적 감각은 그만큼 더 예민하거나 더 예민해진다. 반면 감각기관이 더 적합하지 못하거나 더 적합하지 못하게 되는 만큼 외적 감각은 더 둔감하거나 더 둔감해진다.(『미학』§30)

§550   만일 서로 이어지는 여러 개의 완전한(totalis) 지각 안에 하나의 동일한 감각이 포함되어 있음이 관찰된다면, 첫 번째 지각 안에 있는 감각이 새로움의 빛을 지닌다. 이 빛은 이어지는 지각에서는 부분적으로 부재하며, 세 번째에서는 더욱 많이 결여되는 식으로 계속 줄어들 것이다. 그러므로 다른 어떤 것으로부터 도움을 받지 않는다면 감각은 두 번째 완전한 지각에서는 덜 명석해지고, 세 번째에서는 그보다 덜 명석해질 것이며, 이런 식으로 지각이 더욱 모호해지는 일이 언제나 계속될 것이다. 그러므로 관찰될 수 있는 한 오래도록 동일한 것으로 남아 있는 감각들은 동일한 시간이 지남에 따라 점점 더 모호해진다.(『미학』§48)

§551   감각들은 동일한 정도로 견고하게 지속되지는 않는다.

따라서 아주 견고한 것이 존재할 수는 있지만, 결국에는 다시 약화되어버린다.(『미학』§23)

§554 깨어 있는 감각들의 명석함의 정도가 음주로 인해 머릿속으로 올라오는 뜨거운 열기 때문에 현저하게 감소하면, **취하거나 취한 상태**가 된다. 만일 동일한 일이 질병으로 인해 일어나면 그러한 상태는 **어지럼증**이라 불린다. 이것은 단순히 어지럽기만 하거나 아니면 어둠을 동반하는 현기증이거나 둘 중 하나다.(『미학』§85)

§572 나는 사태들의 동일성과 차이를 지각한다. 그러므로 나는 사태들의 동일성과 차이를 지각하는 능력을 소유하고 있다. 첫 번째 능력, 즉 동일성을 지각하는 능력은 다음과 같은 경우 가장 작을 것이다. 그것이 매우 강하게 지각되고 서로 매우 유사한 오직 두 개뿐인 사태들 사이에 존재하는 유일한 매우 작은 동일성을, 그보다 앞선 이질적이면서도 그것에 인접해 있는 다른 매우 약한 지각들 사이에서 아주 약하게 표상하기에[만] 충분하다면 말이다. 그러므로 더 많고 덜 알려져 있고 더 다양한 것들의 동일성, 그러니까 일치와 균등, 따라서 균등한 비례관계나 혹은 **균형**, 유사점이 더 많고 더 크게 지각될수록, 그것에 선행하면서 인접해 있는 서로 이질적인 것들 사이에서 더 강한 동일성들

이 더 명석하게 지각될수록 동일성은 그만큼 더 크다. 사태들의 동일성을 관찰하는 하비투스는 더 엄밀한 의미의 재능[22]이다.(『미학』§32)

§573 사태들의 차이를 지각하는 능력은 다음과 같은 경우에 가장 작을 것이다. 아주 강하게 지각된, 아주 크게 다른 두 가지 사태 사이에서만 존재하는 유일한 아주 작은 차이를, 그보다 앞선 가장 약하고 이질적인 인접한 지각들 사이에서 아주 느슨하게 지각하는 경우 말이다. 그러므로 더 많고 덜 알려져 있고 더 비슷한 것들 사이의 차이가 더 많고 더 클수록, 그러니까 불일치와 불균등, 따라서 불균등한 비례관계나 혹은 **불균형**, 상이점이 더 많고 더 클수록, 그것에 선행하면서 인접해 있는 서로 이질적인 지각들 사이에서 더 강한 것들을 더 강하게 표상할수록 그 차이는 그만큼 더 크다. 사태들의 차이를 관찰하는 하비투스는 **예리한 관찰력**(acumen)이다. 이런 의미에서 날카로운 재능은 **섬세한 통찰력**(perspicacia)이다.(『미학』§32)

§577 영혼의 능력들 중에서 그 정도가 큰 것이 하비투스이며, 같은 종류의 행위들을 자주 반복하거나 비슷한 행위들의 특정한 차이를 반복하는 것이 **연습**이다. 연습을 통해서 영혼의 **하비투스**가 증대된다. 그런데 연습에 좌우되지 않는 영혼의 하비투스는

본성적인데 타고나는 것이며(본성적 소질들), 연습에 좌우되는 하비투스는 습득된 것이라 불린다. 초자연적인 것은 신에 의해 불어넣어진 것이라 불리며, 인식 능력들의 하비투스는 이론적인 것이라 불린다.(『미학』§47)

§579　나는 예전에 내가 만든 것과 동일한 표상을 다시 불러내어 지각한다. 즉 그것을 다시 인식한다(기억한다). 그러므로 나는 다시 불러내어진 지각들을 다시 인식하는 능력, 즉 기억력을 지니고 있다. 기억력은 감성적이거나 오성적이다.(『미학』§33)

§589　상상적 이미지들을 결합하거나 분리하면서, 그러니까 어떤 지각의 일부분에만 주목하면서 나는 무언가를 마음속에 지어낸다. 그러므로 나는 무언가를 마음속에 만들어내는 창작 능력을 지니고 있다. 이미지들의 결합은 많은 것을 하나로 표상하는 것이므로 사태들의 동일성을 지각하는 능력에 의해서 작동된다. 무언가를 지어내는 능력은 [무수히 많은 것으로 이루어진] 우주를 표상하는 영혼의 능력을 통해서 작동된다.(『미학』§34)

§594　잠자고 있는 사람의 상상은 깨어 있는 사람의 그것보다 더욱 제멋대로이며, 무언가를 생각해내는 능력은 일상의 궤도를 훨씬 이탈해 있고, 깨어 있을 때 얻게 되는 더 강한 감각에 의해

서 희미해지지 않은 상상과 허구를 만들어낸다. 깨어 있는 사람의 감각이 관찰하는 것보다 몽유병자의 꿈속에서 외적 신체의 움직임들이 더 잘 관찰되는 경우가 흔하다. 깨어 있는 동안 때때로 어떤 상상의 산물을 감각의 산물로 여기는 버릇이 있는 사람은 환상가(몽상가, 열광적인 사람)이며 그것을 전적으로 감각의 산물과 혼동하는 사람은 미친 사람이다. 따라서 광증은 깨어 있으면서 습관적으로 상상의 산물을 감각의 산물로, 감각의 산물을 상상의 산물로 여기는 상태다.(『미학』 §40)

§595 　나는 나와 세계의 미래 상태를 의식한다. 세계의 미래 상태에 대한, 따라서 나의 미래 상태에 대한 표상은 **예견**이다. 나는 미래를 미리 본다. 따라서 나는 예견 능력을 지니고 있다. 이 능력은 내 신체가 처한 위치에 따라 우주에 대한 영혼의 표상 능력을 통하여 발휘되어야 한다.(『미학』 §36)

§596 　예견의 법칙은 다음과 같다. [이미] 지각된 감각과 상상이 부분적으로 지각을 공유하게 되면 그로부터 미래의 상태에 대한 지각이 생겨난다. [이미 지각된] 감각과 상상의 서로 다른 다양한 부분들이 결합되어 미래의 상태가 생겨나는 것이다. 즉, 과거에 의해 잉태된 현재로부터 미래가 생겨난다.(미학 §78)

§597　표상하기 때문에 나는 예견하기도 한다. 내 신체의 위치에 따라서 내가 외적으로 감각하는 것은 내가 예견하는 것, 내가 오직 나중에만 감각하게 될 것보다는 정말로 더 가까이에 있다. 그러므로 왜 전자가 후자보다 더 명석하고 강렬한지는 명백하다. 이런 이유로 예견된 것과 함께 존재하는 감각은 예견된 것을 더욱 더 모호하게 만든다. 따라서 나는 어떤 것도 내가 곧 감각하게 될 대상처럼 그렇게 명석하게 예견하지 못한다. 하지만 그럼에도 불구하고 예견에 있어서의 명석함의 정도가 미래의 감각에 있어서의 명석함의 정도에 좌우될 정도로는 예견한다.(『미학』§82)

§602　다음과 같은 경우에는 예견이 더 수월해진다. 예견되어야 할 것이 1) 더 명석하게 감각될 수 있는 경우, 2) 대부분 이미 감각된 바 있고, 3) 상상력을 통하여 재생된 경우, 4) 이미 자주 예견된 적이 있는 경우, 5) 중간에 더 약한 지각들이 끼어들어서 언제나 새로움의 빛을 가지게 되는 경우, 6) 한번 감각된 후 너무 오랜 시간이 지나지 않은 경우, 7) 그보다 앞서 이질적이면서 더 약한 지각들이 인접해 있어서, 명석한 감각이나 상상이 그것들에 뒤이어 전혀 나타나지 않거나 나타나더라도 아주 명석하지는 않은 경우, 8) 그와는 반대로 예견되어야 할 대상과 함께 부분적인 지각들을 공유하는 상상이나 감각을 더욱 강력한 지각들이 뒤따르거나 그것들과 함께 나타나는 경우.(『미학』§82)

§607　어떤 사태에 대한 다양한 지각이 서로 조화를 이루거나 서로 대립되면, 그것의 완전함이나 불완전함이 지각된다. 이것이 이런 활동을 담당하는 능력인 판정 능력의 법칙이다. 이러한 행위가 어떨 때는 판명하게, 다른 경우에는 판명하지 않게 행해지기 때문에 판정 능력은, 그러니까 판단력은 감성적이거나 오성적이다. 감성적 판단력은 **넓은 의미의 취미**(풍미, 미각, 후각)다.[23] 가장 넓은 의미의 비평은 판정의 기술이다. 그러므로 취미 능력을 기르는 기술, 즉 감성적으로 판정하거나 그렇게 내려진 자신의 판단을 제시하는 기술은 **미적 비평**이다. 오성적으로 판단하기를 즐거워하는 사람은 **넓은 의미의 비평가**이며 따라서 **일반적인 의미의 비평**은 완전함이나 불완전함을 판명하게 판정하는 규칙들에 관한 학문이다.(『미학』§35)

§608　**감각적인 것**, 즉 감각되어지는 것에 관한 넓은 의미의 취미는 **감각들에 관한 판단**이며 판정되어야 할 대상을 감각하는 저 감각기관이 하는 일로 여겨진다. 그러므로 시각적 판단, 청각적 판단 등이 존재한다. 다른 모든 판정 능력처럼 이 능력도 우주를 표상하는 영혼의 능력을 통하여 작동된다. 이 세계 안에 존재하는 모든 것이 일부는 완전하고 일부는 불완전하기 때문이다. 잘못 판정된 것은 **판단력이 잘못 발휘**된 결과다. 잘못 발휘되는 경향이 있는 판정 능력은 **성급한 판단력**이라 불린다. 이러한 판단력

이 **망가진 취미**다. 반대로 판단력이 잘못 발휘됨을 피함으로써 얻어지는 하비투스는 성숙한 판단력이다. 이러한 취미가 **비범한** (더욱 순수한, 잘 다듬어진) **풍미**다. 서로 어울리거나 어울리지 않는 사소한 내용들도 판정을 통해 발견하는 총명함은 **섬세한 취미**다. 감각들에 관한 판단력이 잘못 발휘된 것은 감각의 오류다.(『미학』 §35)

§610 누군가가 미리 보게 된 지각의 내용을 그가 언젠가 지각하게 될 것과 동일한 것으로 표상한다면 그는 그것을 예감하는 것이며 따라서 예감하는 능력, 즉 **넓은 의미의 예감 능력**을 지니고 있는 것이다. 이런 유의 예감을 통해 작동되는 지각은 **넓은 의미의 예감적 지각**이며 감성적이거나 아니면 오성적이다. 더 엄밀한 의미의 예감적 지각이나 예감은 오로지 감성적이다. 감성적인 예감적 지각은 예언적[24] 미학의 대상이다.(『미학』 §36)

§616 뚜렷하게 드러나는 예감의 하비투스는 **예지적**(divina-trix) **능력**이다. 본성적 혹은 생득적이거나, 아니면 습득되었거나 불어넣어진 것이다. 마지막 경우는 **예언의 은사**(恩賜; donum propheticum)다. 예지적 능력으로부터 나오는 미래에 대한 예감이 **예지**다. 이것이 예언의 은사로부터 나오는 경우에는 **신탁**(예언)이다.(『미학』 §36)

§619   기표는 기의와 함께 하나의 표상 안에 담겨져 있다. 그러므로 나는 기표를 기의와 함께 표상하면서 결합시키는 능력을 지니고 있는데, 그것은 **기호적 능력**(facultas characteristica; 파쿨타스 카락테리스티카)[25]이라 불릴 수 있다. 이 세계 안에는 기호를 통한 의미작용의 연관관계가 존재하기 때문에 기호적 지각의 능력은 우주를 표상하는 영혼의 힘을 통해서 작동된다. 기호를 통한 의미작용의 연관관계는 때로는 판명하게, 때로는 판명하지 않게 인식된다. 따라서 기호적 능력은 감성적 아니면 오성적이다.(『미학』§20, §37)

§620   기표와 기의가 지각 행위를 통하여 결합될 때 기표의 지각이 기의의 지각보다 더 크면 이러한 인식은 **상징적**이라 불린다. 반면 기의의 표상이 기표의 표상보다 더 크면 그러한 인식은 **직관적이다(직관)**. 두 가지 인식의 경우 모두에 적용되는 기호적 능력의 법칙은 다음과 같다. *함께 결합되는 지각들 중 하나는 다른 지각의 실존에 대해 알 수 있게 해주는 수단이 된다.*(『미학』§37)

§624   나의 영혼은 어떤 것은 판명하게 인식한다. 무언가를 판명하게 인식하는 능력은 상위의 인식 능력(정신), 오성이며 내게 적합한 것이다.(『미학』§38, §74)

§634　판명함은 사태나 사태가 지닌 특징의 명석함이기에 특징의 수와 명석함은 내포적으로 뿐만 아니라 외연적으로도 증대될 수 있다. **외연적으로 더욱 판명한 지각**은 다른 판명한 지각들보다 더욱 많고 더욱 생생한 특징들을 지닌다. 다른 판명한 지각들보다 내포적으로 더욱 명석한 특징들을 포함하는 지각은 더 **순수한** (내포적으로 더 판명한) 것이다.(『미학』§617)

§637　가장 보잘것없는 오성은 어떤 하나의 가장 보잘것없는 대상에서 가장 불명확하며 가장 약한 특징들만을 그것들에 인접해 있는 이전의 상이한 지각들 중에서 구분해낼 것이다. 그러므로 오성이 더 많고 더 큰 대상들에 대해 더 많고 더 명확한 특징들을 그것들에 인접해 있는 이전의 상이한 지각들 중에서 구분해낸다면, 그 오성은 그만큼 더 큰 것이다. 내포적으로 판명한 특징들을 구성해내는 오성의 완전함은 오성의 **심오함**이며, 그보다 더 큰 심오함은 오성의 **순수함**이다. 외연적으로 판명한 특징들을 구성해내는 오성의 완전함은 **오성의 아름다움**이다.(『미학』§38, §41, §617, §844)

§638　어떤 대상에 대한 나의 주의력이 감소하는데, 인접해 있는 다른 많은 이질적인 지각에 대해서는 주목하게 된다면, 나는 정신이 **산만한** 것이다. 따라서 산만함을 통해서 감각들 자체도

모호해지며, 어떤 대상에 대한 나의 주의력도 산만함에 의해 방해를 받는다. 산만해진 인간의 영혼을 다른 많은 이질적인 지각들로부터 떼어놓으면 어떤 대상에 대한 주의력이 증가하게 되는데, 이것이 정신 집중의 상태. 따라서 정신 집중의 상태, 즉 다른 지각들로부터 벗어난 상태는 정신이 산만해지지 못하게 하는 방해물이다. 방해물의 방해물은 어떤 목표에 이르는 수단이다. 따라서 정신 집중의 상태, 즉 다른 지각들로부터 벗어난 상태는 주의력을 증진시킨다. 주의력은 다른 지각들로부터 더 잘 벗어나게 해주며 따라서 정신 집중의 상태도 증진시킨다.(『미학』§84)

§639 오성을 통하여 판명한 지각들을 이뤄내는 사람들은 제대로 오성을 사용하는 것이다. 오성을 사용하는 하비투스는 **오성적 관습**이라 불린다. 이것은 내 안에서 획득된 하비투스다. 말을 할 수 있기 위해 필요한 만큼 자신의 오성을 사용하는 법을 아직 제대로 습득하지 못한 사람은 어린아이다. 공동체의 삶을 위해 중요한 일들을 처리하기 위해 보통의 경우 필요한 만큼 자신의 오성을 사용하는 법을 아직 습득하지 못한 사람은 **본성적으로 미성년자**다. 반면 공동체의 삶을 위해 중요한 일들을 처리하기 위해 필요한 만큼 자신의 오성을 사용하는 법을 습득한 사람이 **본성적으로 어른**이다. 대부분의 동년배보다 현저하게 오성의 사용이 적은 사람은 **나쁜 의미로** 단순하다. 그 나이 때라면 당연하게 관

찰되는 것이 상례인 오성의 사용이 전혀 혹은 거의 관찰되지 않는 이들은 **정신적으로 무언가에 사로잡힌**, 그러니까 미친 사람들이다.(『미학』§40)

§640　나는 어떤 것들의 연관관계는 혼연하게, 다른 것들의 연관관계는 판명하게 지각한다. 그러므로 나는 사태들의 연관관계를 정확하게 통찰하는 오성, 즉 **이성**을 소유하고 있다. 나는 또 사태들의 연관관계를 더 혼연하게 인식하는 능력도 소유하고 있다. 여기에는 1) 사태들의 동일성을 인식하는 낮은 단계의 인식 능력이 속하며, 감성적인 능력과 관계가 있다. 2) 사태들의 다양성을 인식하는 낮은 단계의 인식 능력도 여기에 속하며, 이것은 감성적으로 예리한 관찰력과 관계가 있다. 3) 감성적 기억력, 4) 무언가를 지어내는 능력도 여기에 속한다. 5) 판정 능력도 여기에 속하며, 이것은 감성적 판단과 감각들에 대한 판단과 관계가 있다. 6) 비슷한 경우들에 대한 예측 능력, 7) 기호적인 감성적 능력도 여기에 속한다. 이 모든 능력은 사태들의 연관관계를 표상한다는 점에서 이성과 유사하다. 따라서 이것들은 어떤 연관관계를 혼연하게 표상하는 영혼의 능력들의 복합체인 **유비적 이성**을 이룬다.(『미학』§74, §437)

§641　사태들 사이의 동일성과 차이를 판명하게 꿰뚫어 보는,

따라서 오성적인 예리함을 지닌 재능, 오성적 기억 능력 혹은 개성(personalitas)[26], 오성적 판단을 담당하는, 판명하게 판정하는 능력, 오성적 예견 혹은 선견(미리 들여다봄), 기호적인[27] 오성적 능력이 이성이다.(『미학』 §35)

§645 　가장 작은 이성은 오직 하나의 사물에 관한 가장 작은 관계를 파악하는 가장 작은 오성일 것이다. 따라서 오성이 클수록, 더 크고 더 다양한 관계를 파악할수록 이성도 그만큼 더 크다. 사태들의 더 큰 관계를 파악하는 하비투스는 **확고한 이성**이며, 다양한 사태들의 관계를 파악하는 하비투스는 **통찰력 있는 이성**이다. 그러므로 이성도 더 순수하거나 더 순수하지 않다.(『미학』 §844)

§649 　서로 일정한 비율로 관계를 맺고 있는 어떤 인식 능력들은 다른 대상들보다 어떤 특정한 종류의 대상들을 인식하는 데 더 적합하다. 따라서 다른 대상들보다 어떤 특정한 종류의 대상들을 인식하는 데 적합한 넓은 의미의 재능은 그러한 특정한 종류의 대상들로부터 그 명칭을 부여받는다. 그러므로 **경험적, 역사적, 시적, 예언적, 비판적, 철학적, 수학적, 역학적, 음악적** 재능이 무엇인지는 분명히 알 수 있다. 온갖 종류의 인식 대상에 다른 많은 능력보다 눈에 띌 정도로 더 적합한 넓은 의미의 **재능**은 **보편적이**

며, 대다수의 인식 능력의 정도에 있어서 다른 많은 재능을 훨씬 능가하는 경우에는 **우월한** 재능이라 불린다.(『미학』§41, §42)

§650　습관은 어떤 행위들을 할 때 정신을 집중할 필요성을 감소시키는 하비투스다. 이미 획득된 모든 이론적 하비투스는 넓은 의미의 재능을 변화시킨다. 그러므로 훈련이나 습관 들임을 통해서 많은 것을 바꿀 수 있으며 넓은 의미의 재능도 더 자주 변화시킬 수 있다. 그것을 일깨울 수도 있지만 반대로 마비시킬 수도 있다. 그러므로 재능을 갖춘 사람이 어떻게 판단력이 뛰어난 사람이 될 수 있고, 시인의 재능이 어떻게 철학적 능력이 될 수 있는지 등에 대해 우리는 분명하게 알 수 있다.(『미학』§48)

§662　현상의 완전함 혹은 넓은 의미의 취미 능력에 의해 관찰될 수 있는 완전함이 **아름다움**이다. 현상의 불완전함 혹은 넓은 의미의 취미 능력에 의해 관찰될 수 있는 불완전함이 **추함**이다. 그러므로 아름다운 것은 그 자체로 바라보는 이를 즐겁게 하며, 추한 것은 그 자체로 바라보는 이에게 불쾌감을 준다. 직관이 변화하면 기쁨이나 혐오감도 변화한다. 나의 모든 직관 자체가 이미 변화 가능하다. 그러므로 나의 모든 기쁨, 나의 모든 슬픔은 그 자체로 변화 가능하다. 그런데 대부분의 것보다 변하기가 어려운 (지속적인) **기쁨**이나 **슬픔**을 사람들은 **한결같은** 것이라 말하

며, 한결같은 것보다 쉽게 변할 수 있는 **기쁨**이나 **슬픔**은 일시적인 (짧은, 흘러가는) 것이라 부른다.(『미학』§14, §18)

§665 　욕구 능력에 적용되는 법칙은 다음과 같다. *나는 내 노력을 통해서 생겨나리라 예견할 수 있는 즐거움을 만들어내려고 시도한다. 또 나는 불쾌감을 자아내지만 내 노력을 통해서 막을 수 있다고 생각되는 것과는 반대의 것을 얻으려 노력한다.* 그러므로 나는 수많은 좋은 것과 나쁜 것을 그것들이 제공하게 될 좋음을 근거로 해서 원할 수 있다. 반면 수많은 나쁜 것과 좋은 것을 그것들이 제공하게 될 나쁨을 근거로 해서 싫어할 수 있다.(『미학』§36, §45)

§666 　내가 탐낼 수 없는 많은 좋은 것이 있다. 1) 내가 모르는 것, 2) 내게 아무런 흥미도 느끼게 하지 못하는 것, 3) 오류를 통하여 불쾌감을 느끼게 하는 것, 4) 즐거움을 느끼게는 하지만 전혀 예견할 수 없는 것, 5) 예견할 수는 있지만 나의 어떤 노력으로도 전혀 예감할[28] 수 없는 것. 또 내가 싫어할 수 없는 많은 나쁜 것이 있다. 1) 내가 모르는 것, 2) 내게 아무런 흥미도 느끼게 하지 못하는 것, 3) 오류를 통하여 즐거움을 느끼게 해주는 것, 4) 불쾌감을 느끼게는 하지만 전혀 예견할 수 없는 것, 5) 예견할 수는 있지만 나의 어떤 노력으로도 막을 수 있으리라 전혀 예감할 수 없

는 것.(『미학』§49)

§669   무언가를 열망하거나 혐오하는 사람은 어떤 지각을 만들어내고자 한다. 이런 까닭에 그런 종류의 의도가 생겨나는 근거를 자신 안에 지니고 있는 지각들은 열망이나 혐오의 충동적원인이다. 그래서 이것들은 **영혼의 원동력**이라 불린다. 영혼의 원동력을 지니는 한, **인식**은 (어떤 감정에 사로잡히게 하거나, 감동시키거나, 열망케 하거나, 실제 효과를 낳거나, 실천케 한다는 의미로) **충동적**이다. 그렇게 하지 못하는 한, 인식은 (이론적이며 더 넓은 의미로는 죽어 있다는 뜻으로) **무기력**하다. 게다가 인식의 무기력함이 아주 완벽하다면 그것은 (사변적이며, 헛되고 무익하다는 의미로) **사변**이라 불린다. 따라서 상징적 인식은 그 자체로는 현저하게 무기력하다. 오직 직관적 인식만이 충동적이다. 그러므로 완전히 무심한 상태에서는 지각 전체가 무기력하지만, 순수한 쾌락의 상태나 순전한 혐오의 상태, 혹은 둘 중 하나가 지배적인 경우에는 지각 전체가 충동적이다. 무언가를 움직이는 힘을지닌 인식은—다른 모든 조건이 같다면—무기력한 힘보다는 더크며 따라서 사변보다도 더 크다. 그러므로 어떤 인식은 그것이 더 거대하고 더 고상하고 더 참되고 더 명석한 만큼 더 생생하거나 더 판명하며, 더 견고하고 더 열렬할수록 그만큼 더 크다.(『미학』§22, §23)

§684 명예로부터 얻는 기쁨은 **영광스러움**의 감정이다. 다른 이의 불완전함에서 얻는 기쁨은 악의의 감정이다. 다른 사람의 수치스러움에서 즐거움을 얻는 악의는 **경멸**의 감정이다. 어떤 이의 완전함으로부터 얻는 기쁨은 **사랑**의 감정이다. 선행을 베푼 사람에 대한 사랑은 **감사**의 마음이다(고마움을 아는 영혼). 불행한 사람에 대한 사랑은 **동정심**이며, 상대적으로 완전한 사람에 대한 사랑은 **호의**고, 상대적으로 열등한 사람에 대한 사랑은 **자비**이며, 자비로운 사람에게 전혀 유익하지 않은 사람에 대한 사랑은 **관대함**이다.(『미학』§90)

§697 무언가에 대해 **심사숙고**하는 사람이 수학적 인식을 추구하는 한, 그는 그것이 가져다주는 **손익**을 어림잡아보게 (계산해보게) 된다. 얼마나 많은 유익과 손해를 기대할 수 있는지를 양방향에서 고려하면서 그 **동인들을 헤아려보고** 그 무게를 달아보는 것이다. 그렇게 되면 그는 얼마나 많은 유익과 얼마나 많은 손해를 기대할 수 있는가를 판단하고 무엇이 더 좋은지를 검토해보고는, 하나를 다른 하나보다 더 **선호**하게 된다. 이렇게 선호의 대상을 결정하게 되면 그것을 **선택**할 것이다. 그가 자신의 힘들이 무언가를 **실현**하기에 충분한지, 그리고 얼마만큼 그러한지를 체험하기 위해서 선호된 대상을 실제로 택하기로 결정한다면 그는 그것을 **실험**하는 것이다. 만일 그 크기를 가늠해보는 이에게 얼핏

보기에는 더 큰 것으로 보이는 개별적 동인을 자신이 알고 있는 모든 개별적 동인의 크기가 지니는 여러 단계 각각만큼이나 미약한 것으로 여기고 그런 개별적 동인들을 서로 비교해본다면, 그는 그 개별적인 동인을 모두 헤아려보는 것이다.(『미학』§61)

§698　영혼의 활력이 뚜렷하게 결여된 사람은 **게으르며**, 영혼의 활력을 뚜렷하게 갖춘 사람은 **활동적이다**. 보통의 경우 그 안에 기쁨이 넘치는 사람은 언제나 **쾌활하며**, 그 안에 권태가 넘치는 사람은 언제나 **음울하다**. 마음의 추가 반대로 넘어가기 쉬운 사람은 **유연하며**, 그렇게 하기가 쉽지 않으면 **굳건한 사람**이다.(『미학』§48)

§723　자유에 더 밀접하게 연결되어 있는 것은 **넓은 의미로 도덕적**이다. 따라서 **자유로운 결정**은 도덕적 결정이며 자유로운 행위에 있어서의 **하비투스**는 도덕적 하비투스다. **도덕법칙**은 도덕적 결정의 법칙이다. 이러한 것들을 가르치는 철학과 신학은 도덕적이며, 그것들의 결과로 나타나는 **상태**는 도덕적인 상태. 따라서 **도덕적으로 가능한 것**은 1) 넓은 의미로는 오직 자유를 통해서만 행해질 수 있는 것이거나, 자유로운 실체 그 자체 안에서만 행해질 수 있는 것이다. 2) 엄밀한 혹은 **허용될 수 있는** 의미에서는 도덕법칙들에 일치하도록 내려진 자유로운 결정을 통해서만 행해

질 수 있는 것이다. **도덕적으로 불가능한 것**은 1) 넓은 의미로는 자유로운 실체 안에서 오직 자유만을 근거로 해서는 행해질 수 없는 것이며, 2) **엄밀한 혹은 허용될 수 없는** 의미에서는 도덕법칙들에 일치하도록 규정되어야 하는 자유를 통해서는 불가능한 것이다. **도덕적으로 필연적인 것의 반대** 또한 도덕적으로 불가능한 것이다. 그러므로 1) 넓은 의미에서는 그 반대가 오직 자유를 통해서만 불가능하거나 어떤 실체가 자유로운 한에서만 불가능한 것이다. 2) 엄밀한 의미로는 그 반대가 허용될 수 없는 것이다. 도덕적으로 필연적인 것은 **의무**다. 하기 싫은데도 마지못해 따라야 하는 의무는 **도덕적 강제**다.(『미학』§433, §435)

§730   내가 자유롭게 무언가를 하고 싶어 하거나 하고 싶어 하지 않는 것은 나의 영혼에 의해 야기된 행위다. 반면 다른 능력들의 자유로운 행동들은 사실은 **명령을 받아** 수행되는 **행위**이며, 그것들이 자유로운 영혼에 좌우되는 한에서는 그것들에 대한 **지배력**은 자유로운 영혼의 것으로 돌려진다. 그러므로 **자기 자신에 대한 영혼의 지배력**은 선호도가 뚜렷하게 달라짐에 따라 어떨 때는 이 능력, 다른 때는 저 능력의 행동을 자아내거나, 어떨 때는 그것과는 반대의 행동을 자아내는 능력이다. 그러므로 자유가 더 클수록 그만큼 더 자유로운 영혼의 자기 자신에 대한 지배력도 크다. 자기 자신에 대한 지배력의 현저한 결여는 **넓은 의미의 도덕**

적 노예상태다. 자기 자신에 대한 지배권을 강화하는 데 유익한 것은 자유로우며, 도덕적 노예상태를 증진시키는 것은 노예적이다.(『미학』§38)

§732　어떤 주체 안에서 욕구 능력들이 서로 맺고 있는 확정된 비례관계가 그 주체의 성품이다. 이것이 하비투스에 따라 상위의 능력들에 지배당할 경우는 고상한 것이라고 불리며, 하비투스에 따라 낮은 단계의 능력들에 지배당할 때에는 비천한 것이라고 불린다. 그중 가장 강한 것은 지배적인 정념[29]이라고 불린다. 이것들이 맺는 비례관계가 바람직하거나 아니면 피해야 할 종류로 쉽게 변할 수 있기에 다양한 종류의 영혼의 기질이 생겨나는 것이다. 그러므로 인간 영혼의 기질 중에서 많은 것이 훈련이나 습관화를 통해서 더 자주 변할 수 있다.(『미학』§44, §51)

§876　신은 이 세계와는 다른 세계에 존재하는 현실적인 존재자들의 모든 규정을 알고 있다. 이러한 지식은 중간적 지식(scientia media)[30]이다. 이 세계에서 일어나는 어떤 사건에 대해서든 그와는 다른 사건이 존재할 수 있을 것이다. 그런데 어떤 것에든 뒤이어 나타날 세계의 모든 상태마다 부분적으로 서로 다른 무한대로 많은 결과가 생겨날 수 있을 것이다. 그러므로 만일 이 세계에서 일어난 어떤 하나의 사건만이 아니라 다른 사건이 실제로

존재했었다고 가정해보자. 그랬다면 이 세계는 그 사건에 뒤이어 나타나는 모든 상태마다, 심지어 이전의 모든 상태에 있어서도 지금과는 부분적으로 다른 모습을 가졌을 것이다. 그러므로 신은 중간적 지식을 통해 모든 사건과 그 사건의 모든 결과 대신 이 세계 안에서 존재할 수 있었던 모든 것에 대해서 알고 있다.(『미학』§441)

『철학적 윤리학』 참조 구절

§252   당신이 스스로에게 이승의 삶을 추구할 의무를 지우는 만큼 그 반대인 죽음을 피하는 일도 계속 행해야 할 것이다. 죽음은 마치 한 집에서 다른 집으로 넘어가는 것과 같다. 현명한 사람은 죽음을 접하면서 전적으로 무관심하지도, 그렇다고 전적으로 평정한 상태에 머무르지도 않는다. 그럼에도 그는 매우 안락한 집에 대해 기뻐할 때도 지나치게 좋아하지 않고, 자신이 더 좋은 상태가 될 것이 확실한 경우에도 지나치게 놀라워하지 않는다. 죽음이 당신 방의 문을 두드릴 때까지 그렇게 죽음을 기다리라. 그 사이에는 할 수 있는 한 죽음을 피하라. 당신이 자신의 죽음의 원인 제공자가 되는 행위인 자살도 피하라. 당신이 제대로 관찰하기가 어려운 관계 속에서라면 품위 있는 죽음이라도 투박한 죽음과 마찬가지로 피하라. 갑작스러운 죽음과 마찬가지로 서서히 다가오는 죽음도 피하라. 스스로의 과오로 자초한 죽음과

마찬가지로 다른 사람에게 속아서 맞게 되는 죽음도 피하라. 언제나 죽음에 대비하라. 그러면서 적어도 아직 이승의 삶의 목적이 다 이뤄지지 않았으면 할 수 있는 한 **때 이른 죽음**을 피하기를 간절히 바라라. 죽어야 할 때는 그동안 살아온 **삶에 만족하며** 당신에게 더 이상 이승의 삶이 필요하지 않다고 확신하면서 죽을 수 있도록 노력하라.(『미학』§427)

§254   **섭생**은 건강한 삶에 어울리도록 살아가는 방식 혹은 습관이다. 그 규칙을 망라한 기술이 **섭생법**이다. 건강을 유지하거나 증진시킬 행동방식을 선택하고 그것을 방해하는 것은 피하는 사람은 건강한 삶에 어울리게 살아가고 있는 것이다. 각자에게 맞는 섭생을 알아낼 수 있으려면, 사변적인 것이 아니라 살아 있는 섭생법, 특히 건강한 1) 정신, 2) 음식, 3) 얼굴빛, 4) 운동, 5) 성장을 권고하는 섭생법을 발견하도록 힘쓰라. 여기서 건강한 정신은 무엇보다도 건강에 가장 이로운 영혼의 상태로서, "술에 취하지 않고 근심걱정에서 벗어난 정신"[1]이다. 섭생법에 대한 근심걱정은 섭생에 관한 으뜸가는 규칙들 자체에 반대되는 것이다. 이런 근심걱정에는 다음과 같은 것이 있다. 1) 병에 걸렸다고 상상하는 사람의 고통. 아마도 머릿속에서가 아니라면 이것은 전혀 병이 아니다. 신기하게도 상상을 통하여 병의 증상으로 보이는 감각이 덧붙여지는 경우라 할지라도 부분적으로도 병이 아니다. 2) 건강에

도움이 되도록 계산하고 무게를 달아보는 법을 안절부절못하며 열심히 모으는 이들이 제시하는, 언제나 아주 지엽적이고 그전에는 들어본 적도 없는 섭생 규칙. 3) 병에 걸릴지도 모른다고 추측하면서 이미 침대에 누워 움직이지 못하는 사람의 공포심. 병의 고통을 겪어본 신체에 대한 근심걱정은 이것들, 특히 곧 사라져버릴 어떤 걱정들보다는 낫다.(『미학』 §82)

§267 인간의 영혼이나 신체, [둘을 합쳐놓은] 온전한 인간이 실존하는 동안 물리적으로든[2] 도덕적으로든 모든 행동을 멈출 수는 없다. 그러므로 아무것도 생각하지 않고 아무것도 노력하지 않으면서 행복을 얻으려고 노력하라는 것은 거짓된 윤리적 가르침이다. 따라서 전적인 무관심은 도덕적으로 이치에 맞지 않는다는 사실이 다시금 분명해진다. 하지만 [이렇듯] 언제나 행동하는 인간이라도 무언가에 종사하는 것은 자신이 의식하는 목표에 맞춰 행동할 때뿐이다. 그러므로 어떤 인간이 하는 일은 생각하는 사람 자신에 의해 어떤 특정한 목표를 향해 이뤄지는 행동이다. 어떤 일에 종사하고 있지 않은 사람은 **휴식하고 있는 것**이며, **휴식**은 어디엔가 종사하고 있지 않은 인간의 상태다. 인간이 종사하는 어떤 일들은 평범한데 다른 일들은 비범하고, 어떤 일들은 불쾌한데 다른 일들은 유쾌할 수 있다. 특정한 평범한 일에 종사하도록 되어 있는 인간의 상태는 일상적인 삶의 방식이다. 평범하

면서 불쾌한 것들은 **번잡한** 일이다. 번잡한 일은 아니지만 무엇엔가 종사하고 있는 인간의 상태도 휴식이라 부르기는 하지만, **상대적인 휴식**이라 부른다.(『미학』§84)

§336   본성이 기술을 통해 잘못 보완되는 경우, [그때 사용된] **기호들은 인위적으로 고안[되어 강요]된 것들**이다. 따라서 인위적인 기호가 추구되는 것은 다음과 같은 경우다. 1) 본성적인 기호들로도 [원래] 목적을 달성하기에 충분한데도 [인위적인] 기술을 통해 채택된 기호들이 덧붙여지는 경우, 2) 기술의 규칙들이 잘못된 경우, 3) 기술의 규칙들은 훌륭한데 잘못 적용된 경우. 인위적인 기호에 반대되는 **본성적 기호**는 원래 본성적인 것이거나 아니면 인위적인 것이면서도 본성적인 것들을 잘 보완해주는 것이다. 이렇듯 본성적 기호들 안에는 1)본성적인 것들로 충분한 경우 어떠한 인위적인 것도 존재하지 않는다. 2)그것들로 충분하지 않은 경우에는 기술이 덧붙여지는데, 오직 더 나은 규칙들이나 3) 더 잘 적용된 규칙들을 지닌 기술만이 덧붙여진다. (『미학』§110)

§339   정직함은 당신에게서 다른 사람에 대한 성의와 진실성을 요구한다. **솔직한 사람**은 자신의 마음을 다른 사람들에게 알리는 하비투스를 갖추고 있다. 진실한 사람은—그가 지혜로운 사람이라면—솔직함에 있어서도 절도가 있다. 반면에 절도가 없

이 솔직한 사람은 틈이 많은 사람이다. 자신의 마음을 다른 사람들에게 알리지 않거나 감추는 하비투스를 갖추고 있는 사람은 유보적인 혹은 숨기는 게 있는 사람이다. 이런 사람은 그러한 자신의 단점으로 인해 과오를 범한다. (『미학』 §435)

§403　[인간의] 정신은 자신의 하비투스들을 갈고닦는 노력, 그러니까 훈련을 통해서 교정된다. 훈련을 통해서 갈고닦지 않은 정신은 조야하며, 훈련을 통해 연마된 정신은 고상하다. 따라서 본성적으로는 활력이 넘치며 아주 탁월하게 이성적인 데다가 보편적이고 우월하기까지 한 정신이 그럼에도 불구하고 조야할 수 있고, 본성적으로는 굼뜬 정신이 그럼에도 불구하고 고상할 수 있다.(『미학』 §50, §51, §53)

§405　정신이 조야한 사람은 아마도 어떤 직책이 없이는 교양으로 잘 다듬어진 사람이 될 수 없을 것이다. 그러나 배움으로써 재능을 갈고닦지 않는 사람이나 태생으로 인해 교양으로 자신을 잘 다듬을 의무가 없는 사람도 다듬어지지 않은 사람이 될 수 있다. 그러므로 교양으로 잘 다듬어지지 않은 사람이라고 모두 정신이 조야하지는 않다. 첫 번째 의미로도 전혀 아니지만 두 번째 의미로는 더더욱 아니다.[3] 교양으로 잘 다듬어지지 않은 사람이 매우 세련되고 매우 활기 넘치는, 합리적이고 우월한 정신의 소유

자일 수 있다. 반면 교양으로 잘 다듬어진 사람도 매우 굼뜨고 빈약한 정신의 소유자일 수 있다.(『미학』§53)

§489   다른 사람들의 관심을 받지 못하는 경우 당신은 존경을 받거나 멸시를 당하는 경우보다는 "기쁨도 슬픔도 덜 느낄 것이다".⁴ 그렇기 때문에 그런 상태에서는 최고의 선을 추구할 수도 없다. 그런 처지에 있는 사람이 존경받지 못한다고 고통을 느낀다면 그는 자신이 멸시당하는 처지에 있지도 않다는 사실에 대해 생각해야 할 것이다. [물론] 아무런 관심도 받지 못하는 상태에서 벗어나 있지 않으면 멸시도 거의 받지 못한다. 이런 밑바닥 상태에서 벗어나 자신의 위치를 격상시킬 적당한 길이 보이는 사람은 사소한 명예를 추구해서는 안 된다. 그러면 그는 고상한 사람이 되어 위대한 것을 추구할 능력을 갖게 될 것이다. 또 그는 자신의 목적을 달성하기 위해 스스로 고안해 낸 방책들을 가장 적절한 순간에서야 드러내 사용함으로써 "연기로부터 빛을 만들어낼"⁵ 생각을 해야 할 것이다.(『미학』§189)

해제

'근대 미학'의 탄생

1. 바움가르텐의 생애

알렉산더 고틀리프 바움가르텐은 1714년 6월 17일 독일 베를린에서 군종목사의 일곱 아들 중 다섯째로 태어났다. 어린 시절 신학자였던 그의 형 지그문트 야콥 바움가르텐(Siegmund Jakob Baumgarten)에게 라틴어와 철학을 배웠다. 지그문트는 1723년 할레 대학에서 쫓겨난 크리스티안 볼프를 추종하였고, 알렉산더도 자연스럽게 그 영향을 받았다. 이것이 라이프니츠-볼프 철학이 나중에 그의 철학 및 미학 사상에 깊은 영향을 끼치게 된 이유다. 1730년 할레 대학에 진학하여 철학, 신학, 문헌학을 공부한 그는 1735년『시와 관련된 몇 가지 문제들에 관한 철학적 성찰』(이하『성찰』)이라는 제목의 석사논문을 썼다. 바로 이 논문에서 처음으로 미학이라는 명칭이 등장한다.

이후 할레 대학에서 철학, 신학 등을 가르쳤으며, 1739년에『미학』과 함께 그의 가장 중요한 저작으로 알려진『형이상학』을 출간하였다. 이 책은 이후 칸트가 수업 교재로 사용했을 정도로 후대 학자들에게 많은 영향을 미쳤다. 프로이센 왕립 아카데미에서 출간한『칸트 전집』제15권에는 바움가르텐의『형이상학』중 경험적 심리학(Psychologia Empirica; §504~699) 부분이, 제17권과 제18권에는『형이상학』나머지 부분이 라틴어 원문과 그에 덧붙여진 칸트의 해설 및 난외주와 함께 수록되어 있다.

우리의 관심 대상인 미학과 관련하여『형이상학』은 아주 중요한 텍스트다.『성찰』에서 가능성으로 제시된 미학이라는 학문의 이론적 토대가 이 책을 통해 제시되기 때문이다. 실제로 바움가르텐은『미학』에서 자신의 주장을 뒷받침하기 위해『형이상학』의 많은 구절을 참조 항목으로 제시하고 있다. 1740년에 출간된『철학적 윤리학』역시 마찬가지이다.

1740년 바움가르텐은 프랑크푸르트안데어오데르 시에 위치한 비아드리나 대학 교수로 취임하게 되었다. 1742년 겨울학기에는『성찰』에서 제시했던 원리를 근거로 처음 미학 강의를 시작하였고, 1750년 드디어『미학』제1권을 출간한다.

이후에도 여러 철학 저술을 썼으며, 1758년에는『미학』제2권을 내놓았다. 지병이었던 폐질환이 악화되면서 1762년 5월 27일 세상을 떠났다.

2. 라이프니츠-볼프 학파와의 관계

라이프니츠의 제자였던 크리스티안 볼프는 라이프니츠 철학을 전파하는 데 결정적으로 공헌하였다. 특히 그는 바움가르텐이 공부하고 나중에는 교수로 취임하기도 했던 할레 대학에서 교수 생활을 한 적이 있었다. 이단이라는 죄목으로 교수직에서 쫓겨나기는 했지만 그가 남긴 사상적 영향은 할레 대학 곳곳에 남아 있었다. 신학자였던 바움가르텐의 형도 볼프의 사상에 영향을 받은 이들 중 하나였다. 바움가르텐이 라이프니츠와 볼프의 사상에 매료되고 그것을 열심히 연구한 것은 어찌 보면 당연한 결과라 할 수 있다. 거기에는 볼프주의자였던 게오르크 베른하르트 빌핑어와 요한 페터 로이슈에게서 받은 영향도 한몫했다. 바움가르텐은 『미학』 서문에서 빌핑어의 책을 언급하며 그에게 감사를 표했고, 1761년 저술인 『논리학 강의』(*Acroasis Logica*)에서는 볼프에게서 받은 영향에 대해 직접 언급하고 있기도 하다. 따라서 『미학』 전반에 걸쳐 라이프니츠-볼프 학파의 사상적 영향력을 발견하기란 그리 어려운 일이 아니다.

잘 알려져 있듯 라이프니츠는 데카르트, 스피노자와 함께 합리론 철학의 대표적 이론가 중 한 사람이다. 영국을 중심으로 발전한 경험론을 대변했던 베이컨, 홉스, 로크, 흄 등은 지식의 궁극적 원천이 감각적 경험이라고 믿었다. 이와는 반대로 합리론자는 이성적 추론에 근거한 지식만이 확실한 것이라고 주장하였다. 그러한 지식은 오직 선천적으로 부여받은 이념과 그것을 근거로 이성적 추론에 의해 얻게 되는 결론으로 이루어진다. 합리론 철학의 창시자라 불리는 데카르트는 모든 것을 의심해보고 아무리 의심해도 의심할 수 없는 사실을 발견하게 되면 거기서부터 출발하여 흔들림 없는 굳건한 지식의 체계를 쌓아나가라고 제안하였다. 방법론적 회의라고 명명한 이러한 의심을 통해서 발견된, 아무리 의심해도 결코 의심할 수 없는 대상은 바로 사유하는 주체(res cogitans; 레스 코기탄스)였다.

이 주체 안에서 발견되는 지식들 중에서 명석하면서 동시에 판명한 것만을 진리의 체계를 세우는 데 사용하면 된다는 것이 그의 주장이었다. 그가 『철학의 원리들』(Principia Philosophiae)에서 "확실하고 의심의 여지가 없는 판단"을 위해 요구되는 지각(perceptio; 페르켑티오)은 명석할 뿐만 아니라 판명해야 한다고 말한 이유다. 같은 책에서 그는 명석함과 판명함을 다음과 같이

244

정의한다. "나는 집중하고 있는 상태의 정신 앞에 분명하게 드러나 있는 관념을 명석하다고(clara; 클라라) 지칭하며, […] 명석하면서 동시에 다른 모든 관념으로부터 분리되어 있고 자신 안에 명석한 것 이외에는 아무것도 포함하지 않을 정도로 정확한 관념을 판명하다고(distincta; 디스팅타) 지칭한다."[1] 명석하지도 못한 지각은 모호한(obscura; 옵스쿠라) 것이라고 불렀다. 따라서 어떤 대상에 대해 지각하기는 했지만 그것이 무엇인지가 분명하지 않은, 가장 불명확한 경우는 모호한 지각이다. 어떤 대상인지가 분명하게 드러나 있는 지각은 명석한 지각, 그중에서 지각을 이루는 구성요소 각각 또한 명석한 경우는 판명한 지각이다.

라이프니츠도 데카르트와 비슷한 입장이었지만 이 용어들을 좀 더 명확하게 정의하는 동시에 더 상세하게 분류한다. 그에 따르면 우리의 인식은 모호하거나 명석하며, 명석한 인식은 혼연한(confusa; 콘푸사) 것과 판명한 것으로 나뉜다. 여기까지는 데카르트의 구분과 동일하지만 그는 판명한 인식을 다시금 정밀한(adaequata; 아다이콰타) 것과 정밀하지 않은(inadaequata; 인아다이콰타) 것으로 구분한 다음, 정밀한 인식을 또다시 상징적인(symbolica; 심볼리카) 것과 직관적인(intuitiva; 인투이티바) 것으로 나눈다. 정밀하면서 동시에 직관적인 지식이 가장 완전한 인식이다.[2] 모호한 인식은 "표상되는 사태를 식별하기에 충분하지 않은 것"이다. 반면 표상되는 사태를 식별하기에 충분한 경우는 명석한 인식이다. 명석한 인식 중 혼연한 것은 그것을 구성하는 개별 요소들이 서로 구분되기에 충분할 정도로 분리되어 열거될 수 없는 경우에 해당된다. 색채나 냄새, 미각 등 개별적 감각의 대상들의 경우가 이에 해당한다. 이런 대상들을 우리는 명석하게 식별하며 어떤 하나를 다른 것들로부터 구분해낼 수 있다. 하지만 그저 감각적인 증거를 통해서 그렇게 할 수 있을 뿐, 그 특징을 분명하게 열거하면서 설명할 수는 없다. 그런데 매우 흥미롭게도 라이프니츠는 미학의 문제와 관련하여 혼연한 인식에 대해 다음과 같은 주장을 펴고 있다.

"우리는 눈이 먼 사람에게 빨강이 어떤 색인지 설명할 수 없다. 다른 이에게 실제로 앞에 존재하는 [내가 보거나 냄새 맡거나 맛본 것과] 동일한 사물을 보거나 냄새 맡거나 맛보게 해주거나 적어도 그가 과거에 경험했던 어떤 유사한 지각을 생각나게 해주지 않는다면, 그에게 이런 성질을 가진 것이 무엇인지 말해줄 수도 없다. 관념은 이런 특징들로 이루어진 복합적인 것이며 거기에는 각각의 원인이 있기 때문에 [그에 따라] 해명될 수 있음이 분명한데도 말이다. 이와 비슷하게 우리는 때때로 화가나 다른 예술가 들이 어떤 것은 잘된 것이고 어떤 것은 잘못된 것인지는 매우 잘 인식하지만 자신이 그렇게 판단하는 근거는 제시하지 못한다는 사실을 확인한다. 그들을 불쾌하게 만드는 사물 안에 무엇이 부족한지를 묻는 이에게 그들은 '나는 그것이 무엇인지 모른다'(nescio quid; 네스키오 퀴드)라고 대답한다."[3]

예술가가 어떤 예술작품의 훌륭함과 그렇지 못함을 분명하게 판단하기는 하지만 그 근거는 제시하지 못한다는 사실을 명석하지만 혼연한 인식과 연결시킴으로써 라이프니츠는 바움가르텐이 낮은 단계의 인식에 관한 학문으로 미학이라는 학문 분과를 착안해내고 그 안에 예술에 관한 내용을 포함시킬 수 있는 근거를 마련해주었다. '무엇인지는 모르겠지만'이라는 뜻의 라틴어 표현 '네스키오 퀴드'{프랑스어로 쥬 느 세 콰(je ne sais quoi)}가 예술에서 느끼는 즐거움이나 불쾌의 감정의 원인 제공자와 관련되어 관용어구로 쓰이게 된 것도 이러한 인식에서 그 근거를 찾을 수 있다.

    데카르트는 명석하고 판명한 인식으로 지식의 체계를 구성해야만 학문적으로 엄밀한 확실성을 얻을 수 있다고 주장하였다. 따라서 명석하지만 혼연한 인식은 학문적 고찰의 대상이 될 수 없었다. 라이프니츠는 앞서 인용한 내용에서 그 가능성을 암시하기는 했지만 실제로 명석하고 혼연한 인식에 관한 학문을 정초하는 데까지는 이르지 못했다. 이 과제를 수행하여 미학이라는 학문을 고안해내는 사람이 바움가르텐이다.

그런데 바움가르텐은 혼연한 인식이 계속 혼연한 인식으로 머물러 있지는 않는다고 주장하면서 혼연한 인식이 그보다 더 높은 단계의 인식으로 발전될 수 있는 가능성을, 따라서 미학이 판명한 인식을 할 수 있게 하는 가능성을 열어놓았다. 이 주장의 의미를 가늠해보기 위해서는 라이프니츠가 판명함과 정밀함을 어떻게 정의하고 있는지 먼저 살펴볼 필요가 있다. 그에게 판명한 인식은 개별요소들이 서로 구분되기에 충분할 정도인 경우다. 라이프니츠는 그 예로 진짜 금과 가짜를 구별하는 직업을 가진 사람이 가진 금에 대한 인식을 들고 있다. 그 사람은 진짜 금을 가짜와 구별하는 모든 특성을 알고 있다. 따라서 그는 금에 대한 판명한 인식을 지니고 있다. 그런데 판명한 인식의 경우에도 그 모든 특성이 판명한 경우와 그렇지 않은 경우로 구분될 수 있다. 라이프니츠는 이렇게 계속해나갔을 때 더 이상 쪼갤 수 없는 단일한 특성에 이르러서도 그것이 판명한 관념인 경우는 정밀한(adaequata; 아다이콰타), 그렇지 않은 경우에는 정밀하지 않은(inadaequata; 인아다이콰타) 관념으로 분류하였다.

따라서 정밀한 관념은 가장 확실하게 믿을 만한 진리의 구성요소가 될 수 있다. 하지만 감각적 인식의 경우 이러한 관념을 찾아내기란 유한한 인간의 능력으로는 불가능하다. 왜냐하면 무한히 많은 대상을 모두 관찰하고 그것들의 관념을 구성하는 모든 요소를 마지막까지 확인하여 그 모든 것이 판명한지 확인할 수는 없기 때문이다. 예를 들자면 금의 정의에 포함된 색이나 무게, 질산수에 용해되는 성질 같은 속성은 앞서 말한 바와 같은 이유로 명석하지만 혼연한 관념이며, 따라서 금의 관념은 정밀한 것은 아니다. 물론 완벽하진 않지만 산술학이나 기하학처럼 추상적이고 논리적인 학문의 경우에는 그것에 매우 근접한 인식이 가능하다. 따라서 믿을 만한 지식의 체계는 데카르트와 마찬가지로 라이프니츠에게도 전적으로 이성적인 사유를 통해서만 세워질 수 있다. 하지만 진짜 금을 가려내는 기준으로 제시된 속성들은 그 자체로 명석하면서 금의 관념을 판명한 것으로 만들어주기에, 절대적으로 믿을 만한 것은 아닐지라도 상당히 믿을 만한 지식의 체계를 구성하는 데 사용될 수 있다.

합리론적 관점에서 보자면 근대 자연과학은 바로 이러한 관념들로 구성된 매우 복합적인 지식 체계이다. 라이프니츠가 설명한 방식을 따르자면 정밀한 관념에 이르기 이전의 수많은 판명한 관념은 그 안에 아직 완전하게 분석되고 종합되기에 충분치 않은 요소들을 지닐 수밖에 없다. 따라서 라이프니츠에게 지식의 체계는 데카르트가 말한 것처럼 혼연한 것과 판명한 것 사이에 존재하는 건너뛸 수 없는 심연에 의해 분리되어 있지 않다. 오히려 명석하지만 혼연한 관념으로부터 출발하여 많은 단계를 거쳐 정밀한 인식에 이를 때까지 판명함의 정도가 계속 증가해가는 일종의 스펙트럼으로 구성되어 있다. 바움가르텐이 주목했던 것이 바로 이 스펙트럼이며, 처음에는 혼연했던, 심지어는 모호했던 인식이 점차 발전하여 판명함에 이르게 될 수 있는 가능성이다.

그런데 라이프니츠는 여기서 그치지 않고 정밀한 관념을 다시금 상징적인 것과 직관적인 것으로 구분한다. 이 구분을 설명하기 위해 그는 등변 천각형의 예를 든다. 길이가 동일한 천 개의 변으로 이루어진 다각형으로 정의되는 이 도형의 모든 본성을 우리는 한꺼번에 꿰뚫어볼 수 없다. 우리는 그저 이 도형을 구성하는 변이나 동등함, 숫자 천(千) 같은 단어를 모호하거나 불완전한 방식으로 사용할 뿐이다. 물론 우리는 이성적 사유를 통해서 등변 천각형의 속성에 관한 여러 인식을 획득할 수 있으며, 분석해보면 그 구성요소는 모두 궁극적으로는 판명하다. 예를 들어 이 도형의 내각의 합이 얼마인지 우리는 알 수 있으며, 궁극적으로는 그러한 인식의 모든 구성요소를 끝까지 추적해서 가장 단순한 요소까지 모두 확인할 수 있다. 하지만 그것들을 한꺼번에 파악할 수는 없다. 그래서 우리는 일단 도형의 한 변이라든가, 등변, 천이라는 단어를 우리가 기억하는 의미에 입각해서 사용할 뿐, 등변 천각형 안에서 그것들이 갖는 정확한 의미에 대해서는 당장 설명하려 하지 않는다. 이런 사유방식을 라이프니츠는 맹목적 혹은 상징적인 것이라 부른다. 정확한 의미를 당장 설명하지 않고 따라서 그 관념이 일단은 모호하기에 맹목적이다. 상징으로서의 단어를 사용할 뿐 아직 그 의미를 모두 분석하지는 않았기 때문에 상징적이라는 것이다. 그에 따르면 대수학이나 산술학을 비롯하여 거의 모든 분야에서 이런 사유방식이 사용된다.

그와 반대로 어떤 인식을 구성하는 모든 판명한 요소를 동시에 파악할 경우 그러한 인식은 직관적이다. "관념이 아주 복합적일 경우 우리가 그것을 구성하는 모든 단순한 관념을 동시에 사유할 수 없다는 것은 분명한 사실이다. 하지만 그런 일이 [실제로] 가능하거나 적어도 [이론적으로라도] 가능한 한 나는 그런 인식을 직관적이라고 부른다. 우리는 판명한 원초적 관념에 대해서만 직관적 인식을 가질 수 있을 뿐 대부분의 경우에는 복합적 관념들에 관한 상징적 인식만을 소유한다."[4] 반면 복합적 관념들에 관한 직관적 인식, 그것도 우주나 세계 전체와 같은 매우 복잡한 관념에 관한 직관적 인식은 오로지 신에게만 가능하다. "신만이 직관적 인식만을 지닐 특권을 지닌다."[5]

바움가르텐은 합리론 철학의 계승자였고 따라서 큰 틀에서는 데카르트와 라이프니츠의 사상적 경향을 계승하고 있다. 그것은 그가 미학의 방법론으로 귀납적 추리를 거부하는 데서도 분명하게 드러난다.

"이런 혹은 저런 실례로부터만 도출되고 그 이상의 다

해제

른 어떤 근거도 제시하지 않고 보편적이라고 과대 선전
되는 법칙들이라면 특수한 것으로부터 보편적으로 추
론하는, 빈틈이 매우 많은 귀납적 논증과 도대체 무엇
이 다른가?"[6]

그는 신들린 상태로 표현되는 미적 열정에 대해 말하면서도 그것
이 모호한 관념이나 신체의 움직임과 동요 등에 의해 유발된다는
식의 합리적 설명을 시도한다. 또한 미적 열정을 지닌 사람은 이
성과 밀접한 관련이 있다고 여겨지는 아폴론 신에게 사로잡힌 것
이라고 주장함으로써 궁극적으로는 예술적 광기조차 이성의 지
배 아래 두려는 듯한 모습을 보이기까지 한다.[7]

   하지만 적어도 미학에 관한 한 그는 라이프니츠-볼프 학파
의 이론을 전적으로 따르지는 않았다. 미적 열정을 직관과 상징
적 인식작용과 연결해 설명한다는 점에서 그는, 직관이나 상징
개념과 관련하여 전적으로 인식론적 태도를 취했던 라이프니츠
나 볼프와 분명한 차이를 보인다.[8] 직관적 인식이 아름다움에 꼭
필요하다고 주장한다든가[9] "감성적 직관"(intuitus senstivus)[10]이
라는 용어를 사용하는 것을 미루어볼 때 그가 말하는 직관은 라
이프니츠의 직관과는 다른 의미임을 알 수 있다. 또 바움가르텐
은 인식 발전 단계의 스펙트럼을 따라 원래는 혼연한 아름다운
인식이 판명해질 수 있는 가능성에 대해 다음과 같이 언급한다.

"우선 우리가 판명하게 인식된 규칙들에 따라 아름답게
인식되어야 하는 것들에 직접 향한다면, 결국 언젠가
는 그로부터 그만큼 더욱 완전한 판명함이 나타날 수
있다."[11]

진리에 대한 의식이 확실성인데, 감성적 확실성으로서의 확신이
존재한다는 주장도 같은 맥락에서 파악할 수 있다.[12] 요컨대 가
장 낮은 혼연한 단계의 인식으로부터 판명한 단계의 인식까지 발
전해나갈 수 있다는 것이 그의 생각이었다. 이것이 합리론자였던
그가 감각에 기반을 두는 인식에 관한 학문으로서 미학을 정초
할 수 있었던 이론적 토대다.

3. 미학이라는 명칭과 그 의미

바움가르텐이 고안한 아이스테티카 스키엔티아(aesthetica scien-tia)라는 라틴어 명칭을 두고 오늘날 학자들 사이에서는 이것을 감성적 능력 일반에 관한 학문, 즉 감성학으로 이해할 것인지 아니면 예술에 관한 철학적 성찰인 미학으로 이해할 것인지에 대해 의견이 분분하다. 칸트는 『미학』 제1권이 나온 지 삼십 년이 지나 출간된 『순수이성비판』(1781)에서 이 용어를 전적으로 감성학이라는 의미로 사용한다. 감각 능력의 선험적 틀로서 시간과 공간을 다루는 부분에 '초월(론)적 감성학'(transzendentale Ästhetik)[13]이라는 제목을 붙인 것이 그 대표적인 예다. 칸트는 이 용어를 예술에 관한 철학적 성찰을 가리키는 데 사용하는 것에 대해 부정적 견해를 피력하기도 했다.

"오늘날 독일인은 다른 이들이 취미비판이라고 부르는

것을 가리키기 위해 감성학(Ästhetik; 애스테틱)이라는 말을 사용하는 유일한 사람들이다. 그 바탕에는 탁월한 분석가인 바움가르텐이 품었던 잘못된 희망이 깔려 있다. 그는 이성 원리에 따라 아름다운 것에 대한 비판적 평가가 이뤄지게 하고, 그 평가 규칙을 학문의 차원으로 끌어올리려 했다. 하지만 그러한 노력은 헛된 것이다. [거기서] 생각된 규칙 혹은 기준은 그 가장 중요한 원천에 따르자면 경험적인 것이라서 우리의 취미판단이 그에 따라야 할 특정한 선험적 법칙으로는 결코 쓰일 수가 없고, 오히려 [반대로] 취미판단이 그런 규칙이나 기준이 올바른지를 가려주는 참된 시금석이 되기 때문이다. 이런 이유로 이 명칭의 사용을 다시 중지하고 그것을 진정한 학문이 되는 이론을 위해 아껴두는 것은 추천할 만한 일이다. {이로써 우리는 감각되어진 것(αἰσθητά; 아이스테타)과 사유되어진 것(νοητά; 노에타)으로 인식을 분류하는 일이 매우 잘 알려져 있던 고대인의 언어와 [즉, 언어 관습과] 그 의미에 더욱 접근하게 될 것이다.} 아니면 이 명칭을 사변철학과 함께 나누면서 감성학을 때로는 초월(론)적 때로는 심리학적 의미로 사용하는 것도 추천할 만한 일이다."[14]

그런데 칸트는 초월(론)적이라는 용어를 어떤 뜻으로 이해하고
자 했을까? 그에게 "그 대상만이 아니라 대상에 대한 우리의 인식
이 선험적으로 가능해야 하는 한에서 그러한 인식방식을 일반적
으로 다루는 모든 인식은 초월(론)적"[15]이다. 따라서 초월(론)적인
인식은 경험적인 것이 아니라 선험적이지만 그렇다고 모든 선험
적 인식이 초월(론)적이지는 않다. 예를 들어 삼각형의 세 각의 합
이 180도라는 명제에 대한 우리의 인식은 감각적 경험과는 상관
없이 언제나 참이며 따라서 선험적이다. 하지만 이에 대한 우리의
인식은 초월(론)적인 것은 아니다. 오직 대상에 대한 우리의 인식
을 가능하게 하는, 인식 주체 안에 존재하는 선험적 형식만이 초
월(론)적이라 불릴 수 있다.

앞의 인용문에서—경험적이라는 말과는 다른 관점에서—
이와 반대되는 뜻으로 쓰인 것이 '심리학적'이라는 용어다. 심리학
적 방식이란 인간의 내면을 들여다보았을 때 거기서 우리가 확인
하게 되는, 선험적이든 경험적이든 어떤 내용에 대해서 말하는 것
을 가리킨다. 하지만 초월(론)적 특성을 지니는 것은 인간의 내면
에서 발견하게 되는, 경험적 인식과 선험적 인식 모두를 가능하게
하는 인식의 선험적 형식이다. 칸트에게 아이스테타는 우리 외부
의 사물에서 우리가 다섯 가지 감각을 통해서 받아들인 내용과
관련이 있거나 아니면 그가 내적 감각이라고 부르는, 우리 내면에
서 느끼게 된 감각이었다. 초월(론)적 감성학은 이런 감각들을 가

능케 하는 선험적 형식을 다룬다. 따라서 그것은 아름다움이나 예술과 직접적으로는 상관이 없다.

『미학』에서 바움가르텐은 아름다움의 평가 규칙 혹은 기준으로 풍요로움, 크기, 진리, 명석함, 확실성, 생명력 등을 제시하고 있다. 하지만 칸트에게 이런 기준은 궁극적으로는 경험적으로 얻어진 것이라서 선험적 원리로 받아들일 수 없는 것이었다. 칸트가 이런 주장을 하게 된 이유는 바움가르텐이 아름다움의 평가 기준을 제시한 방법과 밀접한 관련이 있다. 바움가르텐은 이런 기준들을 '발견술적 방법'을 통해서 제시한다. 그런데 이때 '발견술'이라는 용어는 교육학에서 소크라테스적 전통을 따라 말하는 것처럼 피교육자가 스스로 진리를 발견하도록 돕는 방법이라는 뜻이 아니라, 스스로 아름다움의 기준을 발견해나가는 방식이라는 뜻으로 사용되고 있다. 이렇듯 아름다움의 기준을 발견하는 방식은 궁극적으로 경험적일 수밖에 없다는 것이 칸트의 생각이었다.

하지만 『판단력비판』에 이르게 되면 칸트의 태도는 정반대로 바뀌어 아름다움과 숭고에 관한 논의의 핵심이 되는 판단력을 미적 판단력(ästhetische Urteilskraft)이라고 부른다. 그는 미적 판단력을 "사람들이 미적이라고 부르는 판단, 즉 자연 혹은 예술에 있어서 아름다운 것이나 숭고한 것에 대한 판정"[16]으로 정의하고 아이스테티카라는 용어를 아름다움이나 예술과 밀접한 관련을 지닌 것으로 받아들였다. 실제로 『판단력비판』에서 취미판단은 미적 판단력의 작동 원리와 밀접한 관련 아래 고찰된다. 아름다움의 분석론 첫 단락의 제목이 "취미판단은 미적이다"[17]라는 사실이 이를 웅변적으로 말해준다. 이때 '미적'이라는 말은 외적 감각과 관련이 있기보다 주관적이라는 뜻을 내포한다. 버크나 흄과 같은 취미론자처럼 칸트도 아름다움이나 숭고를 궁극적으로는 대상의 성질이 아니라 우리 안에서 일어나는 감정으로 파악하고 있기 때문이다.

이런 이유로 그 후 오랫동안 아이스테티카나 애스테틱이라는 용어는 주로 미학이라는 의미로 사용되어왔지만 최근 들어 점점 이 용어를 감성학으로 이해하거나, 미학으로 이해하더라도 감성학적 측면에 주목하는 학자들이 늘고 있는 추세다. 왜 이런 일이 일어난 것일까? 이 단어가 원래부터 이중적 의미를 지녔기 때문이다. 사실 바움가르텐이 이 용어를 처음 고안할 때부터 이미 감각적 인식 능력에 관한 학문이라는 뜻도, 예술에 있어서의 아름다움에 관한 학문이라는 뜻도 담겨 있었다. 잘 알려져 있듯 이 명칭은 바움가르텐의 석사논문 『성찰』에서 가장 먼저 고안되어 사용되었는데, 이 논문에서 그는 이 용어에 대해 다음과 같이 설명한다.

"§115 […] 심리학이 [그에 관하여] 확고한 원리를 제공해주기에 우리는 낮은 단계의 인식 능력을 이끌어주는

학문 혹은 무언가에 대한 감성적 인식에 관한 학문이
존재할 수 있다는 사실을 믿어 의심치 않는다.

§116 [이러한] 정의가 존재하므로 정의된 내용을 가리
키는 용어는 쉽게 고안해낼 수 있다. 그리스 철학자나
교부는 감각되어진 것(아이스테타)과 사유되어진 것(노
에타)을 언제나 주의 깊게 구분했다. [그런데] 매우 분명
하게도 아이스테타는 감각적인 것과 동일한 것만은 아
니었다. [직접적인 외적 감각이] 결여된 관념(즉, 상상의
산물)도 이 이름으로 불리는 영광을 누렸기 때문이다.
그러므로 노에타는 높은 단계의 능력을 통해 인식되는
것으로서 논리학의 대상이며, 아이스테타는 에피스테
메 아이스테티케(ἐπιστήμη αἰσθητική) 혹은 아이스테티
카(aesthetica)의 대상이다."[18]

이러한 정의를 그대로 따르자면 '아이스테티카'는 당연히 감성학
으로 번역되어야 할 것처럼 보인다. 하지만 바움가르텐은 이 정의
를 제시한 뒤 곧바로 이 학문을 일반적 수사학과 일반적 시학[19]
으로 구분하고는 다음과 같이 정의한다.

"일반적으로 감성적 표상들을 불완전하게 제시하는 일

반적 수사학 […] 일반적으로 감성적 표상들을 완전하
게 제시하는 일반적 시학."**20**

여기서 제시된 두 분과학문에 관한 정의가 우리가 오늘날 미학이
라 부르는 영역과 정확하게 일치하는 것은 아니다. 그렇지만 아이
스테티카라는 명칭을 단순히 낮은 단계의 인식, 즉 감각적 인식
에 관한 학문 일반이라고만 해석할 수 없게 만들기에 충분한 것
임에는 틀림없다.

　원래 바움가르텐이 이 학문 영역을 개척하려고 했던 의도도
감각적 인식보다는 예술 창작과 더욱 밀접한 관련이 있었다. 『성
찰』 서문에서 그는 김나지움에서 보냈던 시절 내내 "거의 단 하루
도 노래 없이 지나간 날이 없었고", 소위 진지한 학문들을 접하고
점차 거기에 몰두하게 되었어도 시와 완전히 작별할 수는 없었다
고 고백한다. 게다가 청소년들에게 시학을 합리적 철학과 연결시
켜 가르치는 일을 맡기도 했었다.**21** 이것이 그가 이 논문을 통해
서 다음과 같은 과제를 수행하고자 하는 중요한 이유였다.

> "나는 이미 오래전부터 [인간의] 정신 안에 확고하게 자
> 리 잡아온 시라는 한 가지 개념에 대해 이미 수백 번이
> 나 말해졌지만 한 번도 제대로 입증되지 못한 주장이
> 실제로 그 개념으로부터 [시작하여] 입증될 수 있음을

증명하고자 한다. 그리고 나는 이런 증명 자체로써 다음과 같은 사실을 보여주고자 한다. 사람들은 철학과 시의 창작에 관한 학문을 종종 극단적으로 분리한다. 하지만 이 둘은 실제로는 아주 사이좋은 부부처럼 매우 우호적으로 결합되어 있다."**22**

이렇듯 철학자로서 바움가르텐은 시에 관해 의미 있게 철학적으로 사유하는 방식이 존재할 수 있으며, 철학과 시학의 원리가 하나로 통일될 수 있음을 증명하고자 하였다. 따라서 이미 『성찰』에서부터 아이스테티카라는 용어에는 감성학적 요소와 미학적 요소가 모두 담겨 있었다. 이러한 경향은 『형이상학』을 거쳐 『미학』에서도 계속 발견된다. 1739년 처음 출간된 『형이상학』 §533에서 바움가르텐은 아이스테티카를 다음과 같이 정의한다.

"아이스테티카는 감성적으로 인식하고 [인식된 내용을 연설이나 시와 같은 예술작품을 통하여] 제시하는 행위에 관한 학문이다. 감성적 숙고와 말의 완전함을 더 적게 추구하는 것은 **보편적 수사학**, 더 많이 추구하는 것은 **보편적 시학**이다."**23**

1743년 출간된 『형이상학』 제2판과 1750년에 나온 제3판에서는 감성적 인식과 표상에 관한 학문이라는 정의 자체는 변함이 없지만 보편적 수사학과 보편적 시학의 구분은 사라지고, 그 대신 "낮은 단계의 인식 능력의 논리학"[24]이라는 설명이 괄호 안에 넣어져 첨가되었다. 물론 앞서 살펴보았듯 『성찰』에서도 아이스테티카가 감성적 인식에 관한 학문이면서 낮은 단계의 인식 능력과 관련지어졌기 때문에 새로운 내용이 첨가되었다고 볼 수는 없다. 오히려 수사학이나 시학에 대한 언급이 빠짐으로써 감성학적 측면만 더욱 강조되었다고 할 수 있다. 그런데 『미학』 제2권이 출간되기 1년 전인 1757년 출간된 『형이상학』 제4판에서는 매우 다양한 내용이 원래의 정의에 첨가된다.

> "아이스테티카는 감성적으로 인식하고 [인식된 내용을 연설이나 시와 같은 예술작품을 통하여] 제시하는 행위에 관한 학문이다. (낮은 단계의 인식 능력의 논리학, 우아함의 여신들과 뮤즈 여신들에 관한 철학, 낮은 단계의 인식에 관한 학문, 아름답게 사유하는 기술, 유비적 이성의 기술.)"[25]

감성적으로 인식하고 제시하는 행위에 관한 학문, 낮은 단계의 인식 능력의 논리학, 낮은 단계의 인식에 관한 학문, 유비적 이성[26]의 기술이라는 설명에서는 감성학적 요소가, 우아함의 여신

들과 뮤즈 여신들에 관한 철학, 아름답게 사유하는 기술이라는
설명에서는 미학적 요소가 전면에 드러난다. 게다가 그는 해당 구
절에 등장하는 아이스테티카라는 라틴어 용어를 각주를 통해 독
일어로 '아름다움에 관한 학문'(die Wissenschaft des Schönen)
으로 번역해놓고 있다.

아이스테티카를 이렇듯 이중적으로 정의하는 방식은『미학』
에서도 그대로 관철된다.『미학』§1에서는 아이스테티카를 감성
적 인식에 관한 학문으로 정의하면서 괄호 안에 다음과 같은 내
용을 덧붙이고 있다. "자유인의 기술들에 관한 이론, 낮은 단계
의 인식에 관한 학문, 아름답게 사유하는 기술, 유비적 이성의 기
술."[27] 첫 번째와 세 번째 항목에는 미학적 요소, 두 번째와 네 번
째 항목에는 감성학적 요소가 전면에 드러나 있음을 어렵지 않
게 알아챌 수 있다. 물론 고대로부터 자유인의 기술에 포함된 것
들 중에는 논리학이나 기하학, 산술학처럼 엄밀한 의미의 이성적
사유와 인식에만 관련된 것들도 있다. 하지만 바움가르텐이 여기
서 이런 학문들까지 염두에 두고 자유인의 기술에 대해 언급하
지는 않았을 것이다. 따라서 이 용어는 원래 자유인의 기술에 포
함되었던 수사학이나 음악 외에 근대에 이르러 첨가된 분야, 즉
문학과 같은 다른 예술 분야를 광범위하게 가리키는 데 사용되었
다고 말할 수 있다. 어쨌든『성찰』에서『형이상학』을 거쳐『미학』
에 이르기까지 아이스테티카라는 용어가 계속 이중적인 의미로

사용되고 있음을 부정하기는 매우 어려워 보인다.

따라서 바움가르텐 스스로 후대에 아이스테티카라는 용어를 어떻게 해석할 것인가에 대한 논란의 여지를 남겼다고도 할 수 있다. 그런데 왜 한국어판 제목을 '감성학/미학'이 아니라 '미학'으로만 옮겼는지 의아할 것이다. 지금까지 살펴본 바에 따르면 이 같은 의문은 자연스러운 것이다. 하지만 이 책의 실제 내용을 들여다보면 거의 전부가 아름답게 사유하고 창작하는 행위와 관련한 것임을 알 수 있다.

게다가 바움가르텐은 감성적(sensitiva; 센시티바) 인식과 [내적] 감각적(sensualis; 센수알리스) 인식을 모두 아름다움과 관련하여 사용하고 있다. 이런 경향 또한 『성찰』에서 『미학』에 이르기까지 계속 나타난다.

『성찰』§3에서 바움가르텐은 '감성적'이라는 용어를 다음과 같이 정의한다. "인식 능력 중 낮은 단계에 있는 부분을 통하여 얻어지는 표상들은 감성적이다."[28] 『성찰』§12에 따르면 이 표상들은 모호할 수도, 명석할 수도 있다.[29] 그런데 여기서 한 걸음 더 나아가 바움가르텐은 완전한 감성적인 말(oratio sensitiva perfecta; 오라티오 센시티바 페르펙타)이라는 용어를 사용한다. 이 용어는 어떤 말의 다양한 구성요소가 감성적 표상들의 온전한 인식으로 나아가는 경향이 있음을 가리킨다. 더욱 많은 구성요소가 그런 목적에 기여할수록 그 말은 점점 더 완전해진다. 바움가르텐에게 완전함은 정적인 개념이 아니라 동적인 개념으로, 지속적으로 발전하고 증대되어갈 수 있는 것이었다.

그런데 그는 이런 "완전한 감성적인 말이 바로 시(poema; 포에마)"[30]라고 주장한다. 따라서 "시를 완전하게 하기 위해 무언가를 할 수 있는 것은 무엇이든지 **시적**이라고 말해져야 한다".[31] 반면 판명하거나 정밀한 표상들은 이성적일 뿐 감성적이 아니며, 따라서 시적이지도 않다.[32] 이런 전제하에서 바움가르텐은 아이스테티카를 감성적 인식에 관한 학문이라고 정의하고 앞서 살펴보았듯 그것을 수사학과 시학에 연결시킬 수 있었던 것이다. 그에게 "철학적 시학은 […] 감성적인 말을 완전함으로 이끄는 학문"[33]인 이유가 여기에 있다. 그렇다면 감성적이라는 말은 내적이든 외적이든 감각에 의해 얻어지는 표상을 모두 가리키기는 하지만, 적어도 『성찰』이나 『미학』에서는 주로 예술의 아름다움과 관련하여 사용되고 있다고 할 수 있다. 앞서 보았듯 『성찰』에서는 완전한 감성적인 말이 곧 시이며, 『미학』에서는 감성적 인식 자체의 완전함이 바로 아름다움이기 때문이다. "미학의 목적은 감성적 인식 자체의 완전함이다. 그런데 그것은 바로 아름다움이다."[34]

센수알리스라는 용어는 『성찰』에서 다음과 같이 정의된다. "표상하는 사람에게서 지금 일어나는 변화들에 대한 **표상들**은 [내적으로] **감각적**(sensuales)인데, 이것은 감성적이며 따라서 **시적**이다."[35] 우리의 내면에서 느껴지는 것들을 내적 감각이라고 정의하면서 그것 또한 감성적이고 따라서 예술과 관련이 있음을 주장하고 있는 것이다. 그러고는 바로 다음 절에서 이러한 내적 감각이 시적일 수 있음을 다시 한번 주장한다. "정동(affectus)이란 혐오감과 쾌락이 더욱 뚜렷하게 발전된 단계이다. 그러므로 그에 대한 내적으로 감각적인 표상들은 표상하는 사람 자신에게 혼연하게 좋거나 나쁜 무언가로 나타나며, 따라서 표상들을 시적인 것으로 규정한다. 그러므로 정동을 불러일으키는 것은 시적인 것이다."[36] 이후에도 이러한 용어 사용이 계속되는 것으로 보아 바움가르텐은 센수알리스라는 단어를 일상적으로 쓰이는 '감각적'이라는 의미보다는 주로 '내적으로 감각되다'라는 뜻으로 사용하고 있으며, 그중에서도 모호하지 않고 명석(혼연)하며 예술과 관련된 것으로 파악하고 있는 듯하다. 이런 용법의 한 예를 들자면 바움가르텐은 상상력에 대해 다음과 같이 서술하고 있다.

"상상의 능력은 수이다스의 사전에서도 이미 다음과 같이 설명되고 있다. 감각적 인식의 대상들에 속하는 (τῶν αἰσθητῶν) 어떤 부분들을 감각적으로 인식하면서 (παρὰ τῆς αἰσθήσεως) 자신 안에서 그 부분들을 다시 구성해내는 능력. 그러므로—이미 [내적으로] 감각적인(sensualium) 것들에 대한 정의에서 이미 암시된 것처럼—상상이 [외적] 감각 작용(sensatio)에 의해 받아

들여진 것들이 다시 지어내어진 (재생된) [내적] 감각들의(sensualium) 형상이 (표상이) 아니라면 도대체 무엇이란 말인가?"[37]

게다가 바움가르텐은 상상이 덜 명석하면 그만큼 덜 내적으로 감각적이며 따라서 덜 시적이라고 주장한다.[38] 따라서 『성찰』에서 '센수알리스'는 주로 내적 감각, 그중에서도 상상과 관련된다고 할 수 있다. 이 용어가 감각 일반과 관련된 뜻으로 사용된 듯이 보이는 경우가 한 번 있는데, 앞서 살펴본 바 있는, 아이스테티카를 정의하는 §116에서 그러하다. "매우 분명하게도 아이스테타는 감각적인(sensualibus) 것과 동일한 것만은 아니었다. [직접적인 외적 감각이] 결여된 관념(즉, 상상의 산물)도 이 이름으로 불리는 영광을 누렸기 때문이다."[39] 하지만 인식하는 사람의 내면에서 일어나는 감정으로서 직접 느끼는 좁은 의미의 내적 감각뿐만 아니라 외적 감각을 통해 받아들인 내용을 대상이 직접 존재하지 않음에도 우리의 내면에서 상상해낸 것도 아이스테타에 포함된다는 뜻으로 이 문장을 해석할 수도 있다. 따라서 우리가 해석하고자 하는 것처럼 『성찰』 §116에서 사용된 센수알리스라는 용어도 내적 감각에만 국한시켜 해석할 가능성이 전혀 없는 것은 아니다.

바움가르텐은 『형이상학』에서 감관(sensus)을 감각하는 능력으로 정의하고 그것을 내적 감관과 외적 감관으로 구분하며, 따라서 감각(sensatio)도 내적 감각과 외적 감각으로 구분한다.[40] 이 용어들이 『형이상학』 제3부 심리학에서 지속적으로 사용되는 데 반해 센수알리스라는 용어는 거의 등장하지 않는다. 몇 안 되는 예 중 §608에서는 센수알리스를 '감각되어지는 것'(guae sentiuntur)으로 해석함으로써 감각적 판단과 관련하여 감각 일반을 가리키는 뜻으로 사용하고 있다.[41] 반면 §656에서는 『성찰』에서와 마찬가지로 감각들로부터 오는 혐오감이나 쾌락과 관련하여 언급하고 있다.[42] 『미학』에서는 이 용어가 아예 사용되지 않는다. 아마도 바움가르텐은 감각 일반이라는 의미로 사용되는 이 용어를 군이 사용하여 독자에게 혼란을 줄 필요가 없으며, 센시티부스라는 용어로도 자신이 말하고자 하는 바를 모두 가리킬 수 있다고 생각한 듯하다. 어쨌든 그가 센시티부스든 센수알리스든 모두 예술과 밀접하게 연관시켜 해석하고 있음은 분명해 보인다. 따라서 감성학보다는 미학이 이 책의 실질적 내용을 대변하는 제목임을 인정하기에는 지금까지의 논의로 충분할 것이라 믿는다.

4. 고대 로마의 시학, 수사학과의 관계

『미학』의 내용, 특히 아름다움의 발생 원인이 되는 특성들에 대한 서술 부분을 살펴보면, 바움가르텐이 시학에 있어서는 호라티우스의 『시작의 기술』을, 수사학에 있어서는 퀸틸리아누스를 비롯한 고대 로마의 매우 다양한 수사학자와 철학자의 수사학 관련 문헌들을 주로 인용하고 있음을 확인할 수 있다. 자신이 제시하는 미학적 원리들에 대한 실례를 들 때도 그는 호메로스나 소포클레스 같은 고대 그리스 시인보다 베르길리우스나 오비디우스 같은 로마 시인의 작품을 인용한다. 시학과 관련해서도 아리스토텔레스보다 호라티우스의 이론을 더 자주 인용하는 것을 보면 그가 고대 로마의 이론을 훨씬 선호한다는 것은 확실해 보인다.

더욱 흥미로운 사실은 아리스토텔레스의 『시학』이나 『수사학』이 거의 인용되지 않는다는 점이다. 이번에 발췌해 번역한 일반론 부분에서는 아리스토텔레스의 이름조차 거론되지 않으며,

그나마 각론 부분에서 몇 번 언급되지만 『미학』의 방대한 분량에 비하면 턱없이 적은 수준이며, 매우 빈번하게 인용되는 로마 학자들의 저술에 비하면 더욱 그러하다. 『국가』나 『대(大)히피아스』 등에서 제시된 플라톤의 미학사상에 대해서도 마찬가지다.

키케로나 퀸틸리아누스 등의 수사학 문헌을 자주 인용하고 수사학을 미학의 자녀로 묘사하는 것을 볼 때 바움가르텐이 고대 로마 수사학에 관심이 많았다는 주장은 상당히 설득력이 있다. 실제로 그가 기획한 미학의 서술 체계에서도 고대 로마 수사학의 방향이 엿보인다.

키케로는 젊었을 때 저술한 『연설문의 작성에 관하여』[43]에서 수사학의 다섯 가지 원리를 다음과 같이 제시한다.

"발상은 [연설하는 사람이 추구하는] 목적을 그럴듯하게 해주는, 참되거나 그럴듯한 사태를 생각해내는 것이다. 구성은 발견된 사태들을 질서 있게 배열하는 것이다. 표현은 발견한 사태에 맞는 적절한 단어(와 문장)들을 찾아내는 것이다. 기억은 발상에 적합한 사태와 단어에 대한 인간 영혼의 지각이 계속 유지되는 것이다. 연설 실행은 [생각해낸] 사태와 [찾아낸] 단어(와 문장)를 가지고 위엄 있게 목소리와 몸짓을 조절하[여 실제로 연설을 행하]는 것이다."[44]

바움가르텐은 원래 『미학』을 이론적 미학과 실천적 미학으로 나눈 다음, 이론적 미학을 다시금 발견술, 방법론, 기호론으로 구분하여 서술할 계획이었다. 아쉽게도 그가 요절하는 바람에 이 계획은 실현되지 못했다. 그런데 바움가르텐이 채택했던 이론적 미학의 세 가지 종류인 발견술, 방법론, 기호론은 키케로의 수사학 원리인 발상, 구성, 표현과 매우 유사하다. "우리의 미학은 그 손위 자매학문인 논리학과 마찬가지로 1)**이론적**, 교육적, 일반적이다. 그 종류로는 a) 사태들과 사유의 대상들에 관하여 가르쳐주는 경우에는 **발견술**, b) 명확한 사유지침에 관하여 가르쳐주는 경우에는 **방법론**, c) 아름답게 사유되고 배열된 기호들에 관하여 가르쳐주는 경우에는 **기호론**이 있다."**45**

상세한 목차가 전혀 제시되어 있지 않아 미루어 짐작할 뿐이지만, 아마 실천적 미학의 내용이 기억과 연설 실행과 관련이 있었을 것이다. 기억에 관해서는 『미학』 제1권 제2장 본성적 미학 §33에서 그 내용을 엿볼 수 있다.

> "한번 인식했던 것을 다시 인식하는 데 필요한 소질, 그리고 기억력. 상상했던 내용을 다시 불러내는 행위도 기억에 포함했던 고대인은 므네모쉬네를 뮤즈 신들의 어머니라고 불렀다. 그런데 예를 들어 아름답게 이야기를 서술하고자 하는 사람은 무언가를 다시 인식해내

는 능력 자체를 포기해서는 안 된다. 오히려 어떤 이야
기를 지어내는 사람은 앞서 서술한 내용이 나중에 서
술한 내용에 추하게 대립하지 않게 하려면 기억력이
좋아야 한다."**46**

따라서 실천적 미학의 일부는 발견하여 정리해낸 내용을 언어적
으로 잘 다듬은 다음 그것을 어떻게 잘 기억할 것인가에 관한 내
용으로 채워졌을 것이라 생각된다.

연설 실행, 좀 더 넓혀서 말하자면 예술작품의 창작 방식에
대해서는 실마리가 전혀 없어 어떤 내용을 담았을지 예측하기가
매우 어렵다. 퀸틸리아누스나 키케로의 수사학적 저술에서 실제
연설과 관련한 내용이 다수 인용되어 다루어지지 않았을까 짐작
해볼 따름이다.

한편, 바움가르텐은 심지어 다음과 같이 고대 로마인과 독일
인이 유사하다고 주장한다.

"독일인으로서 특히 독일인을 위해 글을 쓰기 때문에
나는 아름답게 사유될 수 있는 대상들의 으뜸가는 매
력들 중에서 위엄을 특별히 더 자신 있게 골라내었다.
독일 민족이 로마인과 각별히 유사한 여러 가지 점을
지니며, 그중에서도 키케로가 『무레나를 위하여』에서

272

행한 다음과 같은 찬사가 두 민족 모두에게 바쳐질 수 있다는 사실을 경험을 통해서 알고 있기 때문이다. '우리 로마 민족에게' (게르만 민족에게) '애착의 대상이 될 만한 모든 기술은 경탄할 만한 위엄뿐만 아니라 매우 많은 즐거움을 선사해주는 유용함을 지니고 있어야 합니다.'"[47]

따라서 고대 로마의 철학과 수사학, 문학에 대한 바움가르텐의 해석에 주의를 기울이면서 그의 논의를 따라가는 것이 『미학』의 내용을 이해하는 데 많은 도움이 될 것이다.

5. 『미학』해설

1) 유비적 이성

바움가르텐은 『미학』 첫머리에서 미학을 유비적 이성의 기술로 정의하고 있다. 의사이성, 유사이성으로 번역되기도 하는 아날로곤 라티오니스(analogon rationis)의 정의는 바움가르텐의 『형이상학』 §640에서 찾아볼 수 있다.

> "나는 어떤 것들의 연관관계는 혼연하게, 다른 것들의 연관관계는 판명하게 지각한다. 그러므로 나는 사태들의 연관관계를 정확하게 통찰하는 오성, 즉 이성을 소유하고 있다. 나는 또 사태들의 연관관계를 더 혼연하게 인식하는 능력들도 소유하고 있다. 여기에는 1) 사태들의 동일성을 인식하는 낮은 단계의 인식 능력이 속하며, 감성적인 능력과 관계가 있다. 2) 사태들의 다

양성을 인식하는 낮은 단계의 인식 능력도 여기에 속하며, 이것은 감성적으로 예리한 관찰력과 관계가 있다. 3) 감성적 기억력, 4) 무언가를 지어내는 능력도 여기에 속한다. 5) 판정 능력도 여기에 속하며, 이것은 감성적 판단과 감각들에 대한 판단과 관계가 있다. 6) 비슷한 경우들에 대한 예측 능력, 7) 기호적인 감성적 능력도 여기에 속한다. 이 모든 능력은 사태들의 연관관계를 표상한다는 점에서 이성과 유사하다. 따라서 이것들은 어떤 연관관계를 혼연하게 표상하는 영혼의 능력들의 복합체인 유비적 이성을 이룬다."[48]

바움가르텐의 정의에 따르면 사태들의 연관관계를 정확하게 통찰하는 능력은 이성이며, 그보다 혼연하게 인식하는 능력의 복합체가 유비적 이성이다. 하지만 이런 능력의 복합체 자체가 언제나 유비적 이성인 것은 아니다. 이들이 복합적으로 기능하면서 이성이 통찰하는 정도로까지 정확하게는 아니라도—여전히 혼연하기는 하지만—그에 상당히 근접할 정도로 사태들의 연관관계를 정확하게 통찰하는 경우에만 그렇게 불린다. 따라서 유사이성이나 의사이성이라는 번역어도 충분히 사용할 수 있다고 생각한다. 옮긴이가 이 용어를 유비적 이성으로 번역한 것은 '아날로곤'이라는 단어가 원래 라틴어가 아니라 고대 그리스어에서 유래했으며

'유비'라는 뜻을 지닌 아날로기아(ἀναλογία)와 어원이 같기 때문이다. 아날로기아는 원래 수학 개념으로, 1:2=2:x와 같은 수식처럼 x의 값을 구할 수 있게 만드는 비례관계를 4항(項) 유비라고 불렀다. 중세철학에는 아날로기아 엔티스(analogia entis), 즉 존재 유비라는 개념이 있는데, 모든 존재자의 창조주인 신과 다른 피조물과의 관계를 설명할 때 사용되었다. 어쨌든 중요한 것은 두 경우 모두 이 개념이 서로 비교되는 두 사태나 개념 사이에 유사성이 존재할 경우를 암시한다는 사실이다.

바움가르텐은 유비적 이성을 수련과 연마의 대상으로 보고, 그것을 연마함으로써 여러 개의 요소로 구성된 완전함, 즉 아름다움을 얻을 수 있다고 말한다.[49] 심지어 강렬한 생생함이 유비적 이성과 결합되면 "이성의 **아름다움**, 즉 외연적으로 판명하게 통찰되는 관계"[50]가 자연스러운 결과로 발생한다고 주장한다. 물론 유비적 이성과 이성적 사유는 다른 것이며 전자는 예술, 후자는 수학이나 자연과학, 논리학 등과 관련이 있다. 하지만 유비적 이성은 아름다움을 인식하거나 사유하고 창조하는 데 있어서 이성적 요소가 결여되어서는 안 된다는 합리론적 입장을 대변하는 매우 중요한 개념이기도 하다. 심지어 "미적 기술의 가르침 전체는 유비적 이성을 통해서 만들어진, 오직 유비적 이성만을 위한 규칙들을 정리하여 체계적으로 제시하는 것으로만 끝나지 않기 위해 규칙들을 판명하게 파악할 뿐만 아니라 오성적으로 명료하게 파악하려고 노력하기도 하는데, 그와 동시에 유용한 학문의 형태로 높여지게"[51] 된다.

　게다가 이성은 "아름답게 사유된 모든 것을 도덕적 필요에 따라 이끄는 역할을 맡아야"[52] 한다. 이것이 유비적 이성이 미적 진리와 관련하여 도덕적 가능성과 함께 언급되는 이유다. "미적 진리는 자신의 대상들 안에서 도덕적 가능성을 요구한다. 그것은 넓은 의미에서는 오직 자유로부터 이끌어낼 수 있는 것으로서, 예를 들자면 어떤 특정한 도덕적 인물에게 주어진 자유나 주어진 인격, 성격으로부터 유비적 이성을 통해 흘러나오는 것처럼 보일 정도의 특징과 크기를 지녀야 한다."[53] 어쨌든 진리는 모두 유비적 이성을 통해서만, 즉 이성적이나 오성적으로가 아니라 감성적으로 참인 것으로 지각되어지는 한에서만 미적인 것이다. 여기에 유비적 이성의 특이성이 있다. 유비적 이성은 이성이나 오성과는 다르면서도 일종의 유사성을 지닌 묘한 특징이 있어서 전적으로 감각적이고 경험적인 세계와 이성적 혹은 오성적 인식의 대상 사이를 연결하는 가교 역할을 한다.

2) 아름다움과 취미: 취미론자와의 차이점과 유사점

바움가르텐과 거의 동시대에 활동했던 영국의 취미론자 대부분에게 아름다움은 우리 안에서 불러일으켜지는 특정한 긍정적 감정을, 취미는 그러한 아름다움에 대한 판정 능력을 가리켰다. 반면 바움가르텐은 감각을 통해서 아름다움을 인식한다는 사실에 주목하면서도 합리주의적 전통에 서서 아름다움을 대상의 객관적 성질로, 그것을 파악하는 것을 유비적 이성의 역할로 제시한다. 실제로 아름다운 대상에게서 느끼는 긍정적 감정으로서의 즐거움에 대해서는 『미학』에서 그다지 많이 언급되지 않는다. 이렇듯 우리 안에서 느껴지는 특정한 쾌감의 특성을 경험적으로 고찰하는 데 중점을 두었던 취미론자와 달리 그는 아름다움에 대한 판단의 이성적 성격을 강조하고 있다.

경험론적 취미론의 입장에서 처음으로 아름다움을 체계적으로 고찰한 학자인 프랜시스 허치슨은 아름다움을 다음과 같이 정의한다. "아름다움이라는 단어는 우리 안에 불러일으켜진 관념, 아름다움의 감관은 이런 관념을 받아들이는 우리의 능력이다. 조화 또한 소리의 [특정한] 구성으로부터 생겨나는 즐거운 관념을, 좋은 귀는 (일반적으로 이해되는 바와 같이) 이런 즐거움을 지각하는 능력이다."[54] 흄은 한 걸음 더 나아가 아름다움을 철저하게 긍정적 감정의 측면에서만 정의한다. "아름다움은 사물들 자체에 존재하는 성질이 아니다. 그것은 오직 사물들을 관찰하는 정신 안에만 존재하며, 각각의 정신은 서로 다른 아름다움을 지각한다."[55] 이와 반대로 바움가르텐은 아름다움을 감각을 통해 얻는 대상의 속성으로서의 완전함으로 정의한다. "현상의 완전함

혹은 넓은 의미의 취미 능력에 의해 관찰될 수 있는 완전함이 아름다움이다."⁵⁶

물론 아름다움을 인간의 내면에서 일어나는 현상과 관련하여 정의하는 대목도 있다. 『미학』§1에서는 미학을 "아름답게 사유하는 기술"로 정의하며, §14에서는 감성적 인식 자체의 완전함이 곧 아름다움이라고 주장한다. 게다가 §18에서는 "감성적 인식의 보편적 아름다움은 […] 관념들이 서로 조화를 이루어 현상이라고 부르는 하나의 존재자를 구성하는 것"을 가리킨다고 서술하고 있다. 하지만 내면에서 발견되는 아름다움과 추함의 식별 기준이 허치슨이나 흄처럼 내면에서 일어나는 즐거움이나 불쾌감 같은 감정이 아니라 내면에서 발견되는 현상의 완전함이라는 사실은 바움가르텐이 여전히 아름다움을 사태의 객관적 속성으로 고찰하고 있음을 보여준다.

겉으로 보이는 이런 차이와는 달리 전부는 아닐지라도 일부 취미론자와 바움가르텐의 논의에는 상당히 많은 유사점이 존재한다. 흄은 「취미의 기준에 대하여」를 비롯한 그의 미학적 저술에서 아름다움을 판정하는 데 있어서 오성 혹은 이성이 차지하는 무시할 수 없는 비중에 대해 언급한다. 또 허치슨이 제시하는 바에 따르면 우리에게 언제나 아름다움의 감정을 불러일으키는 것은 감각적 대상에게서 발견되는 "다양성 속의 통일"⁵⁷이라는, 상당히 이성적이고 합리적인 특징이다. 바움가르텐도 다음과 같은 구절을 통해 아름다움과 감정의 관계에 대해 다룬다. "청각적 판단은 긍정적이거나 아니면 부정적이다. 긍정적 판단을 즐거움을, 부정적 판단은 혐오감을 불러일으킨다. 이 두 감정 모두를 규정하는 특징이 혼연한 표상이기 때문에 감성적이며 시적이다."[58] "아름다운 것은 그 자체로 바라보는 이를 즐겁게 하며, 추한 것은 그 자체로 바라보는 이에게 불쾌감을 준다."[59]

사실 고대 그리스 시대부터 근대에 이르기까지 아름다움은 즐거움이나 감동과 같은 긍정적 감정을 불러일으키는 속성으로 정의되어왔기에 긍정적 감정과 이성 혹은 오성을 통해 파악되는 대상의 특정한 속성이 모두 아름다움의 중요한 특징으로 여겨져 왔던 것을 부인할 사람은 아무도 없다. 다만 무엇을 더 본질적인 속성으로 여기느냐에 따라 견해가 달랐을 뿐이다. 취미론자들이 긍정적 감정에 초점을 맞춤으로써 이전까지 서양의 미학 논의를 지배했던 아름다움의 대(大)이론(Great Theory of Beauty)에 반기를 든 반면, 바움가르텐은 여전히 대(大)이론을 따라 대상의 본질적 속성으로서의 아름다움에 초점을 맞추었다.

그렇다면 취미론자들이 아름다움을 판정하는 능력으로 이해했던 취미에 대해서 바움가르텐은 어떤 입장을 취했을까? 우선 그는 자신이 세우려고 하는 미학이라는 학문 분과로부터 단순한 취미를 분리시킨다. "어떤 종류의 비평들은 미학의 일부다. 이를 위해서는 미학의 다른 부분들에 대한 예비지식이 거의 필수적이다. 아름답게 사유된 것, 말해진 것, 써진 것에 대해 판단하고자 하면서 단순한 취미에 대해서만 논쟁하기를 원하지 않는다면 말이다."[60] 반면 취미를 더 날카롭게 연마하는 것에 대해서는 상당히 우호적인 입장을 보인다.[61] 취미를 잘 다듬으면 그만큼 어떤 대상의 아름다움을 더욱 잘 판단할 수 있게 되기 때문이다. 하지만 그렇다고 해서 잘 연마된 취미가 곧 미학의 고찰 대상이 되는 것은 아니다.

> "잘 다듬어진 취미를 지닌 관찰자는 때로는 실제로 존재하는 감성적 인식의 아름다움이나 우아함 혹은 추함만을 오성을 통해서 고찰한다. 그런데 만일 우리가 그렇게 하려 한다면, 서로 그 종류와 수가 다른 너무도 많은 매력이나 오점에 파묻혀 학문의 성립에 필수불가결한 판명함이 사라져버릴 것이다. 이런 이유로 우리는 우선 거의 모든 아름다운 감성적 인식에 공통된 **아름다움**, 즉 **보편적**이고 일반적인 아름다움과 그 반대, 즉 추함을 고찰하여 그 특성을 해명하고자 한다."[62]

이런 그의 입장에 따르면 취미는 그것이 단순하든 잘 다듬어진 것이든 개별적인 감성적 인식의 아름다움에 관한 판단과 관련이 있다. 반면 미학은 보편적이고 일반적인 아름다움을 고찰한다. 여기서도 바움가르텐이 지닌 합리론적 태도가 분명하게 드러난다. 경험론적 입장을 지녔던 취미론자에게는 개별적인 감성적 인식에서 취미판단의 원리를 귀납적으로 도출하는 것이 당연했던 반면, 바움가르텐에게 미학의 과제는 개별적인 경험적 관찰 자료와는 직접적으로 상관없는 보편적이고 일반적인 아름다움의 특징을 해명하는 것이었다.

그렇다고 바움가르텐이 취미를 전적으로 미학의 고찰 대상에서 배제한 것은 아니다. 앞서 말한 좁은 의미가 아니라 넓은 의미의 취미는 바움가르텐에게 감성적 판단력 일반을 가리키기 때문이다. 그에게 "취미 능력을 기르는 기술, 즉 감성적으로 판정하거나 그렇게 내려진 자신의 판단을 제시하는 기술은 **미적 비평**"[63]인 이유가 여기에 있다. 그가 아름다움을 "넓은 의미의 취미 능력에 의해 관찰될 수 있는 완전함", 추함은 "넓은 의미의 취미 능력에 의해 관찰될 수 있는 불완전함"[64]이라고 정의할 수 있었던 것도 마찬가지 이유에서다. 따라서 그때그때 발휘되는 판정 능력으로서의 취미는 단순한 것으로서 경험적이며 그것을 연마한다 하더라도 경험적인 한계를 벗어나지 못하지만, 감성적 판정 능력 일반으로서의 취미는 보편적이고 일반적인 아름다움을 그 대상으로 하며 따라서 미학의 고찰 대상이 된다.

여기서 한 가지 의문이 생긴다. 그렇다면 비평은 어떨 때 경험적인 것으로서 미학의 고찰 대상에서 제외되고, 어떨 때 넓은 의미의 취미에 속하는 것으로서 미학의 고찰 대상이 되는가? 이 물음에 대한 바움가르텐의 답변은 다음과 같을 것이다. 만일 그 비평이 어떤 예술작품 하나의 아름다움을 평가하는 것이라면, 그것은 미학의 고찰 대상이 아니다. 하지만 작품 하나의 아름다움이 아니라 아름다움의 보편적 성격에 대한 판단을 포함한 경우에는 미학의 고찰 대상이 될 수 있다. 따라서 단순히 개별적 작품에 대한 평가를 넘어서서 미학적 고찰의 대상이 되려면 어떤 방식으로든 보편적 성격을 획득해야만 한다. 그런데 이렇게 보편적 성격을 획득하는 것이 어떻게 가능할까? 여기서 비평철학의 근원적인 문제의식이 생겨난다.

취미론자 중에서는 흄이 「취미의 기준에 대하여」라는 논문을 통하여 이 문제에 대해 매우 깊이 있는 논의를 제시하였다. 바움가르텐 또한 『미학』의 일반론 부분을 통하여 넓은 의미의 취미가 어떻게 학문적 고찰의 대상이 될 수 있는지를 보여준다. 우선 본성적 미학과 인위적 미학의 구분을 통해서 큰 틀을 제시한 뒤 미적 교육과 미적 훈련, 미적 열정과 미적 교정을 통해서 그 구체적인 방법을 제시한다.

3) 본성적 미학과 인위적 미학

바움가르텐은 『미학』의 일반론을 본성적 미학에 대한 논의로 시작한다. 본성적 미학은 "아름답게 사유하기 위해서 인간의 영혼이 타고나야만 하는 본성적 소질, 즉 **생득적인 미적 본성**"[65]을 다룬다. 거기에는 우선 예민하게 감각하는 능력, 상상하는 데 필요한 본성적인 소질, 날카로운 통찰력, 기억력, 창작의 능력, 섬세한 풍미를 갖는 데 필요한 소질, 예견하고 예감하는 능력, 기호를 통해서 표현하는 능력과 같은 낮은 단계의 인식 능력과 그 본성적 소질들이 속한다. 거기에 타고난 미적 기질이 첨가된다. 그는 체질에 기반을 둔 기질론까지 동원하여 타고난 미적 본성이 아름다운 사유를 위해서 필수불가결하다고 주장한다.[66]

바움가르텐의 논의가 여기서 끝났다면 그의 주장은 아름다움을 느끼고 그것을 예술을 통해서 표현하는 것은 전적으로 타고난 재능에 의해서만 가능하다고 말하는 것과 마찬가지였을 것이다. 그렇다면 미학은 예술 창작과 관련된 기술로서 철학적 수사학이나 철학적 시학이 될 이유가 전혀 없다. 바움가르텐도 그 문제를 의식하고 있었다. 그래서 "미적 인간은 시인처럼 타고나지 훈련을 통해 만들어질 수 없다"[67]는, 예상 가능한 비판에 대해 반박하면서 두 가지가 모두 필요하다고 말한다. 그리고는 후자에 대해 고찰하는 학문을 "인위적 미학"이라고 정의한다. 심지어 그는 본성을 선천적 본성과 후천적 본성으로 나누어 후자는 훈련에 의해 길러질 수 있다고 주장한다.

그렇다면 후천적인 본성적 미학과 인위적 미학은 어떻게 구분될 수 있을까? 우선 인위적 미학을 바움가르텐이 어떻게 이해하고 있는지 살펴본 다음 그것과 후천적 미학을 비교해보기로 하자. 처음으로 인위적 미학에 대해 언급하는 『미학』 §3에서 그는 그것이 가져다주는 유익에 대해 다음과 같이 설명한다.

> "1) 주로 오성에 따라 인식을 획득하는 학문에 좋은 소재를 마련해주는 일, 2) 학문적으로 인식된 내용을 모든 사람이 이해할 수 있도록 만들어주는 일, 3) 판명하게 인식된 것들의 경계를 넘어서 인식의 개선을 이뤄내는 일, 4) 모든 더욱 교화된 학문과 모든 자유인의 기술을 위해 훌륭한 원리들을 마련해주는 일, 5) 다른 사항들이 동일하다면, 일상적인 삶에서 해야 할 모든 일에 있어서 더 나은 사람이 되게 해주는 일."

오성에 따라 인식을 획득하는 학문은 엄밀한 의미의 오성적 학문을 가리킨다. 산술학이나 기하학, 물리학 등이 여기에 속한다. 합리론자에 따르면 이런 학문은 이성적인 근본원리로부터 출발하여 논리적 추론을 통하여 지식을 획득한다. 하지만 경험세계에서 아무런 뒷받침을 받지 못한다면 그러한 지식 대부분은 소수의 전문가 외에는 아무도 이해할 수 없는 것이 되고 만다. 바움가르텐에 따르면 인위적 미학은 그러한 지식을 보통 사람도 이해할 수 있게 만들어주는 과정과 밀접한 관련이 있다. 또 추상적인 개념을 통한 이성적 추론의 한계를 넘어서 구체적인 증거들을 제시해주는 것과도 관련이 있다. 그러면 자유인의 기술뿐만 아니라 일상적인 삶에서 수행되어야 하는 일에 있어서도 많은 발전이 이루어질 수 있다.

그렇다면 이런 역할을 수행하는 인위적 미학은 구체적으로 어떤 형태일까? 아쉽게도 바움가르텐은 이에 대해 그렇게 많은 설명을 하지 않는다. 『미학』§98과 §99에서 한 번씩 언급할 뿐 더 이상 다루지 않는다. 따라서 그가 말하는 인위적 미학에 대해 알아보려면 이 두 절의 내용을 상세하게 들여다볼 필요가 있다. 우선 §98에서 그는 끈기 있게 작품을 다듬는 교정의 수고에 대해 말하는데, 거기에는 본성에 따라 창작된 내용과는 다르게 인위적 요소가 개입된다고 말할 수 있다. 이때 주로 발휘되는 것은 이성적 혹은 오성적 능력이다. 따라서 인위적 미학은 선천적이든 후천적이든 미적 본성과는 직접적인 상관없이 작품의 아름다움을 더욱 완전하게 만드는 오성적, 이성적 노력과 관련이 있다. 또 그는 인위적 미학의 규칙들을 §98에서는 제4장의 미적인 가르침에 대한 설명과, §99에서는 제5장의 미적 열정에 대한 설명과 연결시킨다.

지금까지 살펴본 바에 따르면 인위적 미학은 미적 훈련과 미적인 가르침, 미적 열정과 미적 교정을 통해서 미적 본성을 갈고 닦는 것과 밀접한 관련이 있다. 따라서 『미학』의 일반론 부분에서 이런 주제들과 관련하여 제시된 규칙들을 살펴보면 그가 말하는 인위적 미학이 어떤 형태일지에 대해 어느 정도 추측해볼 수 있을 것이다.

1 — 미적 훈련

바움가르텐은 미적 훈련을 "같은 종류의 행동을 더욱 자주 반복하는" 것이라고 정의하고 그 목적을 "사유되어야 할 하나의 사태에 대하여 아름답게 사유하는 하비투스가 서서히 획득될 수 있도록 해주는 것"[68]이라고 말한다. 마땅한 번역어를 찾기 어려워 그대로 음역한 하비투스(habitus)라는 용어는 아리스토텔레스에 의해서 철학 용어로 채택된 고대 그리스어 헥시스(ἕξις)를 중세 스콜라철학자들이 라틴어로 번역한 것이다. 헥시스는 '소유하다'라는 뜻을 지닌 에코(ἔχω) 동사의 명사형이다. 에코 동사는 '소유하다'라는 뜻 외에 '어떤 태도를 지니다, 사정이 ~하다'라는 뜻으로도 쓰였다. 아리스토텔레스는 이러한 사정에 착안하여 덥거나 추운 상태처럼 쉽게 변할 수 있는 것보다는 건강처럼 상대적으로 안정적이거나 지속적인 상태를 가리키는 용어로 헥시스를 사용하였다. 또 타고난 천품을 가리키는 퓌시스(φύσις)와 구별하여 그저 인간의 내면에 잠재한 소질, 성향이라는 뜻으로 사용하였다.

바움가르텐은 본성적 미학을 선천적 본성과 습득된 본성의 두 영역으로 나누어 고찰하면서 이것들을 하비투스와 관련하여

해제

설명한다. 그러므로 이 용어는 오늘날 이 용어에서 유래한 영어 단어 해빗(habit)이 일반적으로 뜻하는 '습관'보다는 더 근원적인 의미를 갖는다. 이 책의 「부록」에 첨부된 『형이상학』§577에서 바움가르텐은 하비투스를 "영혼의 능력들 중에서 그 정도가 큰 것"으로 정의하면서, 그것이 "같은 종류의 행위들을 자주 반복하거나 비슷한 행위들의 특정한 차이를 반복하는" 연습을 통해서 증가한다고 주장한다. 이런 하비투스는 습득된 것이며, 그렇지 않고 "연습에 좌우되지 않는 영혼의 하비투스"[69]는 타고나는 것이다. 따라서 바움가르텐에게 하비투스는 선천적 본성과 후천적 본성을 모두 아우르는 폭넓은 개념이다.

물론 미적 훈련을 통해서 서서히 획득될 수 있는 하비투스는 후천적 본성과 밀접한 관련이 있다. 그런데 바움가르텐은 왜 이렇듯 미적 훈련을 통해서 하비투스를 획득해야 한다고 말하는 것일까? 선천적으로 타고난 미적 본성이 있다 하더라도 지속적인 훈련이 없으면 그것이 퇴보하거나 심지어는 마비될 것이기 때문이다. 그러기 위해서는 능력을 훈련하는 것뿐만 아니라 특정한 행위를 반복하는 연습도 필요하다. 바움가르텐은 또 아름다움이나 조화뿐만 아니라 추함을 드러내는 훈련도 그것을 제대로 의식하는 한에서는 인정한다. 그런 훈련을 통해서 나중에는 그와 반대로 아름다움을 드러내는 행위가 가능해질 수 있기 때문이다. 또 미적 훈련은 재능과만 조화를 이루는 것이 아니라 성품과도 조화를 이루어야 한다. 그렇지 않으면 아름답게 보이던 것도 모두 추하게 되어버리기 때문이다. 여기서 우리는 바움가르텐이 아름다움과 윤리적 덕성을 밀접하게 연관시켜온 전통적 견해에 여전히 머무르고 있음을 알 수 있다. 아름다움과 도덕적 선(善)의 구분은 칸트의 『판단력비판』에서야 가능해진다.

바움가르텐이 말하는 미적 훈련은 우선 즉흥적인 임기응변 혹은 발견술적 임기응변의 형태를 띤다. 이와 관련해서는 『미학』 §57의 미주 30의 내용을 참조하기 바란다. 요약하자면 발견술적 임기응변은 무언가를 아름답게 창작하기를 즉흥적으로 연습하는 것을 뜻한다. 연설문이나 서사시, 희곡 등을 직접 써보는 것이 여기에 해당한다. 그런데 바움가르텐은 "본성적으로 아름다운 재능[을 지닌 사람]은 자신이 무엇을 하고 있는지 모르면서도 다른 사람에게 훈련을 받으며 더욱 분명하게 자기 스스로를 훈련"[70]한다고 주장한다. 작품을 잘 다듬는 기술이 무엇인지 모른 채 거의 본능적으로 행해지는 훈련의 존재를 인정하는 것이다. 물론 그러한 훈련이 그 자체로 머물러서는 안 되고 미적 훈련이 되도록 누군가의 인도를 받아야 한다는 단서를 붙인다. 또 잘 다듬어진 기술이 덧붙여진다면 미적 훈련은 더욱 정확하고 확실한 것이 되리라고 주장한다.[71] 그렇게 되면 미적 훈련은 "날 때부터 위대한 가슴을 더욱 위대하게 만들어준다".[72] 여기에서 우리는 본성적 미학에 덧붙여지는 인위적 미학의 주된 기능을 발견하게 된다.

2 — 미적인 가르침

바움가르텐에게 미적인 가르침의 대상은 일종의 지식이다. 가르쳐질 수 있는 지식이라는 점에서 이것은 타고난 재능과는 상관없이 누구나 획득할 수 있는 것이다. 그런데 이것이 "오로지 본성만을 통해서 그리고 그것을 발휘함을 통해서만 달성되곤 하는 것보다는 아름다운 인식의 내용과 형식에 더 밀접하게 영향을 미치는 것들에 관한 더욱 완벽한 이론"을 가능케 한다고 그는 주장한다. 그리고 이것은 "더욱 진지한 훈련을 통하여 실제로 적용될 수"[73] 있어야 한다. 거기에는 모든 아름다운 교양이 속하는데, 고대의 유산, 심지어 신화적 설명도 여기에 속한다.[74] 이런 교양이 필요한 이유는 본성적으로 아름다운 재능이 이런 교양을 통해 "감동을 받고 무언가를 시도할 마음 상태가"[75] 되기 때문이다.

또 하나 미적 가르침을 통해서 가능해지는 것은 아름다운 인식의 형식에 관한 이론이다. 형식은 전적으로 이성적 고찰의 대상이므로 이러한 형식에 대한 규칙의 복합체는 미적 기술이라 불린다. 개별적 영역에 대해서는 웅변의 기술, 시작의 기술, 음악의 기술 등이 고대로부터 존재해왔지만 미학에는 그보다 더 보편적이고 일반적인 기술이 요구된다. 이를 위해서는 "더욱 신중하고 엄격한 훈련"[76], "한 줄의 시라도 쓰지 않고는 단 하루도 그냥 지나가는 법이 없는 훈련"이 필요하다. 따라서 미적 가르침에는 지식 외에도 미적 훈련이 필연적으로 동반되어야 한다. 물론 그것뿐만 아니라 "아름다운 사유의 규칙들에 대한 경험적 지식"**77**도 필요하다.

여기서 우리는 한 가지 의아한 점을 발견하게 된다. 합리론자인 바움가르텐이 왜 경험적 지식의 필요성을 강조하는 것일까? 갑자기 경험론자라도 된 걸까? 그렇지는 않다. 그는 귀납적 논증이 매우 빈틈이 많다고 주장한다. "게다가 완전한 귀납적 추론은 결코 이뤄질 수가 없다."**78** 따라서 먼저 중요한 규칙들을 통찰하는 것이 중요하고 경험에는 그러한 규칙들의 진리를 확증하는 역할이 부여될 뿐이다. 물론 앞서 바움가르텐에 대한 칸트의 비판을 다루면서 살펴보았듯, 중요한 규칙들에 대한 통찰 자체도 칸트에게는 여전히 경험적인 것이었다. 바움가르텐이 제시한 발견술적 방법론 자체가 그런 의심을 살 만한 근거를 제공하기도 한다. 하지만 바움가르텐이 라이프니츠-볼프 학파의 관점에서 모호한 감각으로부터 시작하여 정밀하고 직관적인 인식에 이르기까지 인식 단계의 다양한 스펙트럼과 그 안에서의 지속적인 발전 가능성을 인정하는 한 그의 이러한 사유방식은 자신의 철학체계 안에서는 자연스럽게 추론되는 것이라고 할 수 있다.

바움가르텐에 따르면 이런 규칙들은 "모든 자유인의 기술에 두루 퍼져 있다". 그것들을 찾아내어 그에 따라 아름답게 사유하는 동시에 그러한 사유를 학문의 높이까지 끌어올리게 되면 "아름다움의 더 완전한 체계"**79**에 이를 수 있다. 그러기 위해서는 미적 인간의 관심이 특수한 기술의 규칙으로부터 더욱 보편적인 미적 기술의 법칙으로 고양되어야 한다. "미적 법칙들의 복합체는 그 결과로 발생하는 더 특수한 규칙들보다 앞서서 기술의 형태를 띨 만한 자격이"[80] 있기 때문이다. 이를 통하여 "미적 기술의 가르침 전체는 […] 규칙들을 판명하게 파악할 뿐만 아니라 오성적으로 명료하게 파악하려고 노력하기도 하는데, 그와 동시에 유용한 학문의 형태로 높여지게 된다".[81] "신중하게 마련된 정의는 공리와 추론의 적절한 연쇄적 결합을 통해서 무언가 아름답고 매력적인 것을 제대로 설명"[82]해주기 때문이다.

3 ─ 미적 열정

처음부터 인위적 미학과 밀접한 관련이 있어 보이는 미적 훈련이나 미적인 가르침과는 달리 제5장에서 다루는 미적 열정은 얼핏 보기에는 인위적 미학과 아무 상관이 없는 것처럼 보인다. 바움가르텐이 무아의 경지나 신들린 상태라고 표현한 이 열정은 '인간이 이성적으로 통제할 수 없는 무언가'라고 생각되는 경우가 대부분이기 때문이다. 하지만 제5장을 자세히 읽게 되면 처음에 우리가 가졌던 이런 의문은 금세 해소된다. 바움가르텐에게 미적 열정은 신들린 상태가 아니라 영혼의 힘이 낮은 단계의 인식 능력에 집중된 상태며, 따라서 이러저러한 노력을 통해서 획득할 수 있다. 심지어 그는 그런 상태가 발생하는 원인으로 "어느 정도 멜랑콜리적인 체질을 지닌 사람에게, 예를 들자면 상당히 빠르게 말을 타고 달릴 때 발생하는 신체의 움직임과 동요"[83]를 들기도 한다. 미적 열정은 신적 영감이 아니라 일정한 상황에서 발생하는 인간의 심리 상태인 것이다. 그것을 얻기 위해 미적 인간은 "건전한 신체에 깃든 건전한 정신"[84]을 갖추어야 한다. 미적 열정이 사실은 제4장에서 다룬 바 있는 미적 가르침에 의해 미적 인간의 본성이 많은 도움을 받게 될 때 생겨난다고 바움가르텐이 주장하는 이유가 여기에 있다.

바움가르텐이 미적 열정에 사로잡힌 사람들을 디오뉘소스 신에게 사로잡힌 것이 아니라 아폴론 신에게 사로잡혔다고 말하는 것도 그의 합리론적 성향과 관계가 있다.[85] 그러므로 미적 열정의 상태에서 미적 인간이 갖게 되는 것은 버크나 칸트가 말하는 숭고의 감정이 아니라 여전히 아름다움에 대한 인식이다. 이외에도 바움가르텐이 미적 열정의 원인으로 제시하는 것은 상대적인 휴식, 건강에 더 좋은 음료, 포도주 등이 있다. 포도주 외에는 사실 무아의 경지나 신들린 상태와는 그다지 깊은 관련이 없어 보인다. 포도주의 경우에도 그것이 몸을 움직이게 해주고 슬픔으로부터 벗어날 용기를 준다는 성질에 언급될 뿐, 광적인 열광 상태에 대해서는 거의 언급이 없다. 심지어 그는 그런 상태를 추구하는 사람들은 "조잡한 속임수에 현혹된"[86] 것이라고 주장한다.

또 사랑에 빠져 분별력을 잃어버린 순수하게 미적인 인간들은 감정에 빠져 거기서 벗어나지 못하는 것이 아니라 앞서 말한 것처럼 어떤 대상이나 상황에 집중하여 자신의 낮은 단계의 인식 능력을 발휘하는 것이라고 말한다.[87] 이외에도 가난이나 분노, 경멸이 이런 상태를 초래하는데, 이 역시 신들린 상태와는 거리가 매우 멀다. 바움가르텐은 비극의 정서도 분노와 유사한 것으로 파악한다.[88] 그러므로 그가 말하는 미적 열정은 엄밀하게 말하자면 아름다움을 느끼고 그것을 예술작품에 옮기기 위한 심리적 조건일 뿐, 기존의 이성적 질서를 뒤집어엎는 숭고의 차원과는 근본적으로 다르다. 그에게 숭고는 여전히 아름다움의 한 종류에 불과했다. 숭고를 아름다움으로부터 분리하여 그 자체로 다루기 위해서는 버크와 칸트의 출현을 기다려야 한다.

어쨌든 처음 접했을 때는 인위적 미학과 전혀 상관없을 것처럼 보였던 미적 열정이 바움가르텐에게는 인위적 미학의 대상이었다. 미적 열정의 상태에 이르려면 신체의 움직임과 동요를 추구하고 건전한 신체에 건전한 정신을 갖추어야 하며 상대적인 휴식을 취하고 건강에 더 좋은 음료나 포도주를 마시는 것이 좋다. 물론 분노나 경멸, 그리고 미적 열정의 원인 중 마지막에 언급되는 청춘의 경우에는 인위적 미학의 직접적 대상이라고 보기는 어렵다. 하지만 다음과 같은 사실은 분명해 보인다. 합리론자 바움가르텐에게 미적 열정은 전적으로 인간의 영역을 넘어선 신적 감정이 아니며, 따라서 인간의 이성적 개입이 전혀 불가능한 영역이 아니다. 그러므로 미적 가르침뿐만 아니라 미적 열정 또한 인위적 미학의 고찰 대상이 되는 것이다.

4 — 미적 교정

『미학』§98에서 바움가르텐이 인위적 미학의 예로 직접 언급한 것이 바로 미적 교정이다. 그는 호라티우스의 입을 빌려 자신의 작품을 세상에 내놓으려면 9년 동안 그것을 계속해서 다듬을 것을 요구한다.[89] 그러기 전에 작품을 발표해서는 안 된다. 그렇다면 작품이 어떠하도록 다듬어야 할까? "나중에 손보는 것이 허락되지 않을 정도로 완벽하게 만들어져야 하며, 마치 임기응변에 의해 만들어진 것처럼 […] 보여야 한다."[90] 그가 이렇게 주장하는 근거는 다음과 같다. "다른 조건들이 동일하다면 부분의 아름다움은 모두 전체의 아름다움을 증대시킨다." 따라서 "작품의 사소한 부분들이라도 소소한 완전함을 증대"시키거나 전체의 아름다움을 손상시키지 않으면서도 "불완전함을 감소"[91]시키면 작품을 더욱 아름답게 만들 수 있다. 그러므로 끈기 있게 다듬는 수고는 아름다운 작품을 창작하고자 하는 사람이라면 누구나 계속 힘써야 할 일이다.

바움가르텐에 따르면 창작보다는 교정이 더 쉽기 때문에 끈기 있게 다듬는 수고를 마다하지 않는다면 작품을 더욱 완전하게 만들 수 있다. 그리고 이럴 때 주로 활용되는 능력은 감성보다

해제

는 이성과 오성이다.[92] 이러한 이성적 혹은 오성적 인식은 아름다움에 대한 모든 사유과정에 동반될 뿐만 아니라 그 결과에 관여하기도 한다.[93] 따라서 이런 의미에서 미적 교정은 작품의 창작과정에서부터 세상에 발표될 때까지 모든 과정에 관여한다고 할 수 있다. 하지만 창작이 진행될 동안에는 이성이나 오성보다는 미적열정이 그 과정을 주도하기 때문에 이성이나 오성은 그러한 열정이 어느 정도 식은 뒤에야, 그러니까 창작의 과정이 어느 정도 마무리된 다음에라야 아름다움에 관한 규칙들을 적용하면서 작품을 교정하는 데 개입하게 된다.

고대 로마인이 고대 그리스인에 비해 글쓰기에서 열등한 유일한 원인이 바로 교정을 게을리한 데 있다고 바움가르텐은 주장한다. 더 열심히 교정하지 못한 자신들의 작품을 부끄러워했던 베르길리우스나 오비디우스, 잘 다듬은 종류의 말을 실례와 규칙을 통해 추천해준 키케로 등의 예를 들어 교정의 중요성을 더욱 강조하기도 한다.[94] 이런 이유로 작품을 잘 수정할 수 있었음에도 그렇게 하지 않은 경우에 작가는 관객에게 부당한 일을 행한 것이라 비난받을 수 있다. 그로 인해 작가와 그의 작품이 낮은 평가를 받을 수 있다.[95] 물론 교정의 과정은 창작의 과정처럼 감정을 솟구치게 하거나 마음을 들뜨게 하지는 않는다. 오히려 매우 단조롭게 느껴지는 과정일 경우가 많다. 그렇기 때문에 창작의 과정에서 느껴지는 미적 열정을 사랑하는 이들에게 교정은 매우 귀

찮고 괴로운 과정일 수 있다. 『미학』§102에 소개된 오비디우스의 경우가 그 대표적인 예일 것이다. 하지만 이에 대해 바움가르텐은 교정의 과정이 권태를 유발하는 것은 맞지만 거기에 엄청나게 많은 힘이 필요한 것은 아니라고 주장하면서 오비디우스를 비판한다. 어쨌든 예술가는 자신의 작품을 감상하고 평가하게 될 사람들을 위해서는 모든 면에서 최선을 다해야만 하며 따라서 교정의 수고를 게을리하지 않아야 한다.[96]

마지막으로 스스로 글을 고치기보다는 다른 사람에게 글을 봐달라고 부탁하는 경우에 대해 바움가르텐은 매우 부정적인 태도를 취한다. 누구나 각자가 생각하는 방식이 있고 자신에게 맞는 고유한 방식이 있기 때문에 어떤 사람이 다른 사람의 글을 고치거나 더 좋은 글을 제안하는 것은 합당한 일이 아니라는 것이다. 따라서 다른 사람에게 교정을 부탁하기보다는 스스로 작품을 다듬는 것이 바람직하다. 그렇다고 바움가르텐이 비평을 아예 무시하는 것은 아니다. 누구나 자신의 오류가 있지만 그것을 발견하기란 매우 어렵다는 유베날리스의 풍자시를 인용하면서 그것이 글에도 적용될 수 있음을 인정하고 있기 때문이다. 하지만 정말 열심히 교정한 작품이라면 간단한 표현의 수정이나 세련되지 못한 글에다 표시를 해서 알아서 고치라는 식의 조언 외에는 요구해서는 안 된다고 주장한다. 그것은 앞서 살펴본 이유로 인해서 월권이기 때문이다.[97]

해제

4) 후천적 미학과 인위적 미학의 관계

『미학』§2에서 제시된 바와 같이 본성적 미학에는 타고난 미적 본성과 후천적으로 발달된 미적 본성이 모두 포함된다. 후천적 미학은 다시금 교육적 미학과 실천적 미학으로 구분된다. 본성이 후천적으로 교육되고 실천될 수 있다는 생각은 얼핏 보기에는 모순인 것 같지만 하비투스 개념을 잘 이해하면 그러한 첫 인상에서 벗어날 수 있다. 하비투스는 인간의 내면에 잠재해 있는 소질, 성향이라는 뜻을 지닌다. 그것은 타고난 것일 수도, 후천적으로 습득된 것일 수도 있다. 아름다움과 관련하여 후천적으로 습득된 하비투스가 바로 후천적인 미적 본성이다. 이러한 본성은 미적 훈련을 통해서 서서히 획득될 수 있다. 따라서 바움가르텐에게 인위적 미학과 후천적 미학은 밀접한 관련이 있다.

　바움가르텐에 따르면 타고난 본성도 미적 훈련을 게을리하면 감소하거나 마비되어버릴 수 있다. "지속적인 훈련을 통해서 그 소질이나 하비투스가 늘지 않는다면, 아무리 주어진 것이 크다 하더라도 어느 정도 감소하거나 심지어는 마비될 것이다."[98] 따라서 인위적 미학은 선천적 본성과 일정한 관계를 맺는다. 미적 훈련은 "재능만이 아니라 미적 성품이나 체질도 하비투스로 이끌고 […] 그럼으로써 날 때부터 위대한 가슴을 더욱 위대하게 만들어준다".[99] 그러므로 선천적이든 후천적이든 본성적 미학과 인위적 미학은 따로 떨어져 있는 것이 아니라 유기적으로 연결된 하나의 체계를 구성한다.

미적 교정의 경우에도 인위적 미학과 후천적 미학의 관계는 미적 훈련의 경우에서와 동일하게 나타난다. 끈기 있게 작품을 다듬는 수고가 행복한 미적 인간의 특징을 완성시켜준다고 말하면서 바움가르텐은 하비투스도 그와 동일한 역할을 수행한다고 주장한다. 물론 이때의 하비투스는 "아름답게 형상화된 작품에 계속 정신을 집중하면서 당신이 할 수 있는 만큼 작품의 사소한 부분들이라도 그 소소한 완전함을 더욱 증대시키고 불완전함이 매우 작은 현상일지라도 전체를 손상시킴 없이 그것을 제거하는"[100] 하비투스다. 여기서도 인위적 미학과 후천적 미학은 동일한 목적, 즉 작품을 더욱 완전하게 만들어주기 위해 협력하는 관계인 것이다.

미적인 가르침을 통해서도 "하비투스는 무지나 불확실성 때문에 사유되어야 할 사태나 규칙과 그 근거로부터 벗어나 헤매거나 제멋대로 사유하지 않을 수 있게 된다"[101] 따라서 미적인 가르침도 역시 후천적 미학과 밀접한 관련을 지닌다. 미적 열정의 경우 인간의 영혼이 "여태까지 죽어 있던 자신의 낮은 단계의 인식 능력과 하비투스와 힘을 아름다운 사유행위 자체로 집중시키게"[102] 된다. 그렇게 하기 위해서 앞서 미적 열정과 관련하여 언급한 바 있듯 이성적이고 합리적인 규칙들이 필요하다면, 미적 열정도 후천적 미학과 관련이 있다고 말할 수 있다. 따라서 인위적 미학을 구성하는 모든 요소에서 우리는 후천적 미학과의 밀접한 관계를 발견할 수 있다.

5) 취미의 학문적 규정

후천적 미학과 인위적 미학의 이렇듯 밀접한 관계는 취미 능력을 길러낼 수 있다는 바움가르텐의 주장에서 분명하게 드러난다. 취미는 교육을 통해서 다듬어질 수 있으며 그것이 곧 취미가 학문적으로 규정될 수 있게, 즉 아름다움을 학문적으로 다룰 수 있게 만드는 전제조건이다. "만일 취미가 학문적인 방식으로 규정되어야 한다면, […] 교육을 통해 그러한 취미가 만들어질 수 있어야 한다."[103] 지금까지 살펴본 것처럼 여기서 말하는 교육은 바움가르텐이 말하는 미적 가르침과 미적 훈련을 모두 포함한다고 할 수 있다. 따라서 넓은 의미의 취미를 학문적인 방식으로 규정하는 미학은 가르침과 훈련을 통해서 그러한 취미를 갈고닦는 것과 관련이 있다. 거기에 미적 열정을 갖게 되고 그것을 유지하기 위해 노력하는 방법과 한번 완성한 작품을 끊임없이 고치는 수고가 더해져야 한다. 물론 바움가르텐이 취미를 전적으로 이러한 인위적 미학의 영역에만 국한하여 설명하는 것은 아니다. 본성적 미학은 아름다움을 제대로 느끼고 작품으로 형상화하려면 타고난 재능이 있어야 한다는 사실을 전제하기 때문이다. 따라서 타고난 취미 능력과 그것을 갈고닦는 활동이 조화를 이루어야만 행복한 미적 인간이 탄생할 수 있다.

그렇다면 취미 능력을 어떻게 갈고닦을 수 있을까? 이 물음에 답할 수 있으려면 취미 능력이 어떤 특성을 지니고 있는지에 대해 먼저 살펴보아야 한다. 우선 바움가르텐은 취미판단을 감각기관의 활동에 포함시키고 있다.

"사람들은 *감각들의 완전함에 대한 혼연한 판단을* **감각들에 대한 판단**이라고 부르며 감각을 통해서 촉발된 감각기관의 활동에 포함시킨다. 오직 감각적인 것들에만 적용되는, 프랑스 사람들이 취미(le goût)라고 부르는 것으로도 마찬가지 내용을 표현하는 것이 가능하다. 그런데 프랑스인이 사용하는 명칭뿐만 아니라 유대인{타암(טעם)이나 리흐(ראה)}이나 로마인(loquere ut te videam; 내가 너를 볼 수 있도록 말하라), 이탈리아인 (societas del buon gusto; 훌륭한 취미를 갖춘 사람들의 모임)이 사용하는 명칭도 판단을 감각기관의 활동에 귀속시킨다. 그래서 이 중 어떤 표현방식들은 심지어 판명한 인식들에 관하여 말할 때에도 사용된다. 하지만 우리는 거기까지 올라가고자 하지는 않는다. 혼연한, 그것도 감각적인 것들에 대한 판단을 감각기관에

해제

귀속시키는 언어 사용에 반대하지 않는 것으로 충분
하다."[104]

바움가르텐이 지적하듯 앞의 인용문에 제시된 표현들은 심지어
판명한 인식도 감각기관이 직접 수행할 수 있음을 암시한다. 이
런 가능성을 제시한다는 면에서 우리는 바움가르텐이 데카르트
적 합리론의 기본 노선에서 많이 벗어나 있음을 알 수 있다. 비록
감각기관을 감각적 판단의 주체로 인정하는 정도이지만 말이다.

어쨌든 취미판단이 전적으로 감각적인 판단이라면 취미를
갈고닦기 위해서는 교육이나 훈련을 통하여 감각 능력을 개선하
면 될 것이다. 그렇다면 감각 능력이 조화로움이나 다양성 속의
통일과 같은 아름다움의 특징을 직접 파악해야 하는데 과연 그
것이 감각 능력만으로 가능한지 의문이 생길 수 있다. 칸트처럼
특수를 보편에 포섭시키는 행위로 판단을 정의했을 때는 거기에
오성적 요소가 개입될 수밖에 없다. 감각은 보편적 개념을 상정
할 수도, 그것을 사용하여 판단을 내릴 수도 없을 테니까 말이다.
그렇다면 감각기관이 행하는 판단은 어떤 특성을 지닐까? 우선
생각할 수 있는 것은 빨간 장미를 보았을 때 색채로서의 빨강을
그대로 받아들여 지각하는 경우다. 이럴 경우에도 빨강이라는
개념이 우리 머릿속에 존재해야만 이런 판단이 가능하다는 반론
이 있을 수 있다. 하지만 여기서 바움가르텐이 말하는 감각기관

의 활동으로서의 판단은 그런 개념을 떠올리기 전에 어떤 색채를 그 자체로 확인하는 경우일 것이다.

문제는 완전함으로 정의된 아름다움도 이렇듯 외적 감각의 직접적 판단 대상이 될 수 있는지이다. 흄이 지적한 바 있듯 시력이 좋아진다거나 청력이 증진된다고 해서 아름다움에 대한 판단 능력이 저절로 향상되는 것은 아니다.[105] 따라서 아름다움이 외적 감각기관의 직접적 판단 대상이 된다는 입장은 설득력을 지니기가 어렵다. 게다가 바움가르텐은 아름다움의 특징으로 조화로움에 대해 여기저기서 언급하며 다양성 혹은 풍요로움도 아름다움의 성립 기준으로 제시한다. 이런 기준들은 대개의 경우 오성 혹은 이성의 활동을 전제한다. 따라서 아름다움에 대한 인식이 전적으로 외적 감각에 의해 발생한다고 말하기는 쉽지 않다. 심지어 바움가르텐은 아름다움을 복합적인 완전함으로 정의한다.

"감성적 인식의 아름다움, 그리고 사태들의 우아함 자체는 여러 개의 구성요소가 합쳐져 이루는 복합적 완전함이면서 보편적이기도 하다. 이런 사실로부터 생각해봐도 우리 인간에게는 현상으로 드러나는 단순한 완전함이란 존재하지 않음이 분명하다."[106]

복합적인 완전함이면서 보편적인 아름다움이 과연 감각적 판단만으로 파악 가능한지에 대해서 당연히 의문이 제기될 수 있다. 사실 이 물음에 대한 대답이 취미의 학문적 규정 가능성을 좌우한다고 할 수 있다. 그런데 이 물음은 허치슨이 주장한 아름다움에 대한 내적 감관 이론(internal sense theory of beauty)에서 이미 제기된 바 있다. 허치슨은 아름다움을 불러일으키는 대상의 특성을 다양성 속의 통일로 정의하고 그러한 특성을 지각하게 되면 거기에 반응하여 즐거움을 불러일으키는 감각기관이 외적 감각과는 다르게 우리의 내면에 존재한다고 주장하였다. 이러한 내적 감관은 다양성 속의 통일을 파악하는 오성적 활동을 전제한다는 점에서 대상의 속성을 직접 경험하는 외적 감각기관과는 그 종류가 다르다.

유비적 이성을 미학의 근본적 토대로 제시하며 아름다움을 복합적이면서 보편적인 것으로 파악하는 것으로 보아 바움가르텐도 허치슨과 상당히 유사한 입장이라고 할 수 있다. 물론 차이점도 존재한다. 허치슨은 경험론자로서 다양성 속의 통일이라는 특성을 지닌 대상을 감각적으로 지각하게 되면 아름다움의 내적 감관이 작동하고 그로 인해 그 대상을 감각하는 주체가 아름다움을 느끼게 된다고 생각했다. 그것을 그는 경험적 관찰을 통해서 확인할 수 있다고 믿었다. 반면 바움가르텐은 아름다움을 파악하고 예술가로서 아름다움을 창조해내는 데 있어서 이성 혹은 오성의 역할을 강조함으로써 합리론적 입장을 견지하였다. 그러면서도 취미판단을 감각적 판단의 영역에 귀속시킴으로써 인식에 있어서 감각의 역할을 거의 인정하지 않았던 데카르트적 합리론으로부터는 분명하게 벗어나고 있다.

6) 아름다움의 발생 원인: 풍요로움, 크기, 진리, 빛, 확신, 생명력

아름다움을 산출하는 특성, 따라서 어떤 자연사물이나 예술작품에서 아름다움을 판별하게 해주는 기준으로 바움가르텐은 풍요로움, 크기, 진리, 빛, 확신과 생명력을 들고 있다. 이 중 처음 다섯 개는 『미학』 제1권과 제2권을 통해서 모두 다뤄졌다. 그런데 마지막 기준인 생명력은 바움가르텐이 자신의 집필 기획을 실천에 옮기지 못하고 요절함으로써 결국 다뤄지지 못했다. 다만 다른 기준들에 대한 상세한 해설에 앞서, 보통의 경우 삶, 생명을 뜻하는 라틴어 비타(vita)를 왜 생명력으로 옮겼는지 간단히 설명하고자 한다.

우선 이 단어가 『미학』 §3에서처럼 '인간이 살아가는 삶'의 뜻으로 쓰인 경우는 제외하고 아름다움의 발생 원인과 관련하여 언급되는 곳만을 살펴보기로 하자. 비타는 『미학』 §36에서는 으뜸가는 아름다움으로서 인식의 생명력(vita cognitionis), §183에서는 "아름다운 인식의 으뜸가는 선물", 제2권 서론에서는 "매력적인 인식의 가장 감미로운 아름다움"을 가리키는 데 사용되고 있다. 하지만 그것이 뜻하는 바가 무엇인지는 상세히 설명되지 않는다. §126에서는 키케로의 『연설가에 관하여』에 나오는 '비타 메모리아이'(vita memoriae)라는 표현을 인용하는데, 이 경우 비타는 '생생함'으로 번역될 여지가 있다. 하지만 '생생함'으로 직역되는 다른 용어인 비비디타스(vividitas)를 바움가르텐이 여러 군데서 사용하고 있기 때문에, 그것과 구별하면서도 단어의 원래 뜻을 살리기 위해 '기억의 생명력'이라고 번역하였다. 또한 비비디타스와 비타를 구분해야 한다고 주장하는 §620에 비추어볼 때, 비타는 단순한 생생함이 아니라 그 안에 생명의 힘이 넘치는 아름다운 인식의 특성으로 해석하는 것이 옳을 것이다.

1 ― 절대적인 것과 상대적인 것의 차이

『형이상학』§37에서 바움가르텐은 절대적이라는 말의 의미를 존재자의 규정과 관련하여 다음과 같이 정의하고 있다.

> "어떤 가능한 존재자의 **규정**은 그것이 아직 [다른 존재자와의] 연관관계 속에서 고찰되지 않는다 해도 그것 안에서 표상 가능한 것, 즉 **절대적인** 것이거나 아니면 그것이 어떤 연관관계 속에서 고찰되는 경우에만 표상 가능한 **상대적**(조건적)인 것이다."[107]

이러한 정의는 라틴어의 압솔루투스(absolutus)라는 말의 어원에서 그대로 빌려온 것이다. 압솔루투스가 '분리'를 뜻하는 접두어 압(ab)에다가 '풀어헤치다, 분리하다, 용해하다'를 뜻하는 솔베레(solvere) 동사가 결합되어 만들어진 동사의 과거분사형이기 때문이다. 동사 압솔베레(absolvere)가 무언가를 다른 것들과의 관계로부터 떼어내어 그 자체로 존재하게 만들거나 관찰한다는 뜻을 가지는 것도 바로 이 때문이다. 반면 '상대적'으로 번역되는 콤파라티부스(comparativus)는 '짝을 지우다, 비교하다'라는 뜻을 지닌 콤파라레(comparare) 동사의 과거분사형이다. 따라서 다른 것과의 관계 속에서 관찰된다는 뜻을 지닌다.

바움가르텐이 『형이상학』 §15에서 외부에 주어진 것들과의 관계 속에서 고찰되지 않고 그 자체로만 고찰되는 것을 절대적이라는 말의 의미로 사용하는 이유가 여기에 있다. "자신의 외부에 주어진 것들과의 관계 안에서 **고찰**되지 않는 것은 **자신 안에서 고**찰되는 것이다. **자신 안에서** 전혀 **고찰**되거나 표상될 수 없는 것은 자신 안에서 (내적으로, 단적으로, 절대적으로, 그 자체로) 불가능한 것이다. 반면 자신 안에서 고찰될 수 있는 것은 자신 안에서 (내적으로, 단적으로, 절대적으로, 그 자체로) 가능한 것이다."[108] 여기서 절대적이란 말은 요즘 주로 쓰이는 것처럼 다른 어떤 것도 용납하지 않는, 유일무이한 것이라는 뜻이라기보다는 그저 다른 것과 비교하지 않고 그 자체로 관찰되었을 때 정도의 의미로 사용되는 것이다. 그렇기 때문에 모든 미적인 빛은 "그 자체로는 절대적이지만 더 생생한 관념들이나 소재들의 눈부신 광채로서는 상대적"[109]일 수도 있다.

아름다움의 발생 원인으로 제시된 크기나 빛, 진리 등을 절대적인 것과 상대적인 것으로 나누면서도 바움가르텐은 칸트와는 사뭇 다른 정의를 제시한다. 칸트는 『판단력비판』에서 숭고를 절대적으로 큰 것, 다른 것과의 비교가 불가능한 것으로 정의한다.[110] 따라서 절대적이라는 말은 엄청나게 큰 것과 동일시된다. 하지만 바움가르텐에게 아름다움의 기준으로서의 절대적 크기는 그저 모든 아름다운 사유에 필수불가결한 크기를 가리킬 뿐이다. 절대적인 빛, 절대적인 풍요로움 등의 표현도 마찬가지 의미를 지닌다. 절대적인 빛은 "아름답게 사유되어야 할 모든 것에 필수불가결한"[111] 빛을 가리키며, 절대적인 풍요로움 또한 "아름답게 사유하는 데 언제나 필수불가결한"[112] 풍요로움이다. 그렇기 때문에 오히려 절대적인 것이 상대적인 것에 비해 더 작은 경우도 발생할 수 있다.

> "상대적 혹은 비교적인 미적인 크기에는 확실히 많은 단계가 있다. 하지만 이제 우리는 미적 인간에게 적합한 대로 문법학자들이 사용한 것 중에서 오직 세 단계만을 구분할 것이다. 어떤 것은 절대적으로, 즉 실제로

크다. 어떤 것들은 비교적 크며, 어떤 것들은 최고로 크다. 첫 번째는 '키 작은 관목 숲', 두 번째는 '포도나무 숲', 세 번째는 '커다란 삼림'이다."[113]

이런 이유로 바움가르텐은 "최소한의 절대적인 빛"[114]이라는 표현을 쓸 수 있었고 심지어는 "절대적인 위엄조차도 전혀 없는 모든 것은 추하다"[115]라고 말할 수 있었던 것이다.

2 ─ 미적인 풍요로움

아리스토텔레스는 『시학』에서 훌륭한 비극의 플롯이 갖추어야 할 중요한 특징으로 먼저 통일성을 들고 있다. 그 다음으로는 플롯의 통일성을 전제로 한 상태에서 그 플롯이 가능한 한 복잡할 것을 요구한다. 이러한 두 원칙을 허치슨 같은 후대 학자들은 다양성 속의 통일이라는 용어로 정식화하기도 했다. 풍요로움을 아름다움을 산출하는 특성으로 가장 먼저 꼽으면서 바움가르텐도 이러한 원칙을 염두에 두고 있었던 것 같다. 그는 아름다운 사태들에 대해 사유할 때 가장 먼저 신경 써야 할 것으로 풍요로움을 들면서 이를 통하여 "어떤 사유 대상에 관하여 더욱 다양한 방식으로 아름답게 사유할 수"[116] 있어야 한다고 주장한다.

그는 또 절대적 풍요로움과 상대적 풍요로움, 객관적 풍요로움과 주관적 풍요로움을 구분한다. 우선 절대적 풍요로움은 "아름답게 사유하는 데 언제나 필수불가결한" 것이며 상대적 풍요로움은 절대적 풍요로움의 상대적 단계를 가리키고, "아직 덜 알려져 있거나 엄청나게 유용하면서도 주의력이 모자란 사람에게는 가르침을 통해 머릿속에 집어 넣어주어야"[117] 하는 것이다. 앞에서 절대적이라는 용어와 상대적이라는 용어가 바움가르텐에게서 어떤 의미를 지니는지 알아보았으니 여기서도 둘 중 어느 것이 더 내용이 풍부한지 쉽게 알아챌 수 있을 것이다. 이런 이유로 바움가르텐이 플리니우스의 표현을 빌려 "플라톤적인 광대함"[118]이라고 부르는 상대적 풍요로움은 사유할 거리가 고갈되지 않게 해줄 정도로 넘치는 사태들의 풍부함을 가리킨다.

다른 한편 바움가르텐은 풍요롭게 대상을 묘사할 수 있게 해주는 원인이 사유 대상 자체 안에 있을 때는 객관적, 인간의 본성적 능력과 힘에 있을 때는 주관적 풍요로움으로 설명한다.[119] 여기서 주목할 만한 것은 주관적 풍요로움이다. 왜냐하면 그가 풍요로움을 아름다움의 구성요소 중 하나로 제시하면서 그 원인이 인간의 본성적 능력과 힘에 있다고 주장하기 때문이다. 이로써 그는 아름다움을 전적으로 대상의 객관적 속성으로 파악하는 아름다움의 대이론에만 머무르지 않고 인간 자신의 정신적 능력에 의해 아름다움이 발생할 수 있는 가능성을 보여준다. 사실 이러한 경향은 그가 본성적 미학에 대해 언급할 때 이미 드러났다고 할 수 있다. 만일 아름다움이 전적으로 외부 대상의 성질에만 좌우되는데 그런 성질을 지닌 무언가를 지각하는 인간이 아름다움을 느끼지 못한다면 그것은 전적으로 그의 부족한 능력이나 잘못된 태도 때문이다. 하지만 아름답게 사유하고 이를 통하여 사유의 대상을 아름답다고 지각하는 행위 전체가 아름다움의 발생과 밀접한 관련이 있다고 말하는 순간—대상의 객관적 아름다움을 부정하지는 않았다고 할지라도—아름다움의 주관적 발생 원인 또한 긍정하는 것이다.

따라서 바움가르텐은 아름다움의 발생을 전적으로 어떤 사물을 지각하는 인식 주체의 태도에서 찾는 미적 태도론을 취한 것은 아니지만, 동시대의 취미론자들이 느꼈던 문제의식을 어렴풋이나마 공유하고 있었다고 말할 수 있다. 허치슨이나 흄, 제라드나 앨리슨 같은 취미론자가 느꼈던 문제의식은 사물의 객관적 속성과 인식 주체의 내면에서 그에 반응하여 일어나는 긍정적 감정을 어떻게 조화롭게 설명하느냐 하는 것이었다. 허치슨이 아직 대상의 객관적 속성에 더 천착하고 있었다면 흄은 아름다움의 결정적 판정 근거를 인간의 내면에서 찾으면서도 추상적으로나마 객관적 속성과의 연관관계를 찾으려 했다. 반면 제라드나 앨리슨 같은 경우는 점점 더 인간의 내면에서 일어나는 변화에 초점을 맞춰 아름다움에 대한 이론적 해명을 시도했지만 전적으로 인식 주체의 태도에서 아름다움의 발생 원인을 찾으려는 미적 태도론의 입장까지는 이르지 못했다. 바움가르텐도 이런 시대 분위

해제

기를 당연히 감지하고 있었을 것이기에 그의 미학논의에서 나타나는 이런 경향은 어찌 보면 당연한 것이다.

3 — 미적인 크기

바움가르텐은 아름다움의 두 번째 발생 원인으로 크기를 제시한다. 그런데 이 기준은 뭔가 석연치 않다. 왜냐하면 버크처럼 아름다움을 느끼게 하는 경험적 기준으로 작음을 제시하지는 않더라도 고대부터 아름다운 사물이 커야 한다고 주장하는 사람은 거의 없었기 때문이다. 사실 우리가 아름답다고 부르는 많은 것이 그렇게 크지 않다. 예를 들어 한 떨기 장미꽃이 아름답다고 할 때 우리는 그것이 크기 때문이라고 생각하지 않는다. 물론 서양의 전통적인 이론에서 다루는 숭고미 혹은 장엄미는 매우 크고 웅장한 것을 가리키는 데 사용되기는 하지만 그것은 아름다움의 한 예일 뿐 모든 아름다운 사물이 크고 웅장해야 하는 것은 아니다. 그런데 왜 바움가르텐은 크기를 아름다움의 발생 원인이라고 주장하는 것인가?

아리스토텔레스는 『시학』에서 아름다운 것은 일정한 크기를 지녀야 한다고 주장하였다. 너무 크거나 너무 작으면 불쾌감을 유발하기 때문에 아름다울 수 없고 아름다움은 잘 파악될 수 있을 정도의 적절한 크기를 지녀야 한다는 것이다. 바움가르텐이 말하는 크기도 이런 관점에서 해석해야 제대로 이해될 수 있다.

왜냐하면 앞서 절대와 상대의 차이를 설명하면서 지적했듯 절대적 크기의 경우 상당히 작은, 하지만 너무 작지는 않은 것을 가리킬 수 있기 때문이다.

다른 한편 바움가르텐은 미적인 크기를 두 가지로 분류한다. 하나는 대상의 크기이며 따라서 객관적이고, 다른 하나는 그런 대상에 상응하는 관념의 크기이며 따라서 주관적이다. 후자의 경우 크기는 그것이 지니는 무게와 중요성을 가리킨다. 따라서 단순한 물리적 크기가 아니다. 그렇기에 "진정으로 큰 것은 사유와 고찰의 대상으로 우리가 계속 마주치게 되는 것"[120]이다. 어쨌든 지속적으로 우리가 그에 대해 생각하고 들여다보게 되는 것이 미적으로 큰 것이다. 그리고 거기에는 "모든 아름다운 사유에 필수불가결한 절대적 크기"와 "어떤 아름다운 사유에 고유하고 독특한 방식으로 요구되는 절대적 크기의 어떤 단계"[121]인 상대적 크기가 있다.

그런데 바움가르텐이 제시한 미적인 크기의 구체적인 예를 보면 오히려 자신을 보잘것없게 표현하는 겸손함을 가리키는 것처럼 보이기도 한다. 진정으로 아름답게 사유하는 사람은 다른 사람과 자신의 작품의 크기를 비교하려 하지 않으며, 스스로의 부족함을 자책하고 자신들의 영혼이 보잘것없다고 말하는 사람이라고 주장하기 때문이다.[122] 물론 듣는 사람들이 그 말을 믿지 않을 만큼 말하는 사람이 훌륭한 사람이라는 것이 전제되어야 하지만 말이다. 어쨌든 다른 사람보다 더 위대한 작품을 만들어야 한다고 생각하고 그것을 자랑하는 순간 거기에는 오히려 진정한 미적 크기가 결여된다는 것이다. 이런 사실에 비추어보면 바움가르텐이 미적 크기와 도덕을 매우 밀접하게 관련짓고 있음을 쉽게 추측할 수 있다. 실제로 그는 미적인 크기를 자연적인 것과 도덕적인 것으로 구분하고 후자를 "도덕적으로 미적인 크기, 즉 도덕적 법칙에 맞게 규정된 자유를 통하여 가능한 크기"[123]로 따로 분류하여 미적 위엄이라고 부른다.

　미적 위엄 또한 절대적인 것과 상대적인 것으로 나뉘는데, 절대적인 미적 위엄 또한 모든 아름다운 사유에 필수불가결한 것이다. 그 원칙을 바움가르텐은 다음과 같이 표현한다. "무엇이든 더 자세하게 사유하는 것이 훌륭한 도덕관습에 위배되는 경우, 그것에 대해 오래도록 곰곰이 생각해서는 안 된다." 반면 "상대적인 미적 위엄은 아름답게 사유되어야 할 어떤 특정한 것에 요구되는 것으로, 모든 것에 동일한 정도로 요구되지는 않는다."[124] 바움가르텐은 키케로가 아름다움을 매력과 위엄으로 구분하고, 매력은 여성적이고 위엄은 남성적이라고 분류하면서 위엄뿐만 아니라 매력도 드러내는 완벽한 외모를 연설가에게 요구하는 것을 상대적인 위엄의 예로 제시하고 있다. 위엄은 언제나 요구되는 것이지만 매력은 꼭 그렇지는 않다는 의미에서 말이다. 그렇기 때문에 미적 위엄의 반대말은 추함이며 절대적인 위엄조차도 전혀

없는 모든 것은 추한 것이다.[125]

4 — 미적 진리

예술에 있어서 진리와 가상은 항상 긴장관계를 유지해왔다. 어떤
예술작품이든 그것이 제시하는 이미지나 소리, 상상을 통해 재구
성되는 내용을 통해서 실제로는 존재하지 않는 대상이나 사태를
묘사하기 때문이다. 실제로 존재하는 대상이나 사태를 재구성하
더라도 거기에는 예술가의 독창적인 해석이 담기게 마련이다. 그
럼에도 불구하고 아리스토텔레스가 『시학』에서 주장했듯 예술이
역사와 같은 실증학문보다 오히려 더 많은 진리를 제시할 수 있
다고 생각하는 사람들이 계속 있어왔다. "시는 역사보다 더 철학
적이고 더 가치가 있다. 왜냐하면 시는 보편적인 것을 말하는 경
향이 있고, 역사는 개별적인 것을 말하기 때문이다."[126]

바움가르텐이 "미적 진리, 그러니까 미적으로 인식될 수 있
는 그런 진리"[127]라는 표현으로 지시하는 내용도 이와 밀접한 연
관이 있다. 그는 진리를 물질적 진리와 논리적 혹은 정신적 진리
로 구분한다. 전자는 형이상학적 진리라고도 불리는데 "가장 보
편적인 원리들과 그 대상들의 일치"이며 후자는 "감각에 의해 촉
발된 상응과 일치, 즉 표상과 대상의 일치"[128]다. 후자가 정신적
진리라고 불리는 것은 그것이 우리 인간의 영혼 안에서 이뤄지기
때문이다. 따라서 전자는 객관적 진리, 후자는 주관적 진리라고

도 불린다. 객관적 진리는 우리의 정신 안에서 주관적 진리를 낳는다. 주관적 진리는 다시 두 가지로 구분된다. 하나는 오성에 의해 판명하게 지각된 것들 안에 존재하는 진리로 "더 엄밀한 의미에서의 논리적 진리"이며, 다른 하나는 유비적 이성에 따라 낮은 단계의 인식 능력을 통해 나타나는 것으로 "미적 진리"[129]라고 불린다. 따라서 바움가르텐의 분류에 따르면 진리에는 형이상학적-객관적 진리, 주관적-논리적 진리, 주관적-미적 진리가 존재한다.

우리가 관심을 갖는 것은 바로 주관적-미적 진리인데, 이것은 주관적-논리적 진리와는 매우 다른 방식으로 드러난다. 웃으면서 진리를 말하는 풍자시와 "자신의 논증을 더 세심하게 그리고 학문적으로 입증해내는 어떤 윤리철학자의 실제적인 조언"[130] 사이의 차이가 그것을 분명하게 보여준다. 전자는 유비적 이성을 통하여 어떤 사태를 명료하면서도 우아하게 직관하는 데 집중하는 반면, 후자는 판명한 오성적 명료함을 추구한다.[131] 바움가르텐은 여기서 한 발짝 더 나아가 미적-논리적 진리에 대해서도 언급한다. 미적으로 참인 어떤 것이 동시에 논리적으로도 참인 경우를 가리키는 이 말은 예술작품 안에서 오성적으로도 참인 내용을 발견할 수 있음을 암시한다. 물론 그렇다고 해서 미적 인간이 오성적 진리를 직접 추구한다는 말은 아니다. 다만 그것이 "간접적으로 많은 미적 진리로부터 동시에 하나의 진리로서 드러나거나 미적으로 참인 것과 일치"[132]하는 경우를 가리킬 뿐이다.

미적 진리는 대상들이 우아하게 사유될 수 있을 가능성을 요구하는데 아름다움의 다른 발생 원인에서와 마찬가지로 여기서도 절대적 가능성과 조건적 가능성이 있다. 절대적 가능성이란 미적 진리가 드러나는 대상들 안에서 서로 모순되는 특징들이 관찰되지 않는 것을 뜻한다.[133] 예술작품이 묘사하는 대상이 논리적으로 모순이 되는 경우, 우리는 그러한 대상에게서 아무런 아름다움을 느끼지 못한다. 아니, 아예 그에 대한 사유 자체를 포기하게 된다. 예를 들어 어떤 여인의 얼굴이 동그라면서 동시에 네모나게 생겼다고 어떤 작가가 묘사한다면 우리는 그 작품에 대해 아무런 감흥을 느끼지 못할 것이다. 그런 얼굴은 존재할 수 없기 때문이다. 또한 작품 안에서 묘사되는 대상이나 사건이 전혀 그럴듯하지 않은 경우에도 그 작품에 흥미를 느끼지 못할 것이다.

미적 진리의 대상들이 지녀야 하는 조건적 가능성은 다시금 자연적 가능성과 도덕적 가능성으로 구분된다. 자연적 가능성은 인간의 도덕적 행위와는 상관없이 유비적 이성을 통해서 판정될 수 있는 대상이나 사태에 대한 묘사와 관련이 있다. 반면 도덕적 가능성은 오직 자유로부터 이끌어낼 수 있는 것으로서 "어떤 특정한 도덕적 인물에게 주어진 자유나 주어진 인격, 성격으로부터 유비적 이성을 통해 흘러나오는 것처럼 보일 정도의 특징과 크기를 지녀야 한다".[134] 이럴 경우 대상에 대한 묘사는 그의 나이나 출신, 성격이나 기타 이와 유사한 요소들에 따라 달라져야 한다. 이런 도덕적 진리에는 단계가 있다. 방금 설명한 넓은 의미의 도덕적 진리보다 더 엄격한 의미의 도덕적 진리는 "도덕법칙들에 일치하도록 내려진 자유로운 결정을 통해서만 행해질 수 있는 것"[135]이며, 가장 엄밀한 의미의 도덕적 진리는 "기호를 통해 표현된 의미가 우리 마음속 생각과 일치하는"[136] 경우를 가리킨다. 흥미로운 것은 바움가르텐이 그러한 도덕적 진리의 상대성에 대해 언급하는 부분이다. 그는 호라티우스의 『서간집』을 인용하면서 "누구나 자신의 척도에 따라 스스로를 판단"[137]한다고 주장한다. 그러면서 키케로가 카토의 지나치게 엄격한 도덕적 기준에 대해 비판하면서 그 한계를 지적하는 내용을 인용한다.[138]

잘 알려져 있듯 아리스토텔레스는 『시학』에서 비극에서 묘사되는 사건은 하나로 규정될 수 있을 정도로 적당한 크기를 지녀야 한다고 주장하였다. 그에게 너무 크지도 너무 작지도 않은 크기가 아름다움의 기준이었기에 이러한 통일성은 곧 작품의 아름다움을 판정하는 기준이기도 했다. 이것을 후대 사람들은 행위의 통일성이라고 불렀다. 바움가르텐도 미적 진리가 요구하는 절대적 가능성과 감성적으로 인식되는 조건적 가능성을 구분하면서 이런 모든 가능성이 통일성을 요구한다고 주장한다. 그러면서 "아름다운 숙고의 대상이 행위인 경우"인 행위의 통일성과 "외적 관계들이나 상황들의 통일성"[139]으로 구분하고, 후자에 장소와 시간의 통일성이 속한다고 말한다. 물론 오늘날의 아리스토텔레스 연구자들이 밝혀냈듯 『시학』에서 원리로 제시되었다고 검증된 것은 행위의 통일성뿐이며 장소와 시간의 통일성은 근대의 신고전주의 예술가와 이론가 들이 억지로 끼워 맞춰 해석한 것일 뿐 아리스토텔레스가 제시한 것은 아니다.

바움가르텐에 따르면 미적-논리적 진리는 일반적인 것과 개별적인 것으로 나뉜다. 일반적인 진리는 "보편적인 것이나 개념들의 진리"이고 개별적인 진리는 "개별적인 것이나 이념들의 진리"다. 그런데 "무엇보다 감성적으로는, 일반적 진리의 대상 안에서는 결코 개별적 진리의 대상 안에서만큼 많은 형이상학적인 진리가 발견되지 않는다". 그렇기 때문에 미적 인간은 "가능한 한 개별적인 것을 일반적인 온갖 것보다 선호"한다. "왜냐하면 더 구체적으로 규정된 대상일수록 그와 동시에 그것을 다른 것들과 구분해주는 더 많은 특징을 지니게 되며, 그 대상에 대해 아름답게 사유하는 일이 그만큼 더 많이 허용되기 때문이다."**140** 이 원칙은 미적인 크기에도 적용된다. 간략하게 설명해보자면, 우선 보편적인 개념들에 대한 서술에는 우리가 감각적으로 접할 수 있는 내용이 거의 존재하지 않는다. 보편적일수록 내용은 빈약하게 마련인 것이다. 개별적인 대상들의 경우에는 그것이 지니고 있는 많은 속성으로부터 많은 내용이 감각적으로 인식될 수 있다. 따라서 그에 대해 아름답게 사유하는 일이 추상적이고 일반적인 개념들에 대해서보다 훨씬 더 많이 가능해진다.

해제

바움가르텐은 미적-논리적 진리의 외연을 참된 것에 대한 지각, 더 참된 것에 대한 지각, 가장 참된 것에 대한 지각으로 구분한다. 그런데 가장 커다란 미적-논리적 진리는 개별적이거나 단일한 어떤 것에 대한 진리다. 이 진리를 그는 단일한 진리라고 부르는데, 이때 단일함은 두 가지 의미를 갖는다. 하나는 최대, 최선의 존재자, 즉 신의 내적 규정들에 관한 진리이며 다른 하나는 절대적으로 우연적인 개별적 존재자들에 관한 진리다. 후자의 경우 단일한 진리는 이 우주 안에 존재하는 개별적인 존재자들에 관한 진리이며 신에 대해 규정하는 절대적으로 필수불가결한 최고의 진리와 함께 가장 엄밀한 의미의 진리다. 하지만 이렇듯 실제로 존재하는 개별적인 존재자들에 관해서 실제로 성립하는 진리는 아닐지라도 다른 가능한 우주에서 성립할 수 있는 진리, 바움가르텐의 표현을 빌리자면 **"다른 세계에서 가능한 진리"**(veritas heterocosmica)**[141]**도 성립 가능하며 미적-논리적 진리는 이와 밀접한 관련을 맺는다. 예술작품에서 묘사되는 대상이나 사태는 실제 세계에서는 존재하지 않는 가상이기 때문에 당연히 "다른 세계에서 가능한" 것일 수밖에 없기 때문이다.

5 — 미적인 빛

바움가르텐에 따르면 예술작품들은 "유비적 이성을 통하여 어떤 사태를 다른 사태로부터 구분해주는 특징을 지각하게 해주기에 충분할 정도"[142]의 빛을 지녀야 한다. 이것이 미적인 빛, 즉 감성적 명석함 또는 감성적 명료함이다. 한편으로 그것은 어떤 사태를 묘사하는 단어나 문장의 내용이 명료한 것을 뜻하며, 다른 한편으로는 그를 통해 묘사되는 사태 자체가 명료함을 뜻한다. 물론 그렇다고 너무나 명석해서 듣는 사람이 아무런 주의를 기울이지 않아도 저절로 이해할 수 있을 정도일 필요는 없다. 예술작품을 접할 때 필요한 적당한 정도의 주의를 기울이는 사람이라면 누구나 그 안에서 묘사되는 사건의 내용을 명료하게 이해할 수 있을 정도면 된다.

　아름다움의 다른 발생 원인들과 마찬가지로 여기서도 절대적인 빛과 상대적인 빛이 구분된다. "**미적인 빛**과 명료함을 다음과 같이 구분할 것을 진리 자체가 명령한다. 하나는 아름답게 사유되어야 할 모든 것에 필수불가결한 **절대적인 빛**이고, 다른 하나는 […] 절대적인 빛의 어떤 단계인 **상대적인 빛**이다. 이것은 더 아름답게 숙고되어야 할 어떤 것들에 대해서가 아니라면 쏟아부을 필요가 없는 것이다."[143] 반면 이것들과 상관없는 오성적 명석함은 오직 논리적인 빛일 뿐 미적인 빛이 아니다. 물론 오성적 명석함이 미적인 빛을 더욱 밝게 해줄 수 있기는 하지만 말이다. 또 미적인 빛은 자연스러운 것이어야지 장식적이기만 해서는 안 된다. 심지어 자연스러운 광채를 위해서는 타고난 재능으로 충분하지, 재능을 쥐어짜서는 안 된다고 바움가르텐은 주장한다. 참다운 미적인 빛은 그것을 지닌 예술작품이 "재능이 발휘된 곳이라곤 아무 데도 없는 것처럼"[144] 보이게 만들 것이다.

그렇다면 이런 감성적 명석함은 어떻게 얻어질 수 있을까? 바움가르텐에 따르면 그것은 생생한 관념들을 두드러지게 드러냄으로써 가능하다. "그 안에서 특정한 내용들이 다채롭게 등장하고 마치 서로 뒤쫓는 듯이 갑작스럽고 빠르게 교차하는 것이 포착되는 바로 그러한 관념들은 생생하다. 그것들이 퍼져나가 두드러지게 드러남으로써 한편으로는 그것들에 대한 숙고가 눈부신 광채를 더욱 발하게 되며, 그럼에도 그 전체적인 모습은 명료하며, 절대적으로 명석할 수 있다는 사실이 분명해진다."[145] 어떤 사태가 매우 다채로운 모습을 보이게 되면 우리는 그것을 다른 사태들로부터 분명하게 구분할 수 있다. 그것이 더욱 두드러지게 되면 그만큼 우리는 그것을 더욱 명료하게 파악할 수 있게 된다. 물론 그 사태 자체를 구성하는 요소를 모두 정확하게 구분해내기는 어렵다. 이것이 논리적인 빛이 아니라 미적인 빛인 이유가 여기에 있다. 따라서 논리적인 빛이 증가할수록 감성적 명료함은 줄어들고 반대로 이론적 사유방식에 아름다움의 빛이 증가할수록 그것은 더욱 미적인 것, 즉 예술적인 것이 된다.[146]

그런데 사람마다 선호하는 작품의 종류가 다르다면 어떤 작품이 다른 작품보다 더 훌륭한 것인가를 가려낼 수 있는 규칙을 찾아내는 것이 가능할까? 바움가르텐에 따르면 당연히 찾아낼 수 있다. "미적인 것에 있어서 절대적인 아름다움의 빛을 결여한, 절대적으로 조야하며 갈고닦아지지 않았고 숨겨져 있어서 어두운 것들에서 기쁨을 느끼는 사람들이 있다면 어찌 됐든 그들은 구름을 주노로 여기는 실수를 범한 것이다."[147] 절대적인 아름다움의 빛은 누구에게나 분명하게 드러나게 되어 있는데 그것을 부정하는 것은 잘못이라는 것이다. 이렇듯 분명하게 드러나는 절대적 아름다움의 빛은 그것을 통해 모든 것이 환히 드러나 있다면 그로부터 상대적인 빛도 드러날 수 있게 해준다.

그런데 절대적인 미적인 빛이 "단순히 명료하고 또렷한" 것이라면 상대적인 빛은 "환하고 눈부신" 것이다. 따라서 미적인 빛을 풍성하게 드러내려면 후자가 필요하다. 하지만 "이런 장식은 […] 남성적이고 강인하며 순수한 것이어야 하고, 여성적인 가벼움으로 장식하거나 분칠해서 두드러지게 된 화려한 외관을 사랑하지 않아야 하며, 왕성한 힘과 혈기가 그것을 빛내주어야 한다".[148] 과도한 장식은 오히려 장식하고자 하는 대상에서 드러나야 할 미적인 빛을 어둡게 하는 역할을 하게 되기 때문이다. 또 대상의 특질과는 상관없는 이질적인 장식을 덧붙이다 보면 작품의 일관성도 훼손하게 된다.[149] 이런 일을 행하는 사람은 재능이 부족한 사람만이 아니다. "청소년기에 만들어져 굳어진 좋지 못한 습관"으로 인해 그렇게 될 수도 있고, 불법과 야만스러움이 횡행하여 판단력이 흐려지게 되어도 그렇게 될 수 있다. 거기서 벗어나려면 "이성을 사용하여 결함 있고 망가진 습관을 순수하고 망가지지 않은 관습으로 교정"하고 "어디서나 명료하고 우아한 사유를 하기 위해 몇 가지 장식을 따로 첨가"[150]할 줄 알아야 한다.

6 — 미적 확신

아름다움의 중요한 다섯 번째 조건은 미적 확신이다. '확신'으로 번역한 라틴어 페르수아시오(persuasio)는 '설득하다'라는 뜻을 지닌 동사 페르수아데레(persuadere)의 명사형으로 원래는 '설득'이라는 뜻을 갖지만 설득의 결과로 갖게 되는 '확신'이라는 뜻으로도 쓰였다. 따라서 문맥에 따라 어떨 때는 설득으로 어떨 때는 설득에 의한 확신, 또는 그냥 확신으로 옮겼다. 그런데 이러한 설득 혹은 확신은 우선은 어떤 사태의 확실성을 인정한다는 이론적 의미를 갖는다. 이런 확실성을 근거로 실제로 어떤 행동을 하거나 하지 않게 하기도 한다.[151] 하지만 어떤 이들은 이 말을 잘못된 확신이라는 뜻으로 해석하고 설득을 아부나 장식적인 말을 통하여 누군가를 잘못된 확신에 이르게 하는 것으로 해석하기도 한다. 따라서 참된 의미의 설득을 근거로 생겨나는 확신과 그렇지 못한 확신을 구분하는 것이 중요하다. 바움가르텐은 키케로의 말을 빌려 "설득하려면 적절하게 말하는 것이 연설의 능력을 가진 사람이 지켜야 할 의무이며 그 목표는 적절한 표현을 통해 설득"[152]하는 것이어야 한다고 주장한다.

이러한 확신을 그는 두 가지로 나눈다. 하나는 진리에 대한 판명한 의식으로서 확고한 신념이고, 다른 하나는 판명하지 못하고 감성적인 의식으로서 설득에 의한 확신이다. 철학자나 수학자에게 고유한 확고함이 전자에 속하며, 역사가나 연설가, 시인에게 나타날 수 있는 확실성은 후자에 속한다.[153] 후자가 우리가 주목하는 미적 확신인데 여기에도 참된 것과 그렇지 못한 것이 있을 수 있다. 참된 미적 확신은 설득을 원래 목적으로 삼는 수사학뿐만 아니라 미학이 추구하는 것이기도 한데, 그것을 성취하게 되면 이 학문들은 "결함 있는 기술, 즉 나쁜 기술(κακοτεχνία; 카코테크니아)이 아니며, 둘 모두 페이투스 데미우르고스(πειθοῦς δημιουργός), 즉 설득에 의한 확신의 창조자, […] 설득에 의한 확신의 정수(精髓)가 될 수 있다".[154] 이런 의미에서 미학은 실천적 지식이면서 동시에 아름다움과 관련된 기술이다. "이렇게 파악된 미학은 온갖 종류의 확신을 자아내기만 하는 게 아니라 자신에게 잘 어울리는, 훌륭하고 진정으로 우아한 확신을 자아낸다."[155]

하지만 미학의 목적이 설득 자체인 것은 아니다. 오히려 그보다 더 높은 것, 즉 "평범한 대중의 자의적 판단이나 군중의 범속한 판단을 초월하여 고상함"[156]을 추구한다. 믿을 만한 것을 참된 것보다 더 선호해서는 안 되기에 설득력 있는 무언가를 그 자체로 추구하지도 않는다. 그럼에도 미적 인간은 "참되거나 참되어 보이는 것에 대한 참된 설득을, 미적 설득과 그것의 하비투스"[157]

를 사랑할 것이다. 이런 설득을 위해서는 개연성과 빛이 필요하다. 여기서 말하는 개연성과 빛은 우리가 앞서 살펴본 미적 진리와 미적인 빛을 가리키는데, 이런 것들이 있어야만 진정한 의미의 설득이 이뤄질 수 있다. 아름다움의 다른 발생 원인에서와 마찬가지로 이런 설득에도 절대적인 것과 상대적인 것이 있을 수 있다. "진리를 향한 절대적 노력이 어디서나 요구하는 정도의 개연성이 최소한의 절대적인 빛과 함께 아주 선명하게 빛나면 **절대적 확신**이 불러일으켜진다. 다른 한편 개연성이 어떤 주어진 숙고 안에서 진리를 향한 상대적 노력이 요구하는 정도에 비례해서 환한 빛을 발하면 **상대적 확신**을 불러일으킨다."[158]

　　미적 설득은 오성적 신념을 통한 "완전하면서도 학문적인 확실성"을 다루기도 한다. 물론 그것만을 다룬다면 미적 설득이 될 수 없기에 "논리적 지평과 미적 지평에 공통된 것들을, 후자의 단계를 넘어서지 않는 한에서 다룬다"[159] 하지만 미적 설득이 궁극적으로 추구하는 것이 논리적 확실성이 아니라 감성적 확실성인 것은 분명한 사실이다. 그런데 바움가르텐은 도덕적인 선함과 악함의 경우에는 이러한 감성적 확실성이 논리적 확실성보다 더 설득력이 강할 수도 있다고 주장한다. "시인은 도덕적인 입증을 통한 신념의 대상에 관하여 사람들을 설득하고자 하며, 결국에는 심지어 아름다운 오성과 예민한 이성도 신념에 이르게 할 수 있다."[160] 다른 한편 미적으로 있음 직한 일들은 논리적으로 있음

직한 일과 구분되지만 그것과 공존할 수도 있다. "논리적으로 있음 직하지 않은 내용이 너무나 커져서 모든 미적인 있음 직함을 파괴하고 모든 설득력을 제거"[161]하는 경우도 있을 수 있다. 하지만 "새로움을 통해 놀라움을 자아내는 기술"을 잘 활용할 경우 "의심스럽거나 있을 법하지 않은 것도 미적 설득을 위해"[162] 사용될 수 있다.

옮긴이 주(註)

옮긴이 서문

1 물론 그전에도 바움가르텐의 『미학』을 현대어로 번역한 경우가
없었던 것은 아니다. 독일의 경우 한스 루돌프 슈바이처(Hans Rudolf
Schwiezer)가 234절에 이르는 『미학』의 일부 내용을 번역하여 라틴어
독일어 대역본 형태로 자신의 책 『감성적 인식의 철학으로서의
미학』(*Ästhetik als Philosophie der sinnlichen Erkenntnis*; 1973)에
수록한 적이 있으며, 그중 제2권에 속한 부분을 제외하고 『이론적
미학』(*Theoretische Ästhetik*; 1983)이라는 제목으로 역시 라틴어
독일어 대역본으로 출간한 적이 있었다. 장-이브 프랑셰르(Jean-Yves
Pranchère)의 프랑스어 번역본{2001(1988)}도 슈바이처가 번역한
것과 동일한 내용을 담고 있다. 또 이탈리아의 바움가르텐 전문가
프란체스코 피셀리(Francesco Piselli)와 살바토레 테데스코(Salvatore
Tedesco)가 완역한 『미학』 이탈리아어판이 각각 1992년과 2000년에
출간되었다.{*Estetica*, annotata da Francesco Piselli, Sardini, 2017(1992);
Estetica, annotata da Salvatore Tedesco, Sardini, 2000.} 라틴어를
모태로 탄생한 언어 중 가장 라틴어에 근접한 것이 이탈리아어이기에
독일어 번역보다는 더 용이했으리라고 미루어 짐작할 수 있다.
이 번역본들은 이탈리아 내 바움가르텐 연구에 엄청난 기여를
했다. 하지만 한국은 물론이고 대부분의 국가에서 이탈리아어가
학문적 언어로 그다지 선호되지 않기에 국제적인 영향력은 상당히
미미한 수준에 그쳤다. 참고로, 테데스코의 번역본은 절판되었으며,

피셀리의 번역본은 2017년에 재출간되었다. 어쨌든 904절에 이르는 『미학』의 독일어 완역은 2007년에야 비로소 이루어졌고 이를 계기로 바움가르텐 미학 연구가 본격적으로 시도될 수 있는 토대가 마련되었다.

제1권 이론적 미학

서문

1   모두 세 권으로 3년에 걸쳐 출간된 이 책의 제목은 다음과 같다. 게오르크 프리드리히 마이어(Georg Friedrich Meier), 『모든 아름다운 학문의 최초의 근거들』(*Anfangsgründe aller schönen Wissenschaften*), 3 Bände, Halle: Hemmerde, 1748~1750.

2   바움가르텐이 언급하는 책들은 다음과 같다. 1) 자무엘 베렌펠스 (Samuel Werenfels), 『화려한 연설에 대한 논설』(*Dissertatio de meteoris orationis*) in: 『신학적, 철학적, 문헌학적 논문집』(*Opuscula theologica, philosophica et philologica*), Bd. 2, Lausanne / Genf, 1739(1716). 2) 게라르두스 요한네스 포시우스(Gerardus Johannes Vossius), 『웅변술의 본성과 구조에 대하여』(*De rhetorices natura et constitutione*), Lugduni Batavorum, Apud Ioannem Maire, 1657(1617); 『시작의 기술의 본성에 대하여』(*De artis poeticae natura*), 1647; 『기술과 학문의 본성과 구조에 대하여』(*De artium et scientiarum natura ac constitutione*), 1696; 『아리스타르코스』(*Aristarchus*) in: 『전집』(*Opera*) Bd. 2, Amsterdam, 1695(1635); 『시학 강요; 웅변술 강요』(*Poeticarum institutionum libri; Institutionum oratoriarum libri*) in: 『전집』(*Opera*) Bd. 3, Amsterdam, 1695(1606). 3) 요한 마티아스 게스너(Johann

Matthias Gessner; 1691~1761), 『로마의 언어와 교양에 관한 새로운 용어사전』(*Novus linguae et eruditionis romanae Thesaurus*), Leipzig, 1759.

개관

1 시적인 상대적 진리 추구에 대한 부분까지가 1750년 출간된 제1권에서 다뤄졌고, 미적인 빛과 미적 확실성(제2권의 미적 확신 부분)에 대한 내용은 1758년 출간된 제2권에서 다뤄졌다. 하지만 이탤릭체로 표시된 나머지 부분은 결국 저술되지 못했다.

서론

1 자유인의 기술들(artes liberales)은 트리비움(Trivium)이라 불린 문법학, 논리학, 수사학의 세 학문과 콰드리비움(Quadrivium)이라 불린 산술학, 기하학, 음악학, 천문학의 네 학문을 함께 아울러 부르는 명칭이다. 이 학문들은 자유인이 공적인 삶에 참여하기 위해 갖추어야 할 필수교양으로 여겨졌기 때문에 '자유인의 기술'이라 불리게 되었다. 오늘날에는 문학이나 철학 등의 인문과학이나 사회과학, 수학이나 물리학을 여기에 포함시키기도 한다. 이 책에서는 주로 문학이나 예술과 관련된 기술이라는 의미로 사용되고 있다.

2 바움가르텐이 말하는 유비적 이성의 의미와 그 상세한 내용에 대해서는 「해제」의 관련 항목(이 책 274~277쪽)을 참조하라.

3 §2에서 제시된 바와 같이 본성적 미학에는 타고난 미적 본성과 후천적으로 발달된 미적 본성이 모두 포함된다. 본성이 후천적으로

교육되고 실천될 수 있다는 생각은 얼핏 보기에는 모순인 것처럼 보인다. 하지만 바움가르텐이 말하는 하비투스 개념을 잘 이해하면 그러한 첫인상에서 벗어날 수 있을 것이다. 하비투스에 대해서는 「해제」의 미적 훈련 관련 내용(이 책 287, 288쪽)을 참조하라. 인위적 미학은 이러한 본성적 미학 중 후천적 미학과 밀접한 관련이 있다. 여기 말고 바움가르텐이 인위적 미학에 대해 언급하는 곳은 오직 『미학』 §98과 §99뿐이다. 거기서 다뤄지는 또 하나의 내용이 작품에 대한 교정이기에, 인위적 미학은 작품을 창작하는 데 직접 적용되는 인간의 후천적 능력이나 작품이 완성된 뒤 나중에 그 내용에 인위적으로 손을 대어 고치는 방식과 관련이 있다.

4 　'행복하게'로 번역한 라틴어 단어 펠릭스(felix)는 원래는 '비옥하다, 생산량이 많다'는 뜻을 지녔는데, 그렇기 때문에 '축복받은, 복된, 성공한' 또는 '그런 성공을 가져다주는, 상서로운' 등의 뜻으로도 쓰였다. 따라서 여기서 행복하다는 표현은 단순히 행복하다고 느낀다는 의미보다는 실제로 사유를 통해서 인식의 아름다움을 성취해내는 능력이 있고, 그래서 행복하다는 뜻으로 해석되어야 한다.

5 　바움가르텐이 말하는 취미의 의미와 그 상세한 내용에 대해서는 「해제」의 관련 항목(이 책 300~305쪽)을 참조하라.

6 　앞으로 자주 등장하게 될 모호함과 혼연함, 명석함과 판명함 그리고 정밀함이라는 용어들이 갖는 의미상의 차이에 대해서는 「부록」에 실린 『형이상학』 §531의 내용과 이와 관련하여 첨부된 미주, 그리고 「해제」의 관련 내용(이 책 244~253쪽)을 참조하라.

7 　여러 개의 요소로 구성된 완전함에 대해서는 『미학』 §22, §24의 내용을 참조하라.

8   유비적 이성이란 감성적 인식의 영역에 이성적 사유와 유사한 방식을 도입하는 것을 말한다. {유비적 이성에 대한 좀 더 자세한 논의로는 「부록」에 실린 『형이상학』 §640의 내용과 「해제」의 관련 항목(이 책 274~277쪽)을 참조하라.} 이성적으로 사유되고 판단될 수 없거나, 적어도 그와는 다른 방식이 필요한 인식 대상에 대해 이성적 사유방식을 간접적으로라도 적용하는 것이 가진 위험에 대해서는 데카르트를 비롯한 거의 대부분의 합리론 철학자들이 지적한 바 있다. 이에 대해 바움가르텐은 이러한 주장은 유비적 이성의 방식을 반대하는 사람들이 아예 그런 방식을 채택하지 말라는 뜻보다는 오히려 그것을 인정하는 사람들이 그러한 위험에 대비하라는 의미로 제기할 수 있는 것이라고 반박한다.

9   호라티우스(Horatius), 『시작의 기술』(*Ars Poetica*), 408ff. "훌륭한 노래가 타고난 본성으로부터 나오는지 아니면 기술에 의해 만들어지는지 / 사람들은 묻는다네. 그런데 아무리 노력한다 한들 타고난 재능이 풍부하지 않으면 / 무슨 소용이 있는지 난 모르겠네. 또 갈고닦지 않은 재능만으로 무슨 유익이 있는지도 모르겠네. 이렇듯 / 이 둘은 서로를 필요로 하며 아주 사이좋게 훌륭한 작품을 합작해낸다네."

10   키케로(Cicero), 『연설가에 관하여』(*De Oratore*), 1, 14, 60. "인간의 본성과 관습에 관하여 설명한 바 있는 온갖 견해를 아주 세심하게 연구해보지 않고서도 철학자들이 연설가에게 가장 중요한, 인간의 감정을 불타오르게 하거나 그 불을 꺼뜨리는 일을 할 수 있을까?"

11   게오르크 베른하르트 빌핑어(Georg Bernhard Bilfinger), 『신, 인간의 영혼, 세계와 사물의 일반적인 상태에 관한 철학적 해명』(*Dilucidationes philosophicae de Deo, anima humana, mundo et generalioribus rerum* *affectibus*), Cottae, 1725, § 268. "저 모든 능력이 노력과 근면함을 통해 더욱 완전해질 수 있다는 사실을 우리는 경험이라는 교사를 통해서 알고 있다. 훈련을 거친 후에는 동시에 많은 대상에 주목할 수 있게 되거나, 더 수월하게 추상적 사유를 행할 수 있게 되거나, 보편적이거나 여러 개의 사태에 공통된 것들을 더 빨리 발견할 수 있게 되거나, 과거의 것을 더욱 성공적으로 기억해낼 수 있게 되는 사람들이 있으니까 말이다."

12 요한 야콥 브라이팅어(Johann Jakob Breitinger), 『비유의 본성, 의도와 사용방식에 관한 비판적 논고』(*Kritische Abhandlung von der Natur, den Absichten und dem Gebrauche der Gleichnisse*), Conrad Orell, 1740, p. 6. "아름다움으로 가득 찬 작품이 작품 감상을 편안하게 해주는 규칙에 위배되는 것은 불가능하다. 아름다움과 규칙이 서로 반목하는 일이 생긴다면 둘 중 하나가 거짓이라는 것보다 더 확실한 사실은 없다. […] 비유 안에 담긴 특별한 종류의 아름다움을 발견하고 그와 동일하게 아름다운 작품을 만들어내고자 한다면 어떻게 시작해야 할지에 관하여, 저자[브라이팅어 자신]의 논평은 다행스럽게도 필요한 모든 지침을 우리에게 제시해준다. 동일한 원인으로부터 언제나 동일한 결과가 발생해야 하기 때문에 더더욱 그렇다. […] 저자는 위대한 작가들이 범례의 형식 안에 감추어둔 규칙들을 발견해냈다. 이런 규칙들을 한 번 발견한 사람이라면 그것들을 적절하게 잘 훈련함으로써 범례나 모범이 처음 우리에게 허락해주었던 것과 동일한 즐거움을 언제나 사람들에게 불러일으킬 수 있다."

13 발견술은 소크라테스의 교육 방법론에서 유래한 용어다. 그가 대화 상대방이 스스로 진리를 발견하도록 이끄는 방식을 사용한 것을 빗대어 그렇게 불렀기 때문이다. 따라서 원래는 설명하는 방식이

아니라 질문을 통해 상대방이 스스로 깨우치도록 하는 방식을 택해야
하지만, 여기서는 그저 고찰 대상의 기본적 속성들을 발견하여
제시한다는 뜻으로 사용되고 있다. 데카르트나 스피노자처럼 기하학적
사유 방식에 따라(more geometrico) 정의와 공리를 근거로 명제들을
추론하는 것이 아니라, 사람들을 납득시킬 수 있을 정도로만 어떤
내용을 발견하고 제시한다는 점에서 발견술이라는 명칭을 붙인 것이다.

14 호라티우스, 『시작의 기술』, 40f. 인용문에서 '주제'로 번역한 단어는
인용문 다음 문장에서 '사태'로 번역한 것과 동일한 res라는 단어다.
다른 곳에서는 이 단어를 모두 사태로 옮겼다. 그렇게 번역한 이유에
대해서는 제1권 제1장의 미주 1을 참조하라. 인용문에서는 학문에서
다루는 대상이 된다는 의미로 '주제'로 번역하였다

제1부 발견술

1 '사태'라고 번역한 레스(res)라는 단어는 넓은 의미로는 세상에 존재하는
모든 것을 이르는 말이다. 사물로서의 대상뿐만 아니라 생명체, 더
나아가서는 그러한 것들이 어우러져 이루는 어떤 상태까지 모두
포괄하는 개념이다. 게다가 소유물이나 재산을 가리키기도 했고,
그것을 둘러싸고 벌어지는 소송이나 쟁의를 뜻하기도 했다. 따라서
일반적으로 통용되는 것처럼 사물이나 물건으로만 번역하면 안 된다.
이 책에서는 가장 포괄적으로 이 모든 의미를 담고 있는 '사태'라는
용어로 번역했다.
　'관념'으로 번역된 코기타티오(cogitatio)는 사유행위나 그 내용을
가리키는 말이다. 데카르트는 사유행위를 정의할 때 단순하게 이성적
혹은 오성적인 것만이 아니라, 의지, 심지어는 감각이나 감정의
영역까지도 모두 포괄하는 것으로 정의하였다. 따라서 사유는 우리

내면에서 일어나는 모든 현상을 포함하고 있었다. 이 책에서도 나중에 형성된 좁은 의미의 사유, 즉 오성적 사유만이 아니라 거의 모든 인간의 내면적 정신활동과 그 내용을 가리키는 것으로 이해되어야 한다. 그렇다면 사태와 관념은 사유하는 인간의 바깥에 존재하거나 일어나고 있는 사태와 인간의 내면에서 행해지는 광범위한 의미에서의 사유행위와 그 내용으로 구분되어 이해될 수 있다. 물론 이 둘 모두 이미 우리 내면에서 이루어진다는 의미에서 넓은 의미로는 모두 관념이다. 다만 그 관념의 내용이 외부로부터 받아들여진 것인가, 아니면 우리의 내면으로부터 발생한 것인기의 차이가 있을 뿐이다. 반면 대상 혹은 질료의 아름다움은 우리가 인식하기 이전에 이미 우리의 외부에 존재하는 사태의 객관적 아름다움을 가리킨다.

'현상'으로 번역한 파이노메논(phaenomenon)은 발음이 같은 고대 그리스어 단어(φαινόμενον)의 음역어로, 원래 이 그리스어 단어는 빛을 뜻하는 명사 파오스(φάος)에서 파생된 동사 파이노(φαίνω)의 과거분사 중성단수형이다. 파이노는 원래 '빛나다, 드러나다, 드러내 보여준다'라는 뜻인데, 나중에는 '분명하다', 심지어 '… 처럼 보인다'라는 뜻으로도 쓰였다. 이렇게 의미가 점점 변화된 것은 고대 그리스인이 빛이 태양으로부터 나와 우리에게 태양을 느끼게 해주지만 태양 자체는 아니라고 생각하게 되었기 때문이다. 그래서 파이노메논은 무언가가 드러나 보인다는 의미에서 현상을 뜻하는 말이 되었는데, 그것이 사물이나 사태 자체는 아니라는 의미에서 가상(假像)이라는 뜻으로도 쓰였다. 바움가르텐은 우리 내면에서 사유의 내용들이 하나의 체계를 이루게 되면 하나의 사물이나 사태를 경험하게 되는데, 이것을 현상이라고 불렀다. 우리가 감각을 통해서 받아들인 사물이나 사태의 어떤 단면들이 있다고 하더라도, 그것이 모호해서 조화로운 하나의 체계로 구성되지 못한다면 우리는 그것이 무엇인지 인식하지 못한다. 따라서 현상은 비록 가상이라 할지라도 하나의 완결되고 명확한 체계를 이루어야만 한다.

2 바움가르텐은 『철학편지』(*Philosophische Briefe*)의 열한 번째 편지에서 딕티오(dictio)와 엘로쿠티오(eloquutio)를 모두 '표현'(Ausdruck; 아우스드룩)으로 번역하고 있다. 라틴어 원문은 "Identitas eloquutione seu dictione=stilus"인데 이것을 독일어로 "Die Aenligkeit und Gleichheit im Ausdruck ist die Schreib-Art"로 번역하였다. 독일어 번역을 한국어로 옮겨보면 다음과 같다. "표현에 있어서의 유사성이나 동일성은 [글 쓰는 이에게 독특한] 글쓰기-방식[즉, 문체]이다." 또 오라티오(oratio; 『철학편지』, 열한 번째 편지)와 세르모{sermo; 『철학적 윤리학』(*Ethica Philosophica*) §343}는 모두 '말'(Rede; 레데)로 번역하거나 그렇게 이해하고 있다. 전자의 경우 "Carmen=oratio metrica"(노래=운율이 있는 말)이라는 라틴어 원문을 독일어로 "Eine Rede, darin ein Metrum beobachtet [wird]"로 번역하고 있다. 한국어로 옮겨보면 "그 안에서 운율이 관찰되는 말"이 된다. 세르모의 경우 바움가르텐이 독일어 번역어를 제시하고 있지는 않지만, 본문 내용을 살펴보면 이 단어를 '말'이라는 뜻으로 사용하고 있음이 명백하다. 『철학적 윤리학』 §343 첫머리에 거짓말이 다음과 같이 정의되고 있기 때문이다. "Sermo falsus FALSILOQUIUM est." 한국어로 번역하면 다음과 같다. "거짓된 말은 **거짓말**이다."(Cf. Alexander G. Baumgarten, *Ästhetik* Band 2, Übersetzt von Dagmar Mirbach, Hamburg: Ferlix Meiner, 2007, p. 940.)

3 『미학』 §18에서 제시된 사태나 관념의 아름다움은 우리의 내면에서 수행되는 사유의 내용이 서로 조화를 이루게 됨을 가리킨다. 이것은 언어적으로는 명확하게 제시된 명제의 형태를 통해서 나타난다.

옮긴이 주(註)

4   퓌시스(φύσις)는 천품, 본성을 가리키는 고대 그리스어이고,
나투라(natura)는 그와 유사한 의미를 갖는 라틴어이다.
에우퓌이아(εὐφυΐα)는 천품, 본성이 훌륭하다는 뜻을 지니며,
아르케튀파(ἀρχέτυπα)는 원형을, 스토이케이아 게네세오스(στοιχεῖα
γενέσεως)는 생성과 변화의 근본이 되는 원소들을 가리킨다. 따라서
이 용어들은 모두 본성적이라는 뜻과 밀접한 관련을 갖는다.

5   이 절의 내용은 처음 보기에는 매우 이해하기 어렵다. 이 글의 내용을
제대로 이해하려면 바움가르텐 사후에 독일어로 번역되어 출간된
『미학』의 강의록 필사본 §31 내용을 살펴볼 필요가 있다. "현존하는
것은 언제나 무언가 아름다운 것을 가져오기에 충분한 공간을
지니지 못하는 하나의 점일 뿐이다. 내가 현존하는 것에서 나의
작품의 주제를 취할 수 있을 것이라고 말하려는 사람은, 내가 그것을
감각하는 동안에는 그 일을 수행할 수 없다는 사실을 고려하지
않는 것이다. 만일 내가 내 친구의 죽음에 대한 조시(弔詩)를 그가
임종하는 순간에 완성해야 한다고 가정해보자. 과연 나는 그런
식으로 그 시를 완성할 수 있을까? 아니면 나는 내 시가 완성될 때까지
오래도록 죽음의 고통을 겪을 것을 내 친구에게 바라야 할까? 오히려
나는 그의 임종을 지켜본 다음 그 감각을 지니고 가서 나중에 그에
대해 아름답게 사유할 수 있다. / 하지만 아름다운 정신은 과거의
의식만을 가져서는 안 된다. 그는 미래도 들여다보아야 한다. 왜냐하면
아름다워야 하는 것이라면 감동을 주어야 하는데, 이것이 바로
아름다운 인식의 특성이기 때문이다. 내게 감동을 주어야 하는 것은
내 안에 욕구를 자아내야 한다. 하지만 욕구는 미래에 얻게 될 좋은
것 때문이 아니고서는 생겨나지 않는다. 따라서 이제 아름다운 정신이
감동을 주어야 한다면 그는 미래도 들여다보아야 한다. 그는 과거와
현재의 비슷한 상황들을 주목해 관찰하고 그로부터 미래에 대한

지식을 만들어낸다."{베른하르트 포페(Bernhard Poppe), 『알렉산더 바움가르텐: 라이프니츠-볼프 철학에 있어서 그의 의미와 위치, 그리고 그가 칸트에게 가졌던 의미. 지금까지 알려지지 않았던 바움가르텐의 미학에 관한 강의 필사본 원고도 함께 발간됨』(*Alexander Baumgarten: Seine Bedeutung und Stellung in der Leibniz-Wolffischen Philosophie und seine Beziehung zu Kant. Nebst Veröffentlichung einer bisher unbekannten Handschrift der Ästhetik Baumgarten*; 이하 AB), Buchdrückerei Robert Noske, 1907, p. 87.} 지금 내 눈앞에 있거나 내 귀에 들리는 것은 그저 감각될 뿐 그것을 아름답다고 느끼게 되는 것은 아주 짧다 하더라도 일정한 시간이 지나야 가능하다. 이것은 바움가르텐이 제시한 친구의 죽음에 대한 조시의 예에서 분명하게 확인할 수 있다. 이것이 과거의 것이 아름답게 사유되어야 하는 이유다. 아름다움을 느낄 수 있는 계기를 마련해주는 것은 언제나 과거에 인식된 대상의 성질인 것이다. 그런데 상상력이 풍부해지는 것은 언제나 미래와도 관련이 있다. 왜냐하면 아름다움은 감동을 주는데, 감동은 욕구를 자아내며, 욕구는 언제나 미래의 충족 가능성과 관련이 있기 때문이다. 그러므로 아름다움은 현재의 실제 상황보다는 과거에 대한 기억과 미래에 대한 기대를 통해서 실현되고 느껴지는 것이다.

6   이 말도 처음에는 무슨 뜻인지 이해하기 어렵다. 바움가르텐은 강의록에서 다음과 같이 설명하고 있다. "예리함은 아름다운 정신에 필수불가결한 특성이다. 하지만 그것이 주된 능력이어서는 안 된다. 그것은 다른 능력들을 지배해서는 안 되며, 오로지 다른 능력들을 장식하는 데만 이용되어야 한다. 그것은 다른 능력들을 장식하는 하녀여야 한다. 그런데 그것이 스스로가 지배자가 되려고 하면 그것은 더 이상 좋은 것이 아니다. 일반적으로 사람들은 다음과 같은 오류에 빠진다. 자신의 작품에 대한 위트를 너무 일찍 퍼뜨리는

것이다. 사람들이 때때로 위트를 추구하는 것은 당연한 일이다. 하지만 아름다운 정신은 그런 일을 결코 하지 않을 것이다. 왜냐하면 그런 일을 하게 되면 자신의 위트가 분위기를 썰렁하게 만든다는 사실을 아주 빨리 눈치채기 때문이다."(AB, p. 87f.) 위트는 서로 다른 두 현상 사이의 공통점을 재빠르게 인식하고 그것을 표현하는 능력에 의해 만들어진다. 그러므로 『형이상학』 §572, §573(이 책 213, 214쪽)에서 다뤄지는 동일성과 차이를 지각하는 예리하고 섬세한 능력과 밀접한 관련이 있다. 그런데 이런 능력은 아름다운 어떤 대상을 장식하는 용도로 사용되어야 하지, 그 자체로 두드러지게 되면 오히려 아름다움을 해치게 된다. 우리가 '썰렁한' 농담이라고 부르는 것이 이런 경우에 해당될 것이다. 따라서 이미 충분히 준비된 소재에만 예리한 관찰력이 사용되어야 한다는 말은 이 능력이 그 자체로 사용되기보다는 이미 아름다움을 갖춘 소재에만 장식적으로 사용되어야 한다는 뜻으로 해석되어야 할 것이다.

7   고대 그리스 신화에서 뮤즈 신들의 어머니로 등장하는 므네모쉬네 (Μνημοσύνη)는 기억의 여신이다.

8   '창작의'로 번역한 라틴어 포에티쿠스(poeticus)의 어원이 된 고대 그리스어 포이에티코스(ποιητικός)는 '만들다, 제작하다'라는 뜻을 지닌 동사 포이에오(ποιέω)의 형용사형으로 '제작의, 제작에 관한'이란 뜻을 지녔었다. 아리스토텔레스가 자신의 비극론을 서술한 책의 제목이 '제작의 기술에 관하여'라는 뜻을 지닌 '페리 포이에티케스 테크네스'(Περὶ ποιητικῆς τέχνης; 테크네스는 보통 생략되곤 한다)였기 때문에 이후에 이 단어의 의미가 점차 변화하여 '새로운 것을 지어낸다, 창작한다'라는 의미로 사용되었고 그 범위가 점점 축소되어 서사시나 비극의 창작에 국한되어 사용되기도 했다. 아주 오랫동안

서양에서는 이 단어가 예술 일반에 해당되는 말로 쓰이거나 아니면
문학 일반을 가리키는 용어로 사용되었다. 오늘날과 같이 운율이
있는 문학 장르에만 국한되어 사용되게 된 것은 극히 최근의 일이다.
바움가르텐도 이 말을 문학 일반, 예술 일반에 해당되는 말로써
창작의 의미에 초점을 맞춰 사용하고 있다. 이 말을 현대어에서 익숙한
'시적'(詩的)이라는 표현 대신 '창작의, 창작과 관련된'이라는 뜻으로
번역한 이유도 여기에 있다. 그렇지 않고 예술 장르를 가리키는 데
사용될 때는 그냥 '시적'이라고 번역하였다.

9   풍미로 번역된 사포르(sapor)는 무언가를 맛보거나 냄새를 맡는다는
    뜻을 지닌 사피오(sapio) 동사에서 유래한 명사로 두 감각 모두에서
    경험을 얻어 갖게 된, 맛과 냄새를 분별하는 능력을 가리켰다. 오늘날
    이성 혹은 오성이나 그것을 통해 얻어진 실천적 지식, 곧 지혜로
    번역되는 사피엔티아(sapientia)도 이 동사로부터 유래했다. 오늘날
    한국어에서는 '풍미'가 주로 맛을 가리키는 데 사용되지만 한자어로
    보면 풍미(風味)가 맛뿐만 아니라 바람, 그러니까 바람에 실려오는
    향까지 포함한다는 점을 고려하여 사포르의 번역어로 채택하였다. 좀
    더 자세한 내용은 「부록」에 첨부된 『형이상학』 §607의 미주 23(이 책
    404쪽)을 참조하라.

10 예견과 예감으로 번역한 라틴어 단어는 각각 프라이비시오(praevisio),
    프라이사기움(praesagium)다. 전자는 원래 '미리 본다'라는 뜻을,
    후자는 '미리 느낀다', 더 정확하게 말하자면 '미리 냄새를 맡는다'라는
    뜻을 갖는다. 좀 더 자세한 내용은 「부록」에 첨부된 『형이상학』 §666의
    미주 28(이 책 406쪽 이하)을 참조하라.

11 '외연적'이라는 용어의 의미에 대해서는 이 책 「부록」에 첨부된
    『형이상학』 §531의 미주 18(이 책 403쪽)을 참조하라.

12   Cf. 호라티우스, 『시작의 기술』, 295~297. "타고난 재능이 형편없는
      기술보다 행복하다 / 믿었기에 데모크리토스는 […] / 맨정신인
      시인들을 헬리콘에서 쫓아냈다네." 헬리콘(Ἑλικῶν)은 그리스에
      있는 한 산의 이름인데, 거기에는 뮤즈 신들에게 바쳐진 거룩한
      샘이 둘 있었다고 한다. 하나는 아가니페(Ἀγανίππη)이고 다른
      하나는 히포크레네(Ἱπποκρήνη)였다. 아가니페 샘은 그 물을
      마시는 자에게 시적 영감을 선사하는 것으로 묘사되었다. 그래서
      고대 그리스인은 뮤즈 신들을 아가니페의 여신들이라는 뜻으로
      아가니피데스(Ἀγανιππίδες)라고 부르기도 했다. 또 신화에 따르면
      날개 달린 말 페가수스가 어떤 바위를 자신의 발굽으로 치자
      거기서 샘이 솟아났는데, 그것이 히포크레네 샘이었다고 한다.
      히포크레네라는 명칭이 고대 그리스어로 '말의 샘'이라는 뜻의 히푸
      크레네(Ἵππου κρήνη)에서 유래했다고 생각되는 이유다. 이런
      이유로 헬리콘은 고대 그리스인에게 시적 영감의 원천으로 여겨졌다.
      헤시오도스가 『신통기』 맨 처음 부분에서 다음과 같이 노래하는
      이유도 여기에 있다. "헬리콘의 뮤즈 신들로부터 [영감을 얻어]
      노래를 시작하세. / 뮤즈 신들은 저 거대하고 성스러운 헬리콘 산의
      주인이라네."{헤시오도스, 『신통기』(Θεογονία; Theogonia), I, 1~2.}

13   호라티우스, 『시작의 기술』, 300~301. 안티퀴라(Αντίκυρα)는 고대
      그리스의 한 항구 이름이다. 이 항구 출신의 한 사람이 헤라클레스의
      광증을 이 항구 주변에서 자라는 약초를 써서 고쳐주었다고 해서
      유명해졌다. 호라티우스도 안티퀴라라는 단어로 항구가 아니라 이
      약초를 가리키고 있다. 그에 따르면 많은 사람이 데모크리토스의 말을
      믿고는 이발사에게 가서 머리를 깎지 않으면, 즉 손톱이나 수염을
      깎지도 않고 목욕하는 것도 싫어하며 고독한 장소를 즐기면 시인의
      명성을 얻을 수 있으리라고 생각했다. 바움가르텐은 아름다움의

인식에 이성과 오성의 역할이 중요하다는 자신의 주장을 근거로 데모크리토스의 주장과 이러한 사람들의 생각을 적절치 못한 것이라 비판하고 있다.

14 오르페우스(Ὀρφεύς)는 고대 그리스 신화에 등장하는 음악가이자 시인, 예언가로 그가 음악을 연주하면 살아 있는 모든 것뿐만 아니라 심지어 바위까지 그의 음악에 매혹되었다고 한다. 따라서 고대 그리스인은 그를 음악, 더 나아가서는 모든 예술적 재능을 대변하는 인물로 여겼다.

15 에이론(εἴρων)은 고대 그리스의 희극에 등장하는 인물 유형 중 하나로, 자신의 진심은 감춘 채 계속 질문만 하거나 자신의 진심과는 반대되는 말을 하는 특징을 지니고 있었다. 소크라테스는 철학적 진리를 탐구하기 위해 소피스트들의 견해를 논박하는 과정에서 자신의 의도를 숨긴 채 끊임없이 질문을 던지면서 그들을 궁지에 몰아넣었기에 에이론이라는 별명을 얻었다. 자신이 원래 의도한 바와는 반대의 내용을 말하거나 글을 쓴다는 의미로 사용되는 아이러니라는 용어가 여기서 유래했다.

16 후고 그로티우스(Hugo Grotius; 1583~1645)는 네덜란드 출신의 법학자로 자연법에 기반을 둔 국제법 이념의 창시자로 불리는 인물이다. 자신의 저작 중 일부를 시적 형식을 빌려 저술하였다.

17 확고함에 대해서는 『미학』 §840(이 책 175쪽 이하)을 참조하라.

18 여러 가지 덕성에 수반되어 나타나는 것들을 가리킨다.

19 서양에서는 히포크라테스 이래로 아주 오랫동안 인간의 신체적 특성과 기질을 네 가지 체액 중 어떤 것이 더 많은가에 따라 규정해왔다. 그것이

담즙질, 점액질, 우울질, 다혈질이다. 점액(침)이나 담즙(쓸개즙), 혈액과 같은 체액들과 달리 우울질의 원인이 된다고 여겨졌던 흑담즙(μέλαινα χολή; 멜라이나 콜레)은 해부학이 발달된 뒤에는 존재하지 않는 것으로 판명되었다. 어쨌든 이 네 가지 체액 중에서 예술과 자주 연결되었던 것은 우울질이었다. 심지어 아리스토텔레스는 위대한 인물들이 학문적, 정치적, 예술적 업적을 남긴 원인을 우울질에서 찾기도 했다. 하지만 바움가르텐은 오히려 담즙질이 예술적 위대함의 원인이 될 수 있다고 주장하고 있다. 사람들 앞에 나서기 좋아하고 독립적이며 다른 사람들을 이끌기 좋아하는 성격으로 묘사되는 이 기질이 오히려 예술가적 능력을 더 많이 가질 수 있게 한다는 것이다.

20 호라티우스, 『서간집』(Epistolae), 2, 1, 177. 원래 호라티우스의 원문은 다음과 같다. "명예가 바람처럼 빠른 마차에 태워 무대로 이끄는 이를 / 둔감한 관객은 힘 빠지게 하고, 진지한 관객은 희망에 부풀게 한다네."(호라티우스, 『서간집』, 2, 1,177~178.) 따라서 두 번째 행은 바움가르텐 자신이 추가해 써넣은 것이다.

21 루키우스 오르빌리우스 푸필루스(Lucius Orbilius Pupillus; 114~c.14 BC)는 기원전 1세기경 활동했던 고대 로마의 라틴어 문법학자로 그의 제자 중 한 사람이었던 호라티우스는 그가 수업시간에 매를 많이 때렸다고 기록해놓았다. 그래서 그는 엄격한 교사의 상징처럼 여겨졌다. 호라티우스가 전하는 바에 따르면 그가 학생들에게 매를 든 때는 고대 로마의 극작가이자 서사시인 리비우스 안드로니쿠스(Livius Andronicus)의 매우 어려운 글들을 읽을 때였다고 한다. 바움가르텐은 지나치게 어려운 텍스트나 주제를 선택해서 억지로 훈련할 것이 아니라 삶에서 직접 접하게 되는 사물이나 상황에 대해서 사유하는 훈련을 해야 한다는 말을 하기 위해 오르빌리우스의 이름을 거론하고 있다.

22 하비투스에 대해서는 「해제」 중 미적 훈련에 해당하는 관련 항목(이 책 287쪽 이하)을 참조하라.

23 '상황이 안 좋을 때면'으로 번역한 라틴어 표현 말리스 아비부스(malis avibus)는 원래는 점을 쳐서 징조가 좋게 나오지 않은 경우를 가리킬 때 쓰는 말이다. 여기서는 '무엇 때문인지는 정확하게 알 수 없지만 기분이 나쁘고 예감이 좋지 않을 경우에' 정도의 의미로 쓰였다.

24 호라티우스, 『서간집』, 2, 1, 146. '운율을 뒤섞어가면서'로 번역한 라틴어 표현 베르시부스 알테르니스(versibus alternis)는 직역하면 '시구를 바꿔가면서'라는 뜻이다. 하지만 여기서는 잘 다듬어지지 않은 거친 형식을 사용한다는 것을 뜻한다. 고대문학에서는 보통 하나의 작품에 하나의 운율, 예를 들어 오보격(伍步格; pentameter)이나 육보격(六步格; hexameter)만을 사용하였다. 따라서 운율을 바꿔가면서 사용한다는 것은 그러한 규칙을 따르지 못할 만큼 아직 제대로 훈련이 되어 있지 않음을 뜻한다.

25 Cf. 오비디우스(Ovidius), 『비가』(Tristia), 4, 10, 26. 원문은 다음과 같다. "quod temptabam scribere versus erat."(내가 쓰려고 시도한 것은 모두 시가 되었네.) 이 문장으로 오비디우스는 젊은 시절 시는 아무런 유익을 가져다주지 않는다는 아버지의 말을 듣고 운율이 없는 글을 쓰려고 시도했지만 자신이 쓰는 글마다 시가 되었음을 말하고 있다. 이것을 바움가르텐은 원래 삼인칭 단수 반과거 시제로 쓰인 동사 텐타밤, 에라트(tentabam, erat)를 삼인칭 단수 미래 시제인 텐타비트, 에리트(tentabit, erit)로 바꾸어 다음과 같이 인용하고 있다. "Quicquid tentabit dicere, versus erit."

26 호라티우스, 『서간집』, 1, 3, 22.

27 Cf. 고트프리트 빌헬름 라이프니츠(Gottfried Wilhelm Leibniz), 「골트바키움에게 보내는 두 번째 편지」(Epist. 2 ad Goldbachium) in: 『전집』(Opera omnia), hg. von L. Dutens, Bd. 3, Genf, 1768, p. 437. 원문의 내용은 다음과 같다. "음악은 자신이 숫자를 세는 줄 모르는 채 행하는 영혼의 비밀스러운 산술 연습이다."

28 호라티우스, 『서간집』, 2, 1, 127f, 130f.

29 호라티우스, 『시작의 기술』, 428.

30 호라티우스, 『시작의 기술』, 269, 323f. 이 구절들은 호라티우스의 원문을 바움가르텐이 약간씩 변형해 인용한 것이다. 269행의 원문 내용은 다음과 같다. "여러분은 그리스인의 모범적인 작품들을 밤낮으로 손을 놀려 뒤적이고 있지요." 이 내용을 뒤에 인용된 내용과 부드럽게 연결하기 위해 그리스인에 대한 언급을 삭제하고 가장 아름다운 작품의 저자라는 표현을 집어넣은 것이다. 또 호라티우스의 원문 323행에 프랑스인에 대한 언급은 없다. 이는 바움가르텐이 자신의 동시대 상황을 고려하여 삽입한 것이다. '동그란 입으로'라고 직역한 라틴어 원어는 '오레 로툰도'(ore rotundo)다. '잘 다듬어진 말이나 연설을 통해서'라는 비유적 의미를 지니고 있다.

31 여기서 발견술이 정확히 무엇을 의미하는가는 처음에는 잘 파악하기 어렵다. 앞서 『미학』 §13의 미주 13(이 책 334쪽 이하)에서 설명했듯 원래 이 말은 소크라테스의 산파술에서 유래한 말로 피교육자가 스스로 진리를 발견하도록 도와주는 교육방식을 가리켰다. 하지만 『미학』은 소크라테스처럼 문답식 대화법에 기초를 둔 저술이 아니라 합리론적 철학에 기초를 두고 체계적으로 서술하는 방식을 취하고 있기 때문에, 발견술을 소크라테스와 같은 의미로 해석하기는

어렵다. 게다가 발견술적 임기응변이라는 용어의 의미도 처음 들을 때는 이해하기가 매우 어렵다. 바움가르텐도 이런 문제점을 의식한 듯 『미학』의 독일어 강연록 §57에서 발견술적 훈련에 대해 다음과 같이 말한다. "나는 앞 절[§56]에서 다룬 바 있는 비교적 작은 훈련, 예를 들자면 독서를 끝까지 수행했다면, 이제는 더 높은 단계의 훈련으로 나아가 직접 내 손으로 무언가를 시작한다. 여기서 나는 벌써 무언가를 지어내기 시작한다."(AB, p. 103.) 이런 설명에 근거해서 추론해보자면, 바움가르텐에게 발견술적 임기응변은 아름답게 무언가를 지어내기를 즉흥적으로 연습하는 것을 뜻한다. 따라서 발견술적 임기응변은 여기서는 스스로 아름다운 글을 쓰거나 말을 하는 방법을 발견해나가는 것을 가리킨다.

32 고대 유럽에서는 코르크 나무 껍질을 헤엄치는 데 서툰 사람들을 위한 수영 보조 기구로 사용했다고 한다.

33 베르길리우스(Vergilius), 『아이네이스』(*Aeneis*), 6, 270~272.

34 이 절의 내용은 얼핏 보기에는 매우 이해하기 어려워 보인다. 하지만 자세히 들여다보면 꼭 그렇지만은 않다. 우선 임기응변의 결과나 제시된 실제 작품이 그러하면 타고난 본성도 그러하다는 주장은 다음과 같이 이해할 수 있다. 원래 타고난 본성이 있기에 임기응변의 결과나 제시된 실제 작품이 그런 상태가 될 수 있었다는 것이다. 그것이 「부록」의 『형이상학』 §57에서 제시하는, 현실적인 모든 것은 내적으로 가능하다는 명제에 담긴 의미다. 하지만 그런 결과가 나오지 않았다고 해서 그러한 본성이 존재하지 않는다고 결론 내릴 수는 없다. 그러한 본성이 있는데 아직 발휘되지 않은 것일 수도 있기 때문이다. 이것이 『형이상학』 §60에서 제시된, 현실성이 제거된다고 모든 가능성이 제거되는 것은 아니라는 명제의 의미다. 아직 존재하지 않는다고 해서

불가능한 것은 아니기 때문이다.

35 아울루스 페르시우스 플라쿠스(Aulus Persius Flaccus; 34~62)는 고대
로마의 시인으로 풍자시의 형식을 빌려 세태를 신랄하게 비판하면서
스토아학파적인 삶의 지혜를 설파한 것으로 유명하다. 본문에서
말하는 설익은 마음은 그의 풍자시 제2편 74행에 등장한다. 거기서
페르시우스는 신들에게 바쳐야 할 것들로 다음과 같은 것을 제시하고
있다. "그 내면 깊숙한 곳이 거룩한 정신, 설익었어도 고결한 미덕을
갖춘 마음."

36 우아하지 않지는 않은 예외에 대해서는 『미학』§25의 내용을 참조하라.

37 길잡이별로 번역한 라틴어 단어는 키노수라(cynosura)다. 이 말은
고대 그리스어 단어 퀴노수라(Κυνόσουρα)의 음차어로 원래 뜻은
개의 꼬리였다. 작은곰자리를 이루는 별들의 일부가 개의 꼬리같이
보이기도 했기 때문에 이런 이름이 붙은 것으로 보인다. 그 꼬리
부분의 마지막별이 북극성이었고 이 별이 고대의 선원들에게 바닷길을
인도해주는 역할을 했기에 길잡이별이라고도 불렸다. 여기서는
미적 기술의 법칙들이 모든 자유인의 기술의 지침이 된다는 사실을
가리키기 위해 사용되었다.

38 제3자 배제의 법칙은 배중률(排中律)이라고도 불리는데, 서로
모순되는 두 개념 사이에는 제3자가 존재할 수 없다고 주장하는
다음과 같은 명제의 형식을 띤다. "모든 것은 존재하거나 아니면
존재하지 않아야 한다." 라이프니츠는 이 법칙을 "모든 판단은
참이거나 아니면 거짓이다"라는 명제로 표현했다. 참과 거짓 이외의
제3의 가능성은 존재하지 않는다는 것이다. 그러므로 어떤 사태에
대해 명확한 구분을 얻을 수 있으려면 그와 관련하여 서로 모순되는

두 가지 개념을 정확하게 구분할 수 있어야 한다. 그런데 바움가르텐에 따르면 무한한 다양성을 지닌 개별적 기술의 영역에서는 이러한 구분이 엄밀하게 행해지기가 매우 어렵다. 만일 그러한 구분이 정말로 행해질 수 있다면 그것은 개별자들에 관한 보편적 인식을 추구하는 미학을 통해서만 가능하다는 것이 그의 주장이다.

39   본성이 습득될 수 있다는 바움가르텐의 주장에 대해서는『미학』§3의 미주 3(이 책 331쪽 이하)을 참조하라.

40   고트프리트 빌헬름 라이프니츠, 「제일철학의 개선과 실체의 개념에 관하여」(De Primae Philosophiae Emendatione, &de Notione Substantiae) in:『학자들의 연구 활동보고』(Acta Eruditorum), Lipsiae, 1694, p. 110.

41   호라티우스,『시작의 기술』, 295f. 원래 호라티우스의 원문 두 번째 행의 동사는 3인칭 단수 현재형 크레디트(credit)다. 이 문장의 원래 주어는, ―『미학』§40의 미주 12(이 책 342쪽)에서 보았듯― 시인을 뮤즈 신들의 영역인 헬리콘으로부터 추방했던 데모크리토스다. 그런데도 바움가르텐이 이 동사를 3인칭 복수 형태 크레둔트(credunt)로 바꿔놓은 것은 인용문 직전에 자신이 언급한 더 엄격한 학문들의 수호자들과 평범한 사람들을 이 동사의 주어로 만들기 위해서다.

42   레스보스식 규칙이라는 용어는 고대 그리스의 건축술, 특히 석조 건축술과 관련되어 사용된다. 이 건축술을 사용하여 세워진 건축물들이 오늘날의 터키 서해안에 위치한 레스보스 섬에서 많이 발견되기 때문에 붙여진 이름이다. 이 건축술을 사용하여 건물을 지을 때는 돌을 다듬는 보편적인 규칙이 미리 주어지는 것이 아니라 그때그때 상황에 따라 기준이 달라졌다고 한다. 어떤 석조 건축물이

있고 거기에 덧붙여 다른 석조 건축물을 짓고자 할 때는 기존
건축물의 외양에 따라 돌을 다듬었는데, 이때 돌 모양에 따라 구부릴
수 있는 납으로 된 자를 사용하여 기존 건축물의 외양을 그대로 본떠
돌을 다듬는 기준으로 삼았다. 나중에는 건축술 분야뿐만 아니라 어떤
경우든 이처럼 그때그때 기준이 달라지는 것을 가리킬 때 레스보스식
규칙이라는 말을 사용하게 되었다. 아리스토텔레스도 『니코마코스
윤리학』에서 레스보스식이라는 용어를 같은 의미로 사용하고 있다.
"법이 모든 경우를 다 다루지 않는 것은 법을 제정하기가 불가능한
문제들이 존재하기 때문이다. 그래서 사람들은 특별한 법령을 필요로
한다. 미리 경계가 정해지지 않은 것에는 미리 경계가 정해져 있지
않은 규칙이 필요하다. 레스보스식 석조 건축술 양식에서 사용되는
납으로 된 자처럼 말이다. 납으로 된 자가 고정된 형태를 갖지 않고
각각의 돌의 윤곽에 자신을 맞추는 것처럼 개별적인 법령은 각각의
상황에 맞춰진다."{아리스토텔레스, 『니코마코스 윤리학』(Ethica
Nichomachea), 1137 b 27~32.}

43 호라티우스, 『시작의 기술』, 241~243. 인용문은 예술작품의 창작
    과정에서 나타나는 외적 열정은 언제나 일회적임을 가리킨다.

44 바움가르텐의 『미학』 강의록에서는 본문의 내용을 다음과 같이
    설명하고 있다. "자신을 제대로 판단하기를 원한다면 자신의
    작품들을 다음과 같은 방법을 통해 평가할 수 있다. 작품들을 일정
    기간 보지 않고 나서 다시 접했을 때 자신이 그때 그토록 좋은
    작품을 만들었다는 사실에 놀라게 된다면 그 당시 열정적 상태에
    빠져 있었다고 확실하게 결론 내릴 수 있다. 열정의 또 다른 특징은
    속도다. 우리가 여기서 말하는 것은 글을 빨리 쓸 수 있는 재능이
    아니다. 그러면 자신이 다른 사람보다 더 빨리 시를 완성할 수 있다고

확신에 차서 내기를 걸 수 있겠지만 말이다. 우리가 말하는 것은 글을 쓰겠다고 결심하고 글을 쓰는 동안 글쓰기가 점점 빨라지고 막힘 없이 글이 써지는 영혼의 상태를 가리킨다."(AB, p. 115.) 그러므로 미적 열망에 사로잡힌 적이 있고 앞으로도 사로잡히고 싶어 하는 사람이 스스로가 그런 열정에 사로잡혔던 적이 있는지 확인하려면 작품을 완성하고 일정 시간이 지난 뒤 다시 보았을 때 자신의 작품에 더 감동을 받는지, 작품을 쓸 때 막힘 없이 술술 써지고 집필 속도가 점점 빨라졌는지 생각해보면 될 것이다.

45 루크레티우스(Lucretius), 『사물의 본성에 관하여』(*De Rerum Natura*), 6, 54~57.

46 "지금 아니면 절대로 안 되기에"는 미적 열정이 일회적이라는 사실을 가리킨다. "신체의 위치에 따라"라는 표현은 물리적 위치뿐만 아니라 미적 열정을 느끼는 사람이 처한 상황 모두를 가리킨다.

47 히포크레네 샘물의 유래와 그 의미에 대해서는 『미학』 §40의 미주12(이 책 342쪽)를 참조하라.

48 플리니우스(Plinius), 『서간집』(*Epistulae*), 1, 1, 6.

49 포이보스(Φοῖβος)는 아폴론 신의 다른 이름이다. 문자 그대로 번역하면 '밝은 자'이다. 아폴론이 태양의 신이었기에 붙여진 별명이다. 그런데 아폴론은 그뿐만 아니라 진리, 예언, 의술의 신이기도 했으며 음악, 시가의 신이기도 하였다. 포이보스에 사로잡혔다는 표현은 아폴론이 이렇듯 예술을 담당하는 신이기도 했기 때문에 생겨났을 것이다. 열광적인 예술적 감정을 전적으로 디오뉘소스 신에게 부여했던 니체와는 달리 바움가르텐은 이렇듯 예술적 열정을 아폴론 신에게 속하는 감정으로 제시하고, 그것을 건전한 신체에 깃든 건전한 정신과

연결시키고 있다. 이것은 그가 예술도 이성적 사유와 일정한 관계를 맺어야 한다고 생각했음을 분명하게 보여준다. 열광적인 예술적 감정에 도취되어서도 일정 정도의 이성적 사유가 여전히 남아 있어야 한다는 것이다.

50 베르길리우스, 『아이네이스』, 6, 45f. 바움가르텐이 인용한 문장은 다음과 같다. "Tempus erit. Deus, ecce, deus!" 그런데 베르길리우스의 원문은 다음과 같다. "'Poscere fata / tempus' ait 'deus, ecce deus!'"(그녀가 말했다. '신탁을 물을 시간이다. 신이다, 보라, 신이다!') 이 문장은 원래 아폴론 신전의 여사제가 하는 말을 묘사하는 것이었다. 따라서 '말하다'는 뜻을 지닌 아이오(aio) 동사의 현재 3인칭 단수형인 아이트(ait)가 쓰였는데, 바움가르텐이 자신의 글 흐름에 맞게 '있다, 존재하다'를 뜻하는 숨(sum) 동사의 미래 3인칭 단수형 에리트(erit)로 바꾼 것이다.

51 여기 언급된 명칭은 모두 뮤즈 신의 이름이다. 클리오는 역사를, 칼리오페는 서사시를, 멜포메네는 비극을, 탈리아는 희극을, 테르프시코레는 음악을, 에라토는 춤을, 폴뤼힘니아는 회화를, 우라니아는 천문학과 점성술을 담당하는 신이었다. 여기에 언급되지 않은 뮤즈신은 서정시를 담당하는 에우테르페뿐이다. 그런데 보통의 경우 페르프시코레는 춤, 에라토는 연애시, 폴뤼힘니아는 신에게 바치는 송가를 담당한다고 여겨진다. 하지만 신화에 따라 이들이 담당하는 영역이 조금씩 달라지기에 바움가르텐이 꼭 오류를 범했다고 생각할 필요는 없다. 어쨌든 그는 거의 모든 예술 영역, 심지어는 학문의 영역도 신적 영감, 미적 열정의 영향을 일정 정도 받을 수밖에 없다는 사실을 부각하고자 뮤즈 신들의 이름을 열거하고 있다.

52 우아함의 여신들은 원래 그리스 신화에 나오는 카리테스(Χάριτες)를 가리키는데, 이들은 매력이나 아름다움, 인간의 창조성 등을 담당한다고 여겨졌다. 대부분의 경우 이들은 셋이 함께 등장한다. 이들의 이름은 아글라이아(Ἀγλαΐα), 에우프로쉬네(Εὐφροσύνη), 탈리아(Θαλία)로서 광채, 웃음, 쾌활함을 뜻한다. 또 이들은 각각 광채 나는 아름다움, 즐거움, 축제를 담당한다고 여겨졌다.

53 예술의 중흥기가 오면 하나의 예술 장르만이 아니라 모든 예술 장르가 함께 꽃을 피웠음을 가리킨다.

54 파르나소스(Παρνασσός) 산은 델피의 아폴론 신전 위로 솟은 산으로 아폴론뿐만 아니라 디오뉘소스나 뮤즈 신들의 영역으로도 여겨졌다. 따라서 근방에 있었던 헬리콘 산처럼 이 산도 예술적 영감의 원천으로 간주되었다.

55 플리니우스, 『서간집』, 1, 9, 6.

56 아가니페 샘이 소유한 신비한 힘에 대해서는 『미학』 §40의 미주 12 (이 책 342쪽)를 참조하라.

57 호라티우스, 『서간집』, 1, 19, 2f.

58 알비우스 티불루스(Albius Tibullus), 『티불루스 전집』(Corpus Tibullianum), 1, 7, 37~42. 바쿠스는 고대 그리스 신화에 등장하는 포도주의 신 디오뉘소스의 고대 로마식 명칭이다.

59 Cf. 호라티우스, 『시가집』(Carmina), 2, 19; 3, 25. 이 『시가집』에서 호라티우스는 자신이 직접 바쿠스 신을 보거나 만났다고 주장하며 그에 대한 송가를 시작한다. 하지만 바움가르텐은 호라티우스가 실제로 신들린 상태에서 바쿠스 신을 보거나 만난 것이 아니라 그저

그런 것처럼 이야기를 지어냈을 뿐이라고 주장하고 있다. 여기서도 바움가르텐이 예술적 영감을 매우 이성적인 관점에서 파악하고 있음을 확인할 수 있다.

60 베르길리우스, 『아이네이스』, 5, 481.

61 레스비아(Lesbia)는 고대 로마의 시인 카툴루스가 자신의 연인을 지칭하기 위해 사용한 가명(假名)이다. 그녀의 원래 이름은 클로디아 (Clodia)인데, 그녀가 다른 사람의 부인이었기 때문에 가명을 사용할 수밖에 없었다. 카툴루스는 그녀에게 바친 시들을 통해 슬픔이나 실망과 같이 그녀를 향한 자신의 다양한 감정을 표현했는데, 바움가르텐은 사랑에 눈이 멀어 분별력을 상실한 상태를 가리키기 위해 그녀로 인해 분별력을 상실한 카툴루스의 상태를 비유한 것이다. 사실 "감미롭게 […] 존재하지 않기 때문이다"는 카툴루스의 원문을 약간 바꿔 간접 인용한 것이다. 원문의 내용은 다음과 같다. "그는 내게 마치 신과 같아 보인다오./만일 이렇게 말하는 게 허락된다면 신들을 능가할 정도라오./그런 그가 당신과 마주 앉아/감미롭게 웃고 있는 당신을/되풀이해 쳐다보며 당신의 말에 귀를 기울이네요. 불행하게도 그 사실이/내게서 모든 분별력을 앗아가 버린다오. 왜냐하면 레스비아여, 당신을 바라보는 그 순간/내게는 다른 아무것도 존재하지 않으니까요."{카툴루스, 『시가집』(Carmina), 51, 1~7.} 따라서 이 시의 원래 내용은 자신의 연인인 레스비아가 다른 사람과, 그것도 아주 외모가 출중한 어떤 사람과 사랑을 속삭이는 것 같은 장면을 목격하고는 모든 분별력을 상실한 사람의 고뇌를 표현한 것이다. 그러므로 바움가르텐은 카툴루스의 시를 그대로 인용하기보다는 자신이 말하고자 하는 바를 위해서 약간 변형시킨 것이라고 할 수 있다. 직접 사랑을 속삭이고 있는 상태든, 질투심에 사로잡혀 고뇌를

느끼는 상태든 모두 분별력을 상실하기는 매한가지이기 때문이다.

62 카툴루스, 『시가집』, 51, 9~12.

63 호라티우스, 『시작의 기술』, 247.

64 호라티우스, 『서간집』, 2, 2, 50~52.

65 호라티우스, 『서간집』, 2, 2, 52~54.

66 호라티우스, 『시작의 기술』, 79. 아르킬로코스(Ἀρχίλοχος; c.680~
645 BC)는 고대 그리스의 시인으로 단장격(短長格) 운율인 얌보스
(ἴαμβος)의 창시자로 알려져 있다.

67 Cf. 호라티우스, 『풍자시집』(Saturae), 2, 1, 40~60. 여기서 호라티우스는
자신이 평화를 원하기는 하지만 자신을 분노하게 하는 사람에
대해서는 그의 악한 성품에 대한 노래를 지어 온 로마에 울려 퍼지게
할 것이라고 말한다. 늑대는 이빨로, 황소는 뿔로 공격하지만 자신은
그 대상이 부유하든 가난하든 로마에 있든 유배를 가 있든 상관없이
풍자시로 공격하겠다는 것이다.

68 유베날리스, 『풍자시집』(Satirae), I, 1f., 30f., 45, 51f., 79f. 데키무스
유니우스 유베날리스(Decimus Junius Juvenalis)는 1세기 후반부터
2세기 초에 활동했던 고대 로마의 시인으로 여기에 인용된
『풍자시집』으로 유명하다. 여기서 언급된 「테세우스 이야기」는 고대
그리스 신화에 등장하는 영웅 테세우스에 얽힌 이야기를 서술한
영웅시로 추측되지만, 저자로 언급된 코르두스에 대해서는 전해지는
바가 거의 없다. 아마도 유베날리스가 지어낸 가상의 인물로 보인다.
베누시아(Venusia)는 이탈리아 반도 남부에 위치한 고대 로마의
도시인데, 호라티우스의 고향이기도 하다. 따라서 베누시아의 등불이란

말은 풍자시를 통해 불의한 세태를 드러내어 비판했던 호라티우스에 대한 암시로 해석될 수 있다. 유베날리스가 비난받아 마땅하다고 생각했던 '이런 일들'에 대해서는『미학』§846 미주 78(이 책의 398쪽 이하)을 참조하라.

69 고대 그리스의 정치가이자 연설가인 데모스테네스(Δημοσθένης; 384~322 BC)는 마케도니아 왕 필립포스 2세를 비난하는 연설을 여러 차례에 걸쳐 행했다. 마르쿠스 툴리우스 키케로(Marcus Tullius Cicero; 106~43 BC)는 클레오파트라의 연인으로 유명한 마르쿠스 안토니우스(Marcus Antonius; 83~30 BC)를 비난하는 글을 데모스테네스의 모범을 따라 무려 열네 차례에 걸쳐 썼다. 그는 이 글들을 '필립포스 왕 공격 연설'이라는 뜻으로 필리피카이(Philippicae)라고 불렀다. 그는 또 시칠리아의 총독으로 재직하면서 수많은 악행을 저질렀던 가이우스 베레스(Gaius Verres; c.120~43 BC), 자신을 집정관직에서 내쫓으려 음모를 꾸몄던 루키우스 세르기우스 카틸리나(Lucius Sergius Catilina; 108~62 BC)를 비난하는 연설을 하기도 하였다. 고대 로마의 시인 푸블리우스 오비디우스 나소(Publius Ovidius Naso; 43 BC~17/18 AD)의『이비스』(Ibis)는 동명의 가상인물에 대한 분노를 담아 쓴 시이다. 이비스가 가리키는 실제 인물이 누구였는지에 대해서는 의견이 분분할 뿐 학문적으로 수긍할 수 있을 만한 이론이 제시된 적은 없다.

70 호라티우스,『시작의 기술』, 281~283. 두 번째 행의 '법의 규제를 받아 마땅한'에 해당하는 구절은 호라티우스의 원문과 바움가르텐의 『미학』(1750)에 Dignam lege regi라고 쓰여 있는데, 2007년에 출간된 라틴어-독일어 대역본(미어바흐 번역)에는 Dignam rege legi로 표기되어 있다. 이를 직역하면 '왕에게 읽히기에 합당한'이 되어, 원문의 의미를 제대로 해석할 수 없게 된다. 따라서 이는 명백한 오기(誤記)다.

71 아리스토파네스(Ἀριστοφάνης; c.446~c.386 BC)는 고대 그리스
   최고의 희극작가로 소크라테스를 비판한 『구름』(Νεφέλαι) 등의
   희곡으로 유명하다.

72 루키아노스 호 사모사테우스(Λουκιανός ὁ Σαμοσατεύς; 125~180)는
   고대 로마의 풍자 시인이자 수사학자로 미신이나 초자연적인 현상,
   종교적 관습들을 신랄하게 비난한 것으로 유명하다.

73 마르쿠스 발레리우스 마르티알리스(Marcus Valerius Martialis;
   38/41~102/104)는 고대 로마의 시인으로 풍자를 담은 경구들로 시를
   지은 것으로 유명하다.

74 『미학』§37의 내용과 관련하여 참고할 구절로 제시된 『형이상학』
   §620에서 바움가르텐은 직관을 다음과 같이 정의한다. "기표와 기의가
   지각 행위를 통하여 결합되며 기표의 지각이 기의의 지각보다 더
   크면 이러한 **인식**은 **상징적**이라 불린다. 반면 기의의 표상이 기표의
   표상보다 더 크다면 그러한 인식은 **직관적**이다." 다른 어떤 대상을
   가리키는 역할을 하는 것이 기표이고, 기의는 기표가 가리키는 대상을
   말한다. 예를 들어 '나무'라는 단어는 기표이고 이 단어가 가리키는
   대상이 기의다. 그런데 기의의 표상이 기표보다 더 크다는 것은 무슨
   뜻일까? 바움가르텐의 스승이었던 크리스티안 볼프(Christian Wolff;
   1679~1754)는 라이프니츠를 따라 상징적 인식을 어떤 관념 안에
   포함된 것을 말로 설명하는 경우, 직관적 인식을 우리의 지식이 그
   관념을 직관하는 데서 완성되는 경우와 관련시켜 다루고 있다. 예를
   들어 등변 천각형을 우리가 머릿속에 실제로 그려보는 것은 거의
   불가능에 가깝다. 이때 우리는 기표, 즉 등변 천각형이라는 말의
   의미에 대해서는 어떤 형태로든 지각할 수 있다. 하지만 그것의 내용을
   직관적으로, 즉 모든 특성을 동시에 파악하여 구체적으로 떠올리기란

거의 불가능하다. 기표의 표상이 기의의 표상보다 크다는 말은 우선 이런 뜻으로 이해될 수 있다. 반면 내가 등변 천각형의 모든 속성에 대해 동시에 파악하게 되는 경우 등변 천각형이 보여주는 다양한 개별적 특성은 등변 천각형이라는 기표가 표면적으로 담고 있는 것보다 그 내용이 훨씬 더 많을 것이다. 이럴 경우의 지식을 볼프는 직관적 지식이라고 부른다. 기의의 표상이 기표의 표상보다 크다는 바움가르텐의 말도 이런 뜻으로 이해될 수 있다. 하지만 볼프의 논의는 단순히 대상에 대한 인식과 관련되어 있을 뿐 바움가르텐이 관심을 두고 있는 '영혼의 동요들'에 대해서는 아무런 언급을 하지 않고 있다. 따라서 바움가르텐이 여기서 말하는 크기는 기의나 기표가 표상하는 인간 정신에 얼마만큼 많은 영향력을 행사하느냐에 따라, 다른 말로 하자면 인간 정신이 어느 것에 더 주목하느냐에 따라 결정되어야 할 것이다. 어떤 경우에는 '나무'라는 단어가 더 많은 영향력을 행사할 수도 있지만 반대 경우도 충분히 가능하다. 그런데 구체적인 대상으로서의 나무가 더 큰 영향력을 행사하는 경우는 적어도 이성적인 사유작용만으로는 설명할 수 없는, 나무를 지각하는 우리의 감각 작용과 그로 인해 발생하는 내면의 변화까지도 포괄하는 경우다. 이것이 바움가르텐이 말하는 직관이라는 말의 의미일 것이다. 따라서 직관이 상징적 인식작용을 억누른다는 말은 이러한 내면의 변화가 너무 커서 기표를 통한 인식작용이 방해를 받는다는 것을 뜻할 것이다. 그렇게 되지만 않는다면, 영혼에서 일어나는 모든 감정적 동요는 행복한 미적 인간에게 요구되는 미적 열정으로 간주될 수 있을 것이다.

75 호라티우스, 『서간집』, 1, 1, 8f.

76 이 문장에서 작은따옴표(' ') 사이에 넣어 번역한 부분은 호라티우스,

358

『서간집』, I, 1, 2~3의 내용을 바움가르텐이 간접인용의 형식으로 삽입한 내용이다.

77 호라티우스, 『서간집』, 1, 1, 10.

78 호라티우스, 『시작의 기술』, 32~37.

79 호라티우스, 『시작의 기술』, 352f.

80 호라티우스, 『시작의 기술』, 363~365. 인용문 앞의 "모든 아름다운 사유는 그림과 같을 것"이라는 문장은 바움가르텐이 『시작의 기술』 361행의 "시는 그림과 같다"(ut pictura poesis)는 저 유명한 말을 약간 변형한 것이다. 이 말은 그림과 마찬가지로 시에도 상반되는 특성들을 가진 다양한 종류가 존재한다는 의미로 해석된다. 물론 여기서 시는 오늘날의 시문학뿐만 아니라 희곡, 연설 등 문학 일반을 가리키는 말이다. 바움가르텐도 §96에서 설명했듯 불완전함을 어느 정도는 감수하더라도 아름다운 것과, §97에서 설명했듯 끊임없이 다듬어 완성도를 높인 작품의 아름다움이 각각의 의의를 지닌다는 뜻으로 이 문구를 활용하고 있다.

81 호라티우스, 『서간집』, 2, 1, 167.

82 베르길리우스, 『아이네이스』, 6, 102.

83 호라티우스, 『시작의 기술』, 389f. 『시작의 기술』 388행에서 호라티우스는 아무리 작품이 형편없는 것이라도 발표하기 전에는 사람들에게 불쾌감을 주는 무익한 것은 아니라고 말하면서, 작품을 세상에 내놓으려면 수정과 개선 작업 기간이 9년은 되어야 한다고 주장한다.

84   호라티우스, 『시작의 기술』, 452f.

85   가이우스 루킬리우스(Gaius Lucilius; c.180~103/102 BC)는 고대
      로마의 풍자시인이다.

86   아펠레스(Ἀπελλῆς)는 기원전 4세기경 활동했던 고대 그리스의
      유명한 화가로 『자연의 역사』(Naturalis Historia)의 저자인
      플리니우스는 그를 고대 그리스 최고의 화가로 꼽았다.

87   오비디우스, 『흑해에서 온 편지들』, 4, 6, 37.

88   Cf. 키케로, 『연설가』(Orator), 78.

89   오비디우스, 『흑해에서 온 편지들』, 1, 5, 17~20. 오비디우스의 본명은
      푸블리우스 오비디우스 나소(Publius Ovidius Naso)다.

90   유베날리스, 『풍자시집』, 14, 47.

91   카툴루스, 『시가집』, 22, 19f.

92   호라티우스, 『시작의 기술』, 450. 사모트락스의 아리스타르코스
      (Ἀρίσταρχος ὁ Σαμόθραξ; c.220~c. 143 BC)는 고대 그리스의 유명한
      문법학자로 호메로스 시에 관한 한 가장 영향력 있는 권위자였다고
      전해진다. 그가 인정하지 않으면 단 한 줄도 호메로스의 원전으로
      인정받지 못할 정도였다고 한다. 그 외에도 그는 고대 그리스의 시인에
      대해 수십 권의 책을 저술했다. 자신이 쓴 작품을 적어도 9년 동안은
      발표하지 말고 계속 다듬으라는 호라티우스의 조언에 대해서는 『미학』
      §99의 미주 83(이 책의 359쪽)을 참조하라.

93   호라티우스, 『시작의 기술』, 438f.

94 호라티우스, 『시작의 기술』, 446f.

95 호라티우스, 『시작의 기술』, 442~444.

96 자연/본성으로 번역한 라틴어 나투라(natura)는 '태어나다'는 뜻을
지닌 나스코르(nascor) 동사의 과거분사형 나투스(natus)에서 파생된
명사다. 따라서 원래는 '무언가의 탄생, 출산'을 뜻하는 말이었다가
'태어날 때부터 갖게 되는 천성, 본성'을 가리키기도 했고 태어나고
자라서 다시 소멸되는 모든 과정과 그 소산, 즉 '자연'을 가리키기도
했다. 따라서 인간의 보편적인 특성과 그로 인해 나타나는 행동을
가리킬 때는 '본성', 모든 사물이나 사태의 보편적인 특성과 그로
인해 발생하는 생성과 소멸의 과정을 가리킬 때는 '자연'으로 해석할
수 있다. 다른 한편 고대로부터 서양에서는 예술의 본질을 모방으로
파악해왔다. 그렇다면 무엇을 모방할 것인가? 한편으로는 사물이나
사태의 본성을, 다른 한편으론 그것이 드러나는 과정을 모방해야
한다고 생각했다. 바움가르텐이 아름다운 사유의 유일한 규칙으로
"자연/본성의 모방"을 제시한 이유가 바로 여기에 있다.

97 카툴루스, 『시가집』, 22, 2. 수페누스(Supenus)가 누구인지는 명확하게
밝혀져 있지 않다. 아마도 카툴루스는 진짜 이름을 밝히지 않음으로써
독자들의 궁금증을 자아내려 했을 것이다.

98 카툴루스, 『시가집』, 22, 9~11.

99 호라티우스, 『시작의 기술』, 385. 이 인용구가 정확하게 무엇을
뜻하는지는 확실하지 않다. 하지만 『미학』 제7장의 제목에
주의사항이라는 단어를 넣은 것으로 보아 그렇게 하지 말라는 뜻으로
해석할 수 있을 것이다. 바움가르텐이 지적하듯 키케로도 『의무에
관하여』(De Officiis), 1, 110에서 같은 견해를 제시하고 있다. 그 내용은

다음과 같다. "우리는 보편적인 본성에 반하여 아무것도 얻으려 해서는 안 되지만, 그것들을 보존하면서도 결국에는 우리의 고유한 본성을 따라야 한다. 비록 더 중요하고 더 훌륭한 것들이 존재한다고 해도, 우리는 우리의 노력을 우리의 본성의 기준에 따라 배분할 수 있을 것이다. 왜냐하면 자신의 본성을 거부하는 것은 아무런 소용이 없는 일이며, 이룰 수 없는 무언가를 추구하는 것 또한 마찬가지이기 때문이다. 이로부터 무엇이 합당한 일인가가 분명하게 드러난다. 사람들이 말하는 것처럼 **미네르바의 뜻을 거스르는**(강조는 옮긴이), 즉 자신의 본성을 거부하고 그것을 거스르는 것은 전혀 합당한 일이 아니기 때문이다."

하지만 호라티우스가 이 문장을 쓰게 된 맥락은 바움가르텐이 의도하는 것과 정확하게 일치하지는 않는 듯이 보인다. 왜냐하면 호라티우스가 인용문 바로 앞에서 어떤 일을 제대로 이해하지 못하는 사람은 그 일을 하려 들지 않을 거라고 말하기는 했지만, 바로 이어서 그럼에도 불구하고 시를 모르는 사람도 시를 지으려 한다는 사실을 지적하면서 "왜 안 되겠는가?"(quidni?)라고 반문하고 있기 때문이다. 노예가 아니라 자유인인 데다 가문도 좋고, 모든 악행으로부터 멀어져 있을 만큼 성품도 좋은 사람인데 말이다. 바움가르텐이 인용한 부분은 이런 내용에 바로 뒤이어 나온다. 바움가르텐처럼 해석하려면 '왜 안 되겠는가?'라는 물음부터 직전까지의 내용을 호라티우스가 모두 반어적으로 한 말이라고 해석해야 한다. 하지만 과연 호라티우스가 그런 뜻으로 말했는지는 분명하지 않다. 피소(Piso)라는 인물에게 보내는 편지 형식을 띠고 있는 『시작의 기술』에서 그가 피소에게 문학 창작을 포기하라고 권유한다고 보기에는 무리가 있기 때문이다. 게다가 그다음에는 만일 무언가를 창작하게 된다면 좋은 비평가를 택해서 자신의 작품을 보이라고 말하고 있다. 물론 한 번 발표한 것은 다시 거두어들일 수 없으니 모든 사람에게 발표할 때는 신중하게 하라, 심지어는 9년 동안 발표하지 말고 가지고 있으라고 말하기는 하지만 말이다. 어쨌든 그렇다면 인용된 말은 실제로 그가 글을 쓰게 되어도 지혜의 신인 미네르바를 거스르는 말을 하지는 않을 것이라는 칭찬의 뜻으로도 해석될 수 있다.

100 호라티우스, 『풍자시집』, 2, 2, 3. 원문의 내용은 다음과 같다. "어떤 학파에도 속하지 않는 지혜로운 농부이자 살찐 미네르바." 호라티우스가 이렇게 지칭한 사람은 우펠루스(Ufellus)라는 가상의 인물이다. 그런데 이 인물을 문자 그대로 해석해서 긍정적으로 평가해야 할지, 아니면 풍자의 대상으로 파악해야 될지에 대해서 학자들 사이에 논란이 있다. 바움가르텐은 『미학』 §318에서 "땅을 피하면서 동시에 구름이나 덧없는 것들을 잡으려 애쓰지 말기를"이라는 호라티우스의 시구(『시작의 기술』, 230)를 인용하면서 구름을 공허한 것, 쓸데없는 것으로 파악하고 있다. 잘 알려져 있다시피 주노는 고대 로마 신화에서 주피터의 아내로 신들의 여왕이라 불렸다. 따라서 본문의 내용은 헛된 것, 공허한 것을 위대하고 신적인 무언가로 잘못 해석해서는 안 된다는 뜻으로 해석될 수 있다. 『미학』 §318에서도 바움가르텐은 "엄청나게 위대한 무언가를 아무런 이유도 없이 숭고함이라고는 전혀 없는 종류의 사유방식으로 포장하려고" 해서는 안 된다고 주장한다. 따라서 적어도 여기서는 바움가르텐이 우펠루스를 부정적으로 평가하고 있다고 해석할 수 있다.

101 호라티우스, 『시작의 기술』, 249. 원문의 내용은 다음과 같다. "내 판단으론 파우누스들은 숲에서 벗어나더라도 / 신전이 있는 도시의 광장에서 태어난 이나 거의 시장어귀 장사치처럼 / 지나치게 세련된 시구들을 경박하게 읊어대거나 / 지저분하거나 수치스러운 말들을

지껄이지 않도록 조심해야 한다네. / 말이나 아버지, 재산이 있는
사람은 누구나 마음이 상할 것이고 / 볶은 콩이나 호두를 사는 사람이
평가하는 것과 / 똑같은 마음으로 그 시구들에 만족해서 월계관을
씌워주지는 않을 테니 말일세."(호라티우스, 『시작의 기술』, 244~250.)
고대 로마에서 파우누스(Faunus)는 고대 그리스 신화에 등장하는
판처럼 목양의 신이었다. 판과 마찬가지로 격렬하거나 애절한 감정을
담은 예술작품의 영감의 원천이라 생각되었다. 그런데 호라티우스에
따르면 그런 예술작품이라고 해도 지나치게 세련되기만 하거나
너무 저급하면 안 된다. 아마도 로마의 욕이나 저급한 농담은 말(馬;
equus)이나 어떤 사람의 아버지나 가문, 재산과 관련이 있었을
것인데, 그런 말들을 사용하면 사람들의 기분을 상하게 할 것이므로
그런 식으로 작품을 써서는 안 된다고 주장하고 있는 것이다. 그저
단순한 간식거리인 볶은 콩이나 호두를 맛보고 그것을 평가하는 것은
아무나 할 수 있다. 하지만 예술작품에 대한 제대로 된 감상과 평가를
위해서는 일정한 교양의 습득이 필요하다. 따라서 아무나 할 수 없다.
그러므로 자신의 작품이 호라티우스가 언급한 시들처럼 그다지
훌륭하지 않음에도 불구하고 스스로 훌륭하다고 칭찬하는 사람은
자신의 작품이 실제로 어떠한지에 대해서 무지한 것이며, 그것은 그가
진정한 예술작품의 창작과 평가를 위해 필요한 교양을 전혀 갖추지
못했다는 것을 뜻한다.

102 호라티우스, 『시작의 기술』, 31.

103 퀸틸리아누스, 『수사학 강요』(Institutio Oratoria), 1, 서문, 24.

104 호라티우스, 『풍자시집』, 1, 2, 24.

105 광기로 번역한 라틴어 단어는 파렌티르숨(parenthyrsum)이다. 이

말은 파렌튀르소스(παρενθύρσος)라는 고대 그리스어 명사의
음역어다. 이 단어는 '… 옆에'를 뜻하는 파라(παρά)와 '… 안에'를
뜻하는 엔(ἐν)에, 디오뉘소스 신의 숭배자들이 축제 때 사용했던
지팡이같이 생긴 물건으로 다산이나 쾌락의 상징으로 쓰였던
튀르소스(θύρσος)를 합쳐서 만든 말이다. 고대 로마 신화에 따르면
디오뉘소스 신에 해당하는 바쿠스 신이 솔방울로 치장한 이 지팡이
끝에 창끝을 숨겨 무기로 사용했고, 거기에 찔린 사람은 광기에
사로잡혔다고 한다. 따라서 파렌튀르소스는 튀르소스 안에 들어 있는
광기를 암시한다.

106 호라티우스, 『시작의 기술』, 472~474.

107 데우스 엑스 마키나(deus ex machina; 기계로부터 출현하는 신)는
     같은 뜻을 지닌 고대 그리스어 표현 '아포 메카네스 테오스'(ἀπὸ
     μηχανῆς θεός)의 라틴어 번역어다. 고대 그리스 비극에서는 인간의
     힘으로는 전혀 해결할 수 없어 보이는 상황을 해결하기 위해 신의
     역할을 맡은 배우가 등장하곤 했다. 이때 그 배우가 하늘에서
     내려오는 장면을 위해 기계를 사용했기 때문에 이런 명칭이 생겨났다.
     바움가르텐은 여기서 이 말을 아무런 근거 없이 자신들의 게으름의
     근거로 본성을 제시하는 철학자나 의사를 비판하기 위해 부정적
     의미로 사용하고 있다.

108 Cf. 키케로, 『브루투스』(Brutus), 93.

109 호라티우스, 『시작의 기술』, 26f.

110 호라티우스, 『시작의 기술』, 304~307. '사용되다'로 번역한 라틴어
     단어는 우토르(utor)다. 호라티우스 원전에서는 '실행하다, 기능하다'를
     뜻하는 동사 풍가르(fungar)가 쓰였지만 의미상으로는 별 차이가 없다.

111 Cf. 플리니우스, 『서간집』 2, 3, 1. 이사이오스(Ἰσαῖος)는 기원전
4세기경에 활동했던 고대 그리스의 연설가로 데모스테네스의
스승이었으며 명쾌하고 간단하면서도 세련된 연설로 유명했다.

112 Cf. 플리니우스, 『서간집』 1, 10, 5. 원문의 내용은 다음과 같다.
"그(에우프라테스)의 논의는 섬세하며 위엄이 있고 잘 다듬어진
것이었는데, 플라톤적인 저 숭고함과 광대함을 자주 표현해냈다."
숭고함(sublimitas; 수블리미타스)은 높이를, 광대함(latitudo;
라티투도)은 넓이를 나타내는 말이기에 플라톤의 대화편이 지닌
사상의 고매함과 그것이 다루는 영역의 방대함을 가리키는
표현이라고 할 수 있다. 에우프라테스(Εὐφράτης; c. 35~118)는 고대
로마의 유명한 스토아학파 철학자로, 플리니우스는 오늘날의 시리아
지방에서 군복무를 하던 중 그를 알게 되어 아주 친한 친구가 되었고,
그의 탁월한 재능과 도덕적인 품성에 반해서 그에 관한 상세한 서술을
남겼다. 여기 인용된 구절도 그중 일부다.

113 이 책에서는 번역하지 않은 미적인 풍요로움에 대한 각론 부분(제9장~
제14장)을 가리킨다.

114 베르길리우스, 『농경시집』(Georgica), 2, 43. 인용된 시구의 전체 문장은
다음과 같다. "난 내 시들로는 그 안에 있는 모든 것을 골라내어 노래할
수 없다네. 내게 백 개의 입과 혀가 있고 / 강철 같은 목소리가 있다
해도 말일세."(2, 42~44.)

115 키케로, 『마르켈루스를 위한 변론』(Pro Marcello), 2, 4. 마르쿠스
클라우디우스 마르켈루스(Marcus Claudius Marcellus)는 카이사르,
키케로와 동시대에 살았던 고대 로마의 귀족으로 집정관을 지냈다.
카이사르에 반대하다가 유배를 당했는데 많은 원로원 의원이 그에게

자비를 베풀 것을 카이사르에게 간청하였다. 키케로의 연설도 그중
하나였다. 인용된 글은 키케로가 마르켈루스의 넘치는 재능에 대해
설명하는 부분이다.

116 호라티우스, 『백년제 송가』(*Carmen Saeculare*), 59f. 호라티우스는
아우구스투스 황제의 명을 받아 기원전 17년경 한 시대(saeculum)의
끝과 새로운 시대의 서막을 알리는 축제를 기념하여 이 송가를 지었다.
이 송가가 아우구스투스를 통해 공화정이 폐지되고 제정이 새롭게
시작된 것을 암시하고 있기에, 축복받은 풍요로움은 이 새로운 시대가
드러내는 모든 사태의 특성을 가리키며 따라서 객관적인 풍요로움의
한 예라고 할 수 있다. 이 시에서 대문자(이 책에서는 고딕)로 표기된
단어들은 그러한 특성들을 담당하는 신들의 이름인데, 인용된
문장에서 풍부함으로 번역된 코피아(Copia)는 풍요로움을 담당하는
여신이다. 이 여신은 열매들로 차고 넘치는 커다란 염소의 뿔을
지니고 있는 것으로 묘사되곤 하는데, 이 뿔은 사람들이 원하는 것은
무엇이든지 갖게 해주는 마법의 뿔로 여겨졌다.

117 호라티우스, 『송가집』(*Carmina*), 1, 17, 14~16.

118 롱기누스(Λογγῖνος), 『숭고론』(*Περὶ Ὕψους*; 페리 휩수스), 7, 3.
바움가르텐이 고대 그리스어로 인용한 부분을 문자 그대로 번역하면
다음과 같다. "그것에 관하여 상세한 고찰이 많이 행해지는 것."

119 호라티우스, 『풍자시집』, 1, 4, 43f.

120 플리니우스, 『서간집』, 1, 20, 5.

121 페트로니우스, 『풍자소설』(*Satyricon*), 5. 이 책의 저자 가이우스
페트로니우스 아르비테르(Gaius Petronius Arbiter; c.27~66)는

고대 로마의 소설가이자 네로 황제의 총애를 받는 신하였다. 매우 사치스럽고 향락을 좇는 생활을 즐겼지만, 집정관으로 재직할 때는 자신의 업무를 잘 수행했다고 한다. 그의『풍자소설』은 운문과 산문, 진지한 요소와 희극적 요소가 뒤섞인 글이다. 운문으로만 작성된 유베날리스나 호라티우스의 풍자시와는 달리 산문적, 소설적 요소가 도입되었다고 해서 에로스와 프쉬케의 사랑 이야기로 유명한 아풀레이우스(Apuleius)의『황금당나귀』(*Asinus aureus*)와 함께 고대 로마 소설의 대표작으로 여겨진다. 바움가르텐은 자신의 의도에 맞춰 인용된 구절의 첫 행에서는 '얻으려 애쓰다'(ambit; 암비트)를 '열렬히 사랑하다'(ardet; 아르데트)로, 두 번째 행에서는 '먼저'(prius; 프리우스)를 '동시에'(simul; 시물)로 바꿨다.

122 아이러니컬한 묘사의 의미에 대해서는『미학』§43의 미주 15(이 책의 343쪽)를 참조하라.

123 호라티우스,『풍자시집』, 1, 4, 17~19. 이후의 내용은 다음과 같다. "뿜어내어 마침내 불길로 쇠를 녹이듯 자네가 원하는 대로 모방의 수고를 계속한다네."(1, 4, 20f.) 호라티우스는 이 풍자시에서 다른 위대한 시인이나 극작가를 모방해서 수많은 작품을 만들었던 루킬리우스를 비판하고 있다. 끊임없이 무언가를 창작하려고 노력하기보다는 진지하고 신중하며 겸손하게 작품을 쓸 것을 권유하고 있는 것이다.

124 마르티알리스,『경구시집』(*Epigrammata*), 9, 50, 1~4. 원문에는 'bis denis'(두 번씩 열 권)이 아니라 'bis senis'(두 번씩 여섯 권)으로 되어 있지만 내용 면에서는 큰 차이가 없다.

125 '실제로'로 번역한 라틴어 표현은 인 포시티보(in positivo)다.

포시티부스(positivus)라는 형용사는 '놓다, 두다'라는 뜻을 지닌
포노(pono) 동사에서 유래한 형용사로 어디엔가 두어져서 실제로
존재한다는 뜻을 지녔다. 여기서는 다른 것과의 비교 이전에
일정한 크기를 지닌 채 실제로 존재한다는 뜻으로 사용되었다.
'절대적'(absolutus; 압솔루투스)이라는 말 자체가 원래 다른
것들로부터 분리되어 나와서 혼자 존재한다는 뜻인 만큼 여기서
'절대적 크기'라는 말은 다른 것들과 비교하기 이전에 그 자체로
일정한 크기를 지닌다는 뜻으로 해석되어야 한다. 물론 이 대목에서
바움가르텐은 그저 일정한 크기만을 지닐 뿐 다른 것들과 비교되는
순간 매우 작은 것이 되는 대상을 가리키는 데 이 말을 사용하고 있다.

126 '포도나무 숲'으로 번역한 라틴어 아르부스툼(arbustum)은 원래 나무를
심어놓은 곳, 더 좁게는 포도나무 재배지를 일컫는 말이었다. 여기서는
포도밭처럼 높지 않은 나무들이 줄지어 있는 숲을 가리킨다.

127 베르길리우스, 『전원시집』(*Eclogae*), 4, 2f.

128 베르길리우스, 『아이네이스』, 421~423. 엔텔루스(Entellus)는 트로이
혹은 시칠리아의 영웅으로 트로이의 왕 아케스테스(Acestes)의
친구였는데, 여기서 묘사된 것은 그가 자신보다 젊은
다레스(Dares)라는 인물과 권투 경기를 하기 전 옷을 벗는 장면이다.

129 '논점'으로 번역한 라틴어 로쿠스(locus)는 원래 장소를 뜻하는 말이다.
그런데 이것은 아리스토텔레스의 저서 중 하나인 『토피카』(*Τοπικά*)에
등장하는 토포스(τόπος)의 번역어다. 이 고대 그리스어 단어 역시
일상적으로는 '장소'라는 뜻으로 쓰였지만, 아리스토텔레스는 그로부터
많은 논증이 구성될 수 있는 일종의 모범적 틀이라는 독특한 뜻으로
이 말을 사용하였다. 『토피카』는 전제가 되는 명제가 일반적으로

인정되기는 하지만 그 참과 거짓이 확실치 않은 가운데서 어떻게
제대로 논리적 추론을 진행할 수 있는지, 그래서 자신의 논증에
설득력을 더할 수 있는지를 서술한 책이다. 고대의 기억술은 기억해야
할 대상을 그것으로부터 연상되는 장소와 연결시켜 암기하는
것이었다. 이런 측면에서 보자면 토포스는 자신이 내세울 주장을
뒷받침할 수 있는, 모두에게 익숙하기에 설득력을 배가시킬 수 있는
든든한 논점을 가리킨다.

130 호라티우스, 『시작의 기술』, 308.

131 이 용어는 아리스토텔레스가 『분석론 하권』(Ἀναλυτικὰ Ὕστερα;
아날뤼티카 휘스테라)에서 제기한 다음과 같은 주장에서 유래했다.
"우리는 증명을 하면서 어떤 영역으로부터 다른 영역으로 넘어가면
안 된다. 예를 들어 기하학의 영역에서 산술학의 영역으로 넘어가서는
안 된다."(『분석론 하권』, 75a 38.) 비록 산술학과 기하학이 동일한
개념이나 표현을 사용하기는 하지만, 한 영역에서 어떤 명제를
증명하고자 할 때 같은 개념이라도 다른 영역에서 사용되는 의미로
이해하고 그렇게 증명해서는 안 된다는 것이다. 아리스토텔레스는
『천체에 관하여』(Περὶ οὐρανοῦ; 페리 우라누)에서도 마찬가지
주장을 펴고 있다. "한 가지 분명한 사실은 예를 들어 선에서
평면으로, 평면에서 입체로 가듯 하나의 종류에서 다른 종류로
넘어가서는 안 된다는 것이다."(『천체에 관하여』, 268b 1ff.) 명시적으로
유비(ἀναλογία; 아날로기아), 즉 비슷한 예에의 간접적 적용이라고
밝히고서 시도되지 않을 경우 다른 영역으로의 이행은 언제나 논리적
비약을 동반한다. 그렇게 되면 언제나 잘못된 결론이 도출되거나
증명이 불충분한 상태로 머물게 된다. 바움가르텐도 이런 부정적
의미로 이 용어를 사용하고 있다. 아름다움을 명확한 근거 제시 없이,

유비를 통하여 제시되는 것임을 밝히지 않은 채 다른 영역에 속하는
개념들로부터 도출해서는 안 된다는 것이다.

132 이렇듯 바움가르텐도 아름다움을 도덕적인 선과 분리시켜 독립적으로
파악하는 데까지 나아가지는 못했다. 그러한 방향으로의 진전은
칸트의 『판단력비판』에서야 비로소 이루어지게 된다. 이에 대해서는
「해제」 288쪽 이하를 참조하라.

133 카툴루스, 『시가집』, 16, 5~9.

134 마르티알리스, 『경구시집』, 1, 35, 10f. 바움가르텐은 원문의 네(ne;
아니다)를 논(non; 아니다)으로, 유바레(juvare; 즐겁게 하다)를
플라케레(placere; 즐겁게 하다)로 바꾸기는 했지만 기억을 더듬어
인용하였기 때문에 발생한 실수로 보이며, 의미에는 큰 차이가 없다.

135 마르티알리스, 『경구시집』, 1, 35, 8f.

136 페르시우스는 고대 로마의 풍자시인 중 그 진지함이나 도덕적 수준에
있어서 최고의 시인으로 추앙받는다. 하지만 그는 당대 다른 시인들의
문체를 비판하면서도 그것을 모방했다. 이런 이유로 그의 시는 무리한
표현, 지나친 세부 묘사, 모호한 표현으로 악명 높다.

137 고대 로마는 초기에 세 개의 종족으로 이루어져 있었다고 한다.
고대 로마의 창시자로 여겨지는 로물루스의 이름에서 유래한
람네스(Ramnes) 혹은 람넨세스(Ramnenses) 종족과 사비니
족의 지도자인 티투스의 이름에서 유래한 티티에스(Tities) 혹은
티티엔세스(Titienses) 종족, 그리고 정확한 기원이 알려지지 않은
루케레스(Luceres) 혹은 루케렌세스(Lucerens) 종족이다. 따라서
페르시우스가 언급한 티투스들(Titos)은 로마인을 암시한다.

138 페르시우스, 『풍자시집』(*Saturae*), 1, 19~21. 인용구 첫 행의 '여기서'(Hic; 히크)는 원문에서는 '그러면'(Tunc; 퉁)인데, 바움가르텐이 문맥에 따라 약간 변형한 것이다.

139 코르넬리우스 네포스, 『유명한 사람들에 관하여』(*De Viris Illustribus*), 서문, 1. 코르넬리우스 네포스(Cornelius Nepos; c.110~c.25 BC)는 고대 로마의 전기 작가로, 인용된 책은 고대 로마뿐만 아니라 다른 나라의 유명한 인물들에 대해 서술한 총 열여섯 권짜리 책이다.

140 키케로, 『최고의 선과 최고의 악에 관하여』(*De finibus bonorum et malorum*), 1, 1, 1.

141 키케로, 『의무에 관하여』, 1, 130.

142 키케로, 『연설가』, 18, 60.

143 키케로, 『지인들에게 보낸 서간집』(*Epistulae ad Familiares*), 10, 6.

144 유스티니아누스 1세, 『학설 개요』(*Digesta*), 1, 9, 1(서문). 동로마제국의 황제였던 유스티니아누스 1세는 이스탄불의 소피아 성당처럼 위대한 건축물을 건축한 것으로도 유명하지만 로마법을 집대성한 『로마법대전』(*Corpus Juris Civilis*)을 펴낸 것으로도 유명하다. 이 책은 이전의 모든 로마법전과 황제의 칙령, 법 이론서를 수집하고 정리한 것이며, 1500권 분량의 법 이론서를 50권 분량으로 요약하여 정리한 것이 『학술 개요』이다. 본문에 인용된 부분은 고대 로마의 법학자 그나이우스 도미티우스 안니우스 울피아누스 (Gnaeus Domitius Annius Ulpianus; c.170~223)가 저술한 법 이론서 『칙령에 관하여』(*Ad Edictum*) 제62권의 내용 중 일부다.

145 Cf. 키케로, 『연설가에 관하여』, 1, 1, 142. 키케로는 이 대목에서
연설가의 능력을 다섯 가지로 제시한다. 자신이 말할 내용을 찾아낼
수 있는 능력, 자신이 발견한 바를 질서 있게 분류할 뿐만 아니라
각각의 계기에 따라 그리고 자신이 판단한 바에 따라 분류할 수
있는 능력, 그것을 연설의 옷을 입혀 장식하는 능력, 그런 내용들을
기억하는 능력, 위엄과 매력으로 그것들을 전달하는 능력이 그것이다.
바움가르텐이 주목하고 있는 것은 당연히 다섯 번째 능력이다.

146 키케로, 『카일리우스를 위하여』(Pro Caelio), 3.

147 키케로, 『무레나를 위하여』(Pro Murena), 23. 루키우스 리키니우스
무레나(Lucius Licinius Murena)는 기원전 62년경 집정관으로
선출되었으나 그 과정에서 뇌물을 주었다는 이유로 기소되었는데,
키케로는 그의 변호를 맡아 그가 무죄로 풀려나는 데 공헌하였다.
『무레나를 위하여』는 그 변론 연설의 원고다.

148 '사후 인도'로 번역한 라틴어 표현 롱가 마누(longa manu)의 문자
그대로의 뜻은 '긴 손으로'이다. 이 용어는 고대 로마의 법률 용어로,
어떤 물건을 구입할 때 구입자가 아직 구입하려는 물건을 소유하고
있지 못한 경우, 판매자가 물건을 보여주고 그것이 구입자의 소유임을
선언하는 방식과 관련이 있다. 궁극적으로 구입자가 물건을 소유하게
되는 것은 나중에 그 물건이 그에게 전달되고 나서야 가능하다.
우리가 자동차 대리점에 가서 사고자 하는 차의 종류와 성능을
확인한 후 대리점 직원에게 자신이 어떤 차를 구입할 것인지 말한 뒤
구매계약서를 작성하고 대금 지불방법까지 약정했다고 하자. 그러면
내게 그 차의 소유권이 발생하기는 하지만, 실제로 내가 차를 소유하게
되는 것은 그 차가 공장에서 출고되어 집이나 사무실로 배달되어 내가
그 차를 몰 수 있게 되었을 때다. 이런 경우처럼 오랜 인도의 과정을

거쳐 나중에야 실제로 내 소유가 된다는 의미로 이 용어가 사용되었다. 반면 이미 내가 빌리거나 그 외의 다른 방식으로 소유한 물건에 대해 내가 그것을 소유하겠다는 의사를 표명하고 계약을 체결하거나 돈을 지불하면 즉시 직접적 소유권이 내게 발생하는 경우에는 '즉시 인도'라는 의미로, 문자 그대로는 '짧은 손으로'를 뜻하는 브레비 마누(brevi manu)라는 용어를 사용하였다. 바움가르텐은 직접 도덕적으로 유용한 역할을 하고자 하는 목적을 명시적으로 밝히지는 않더라도 간접적으로 나중에 유용한 결과를 낳을 수 있는 경우를 가리키기 위해 '사후 인도'라는 표현을 사용하였다.

149 호라티우스, 『서간집』, 1, 4, 16.

150 호라티우스, 『시작의 기술』, 333f., 343f.

151 '물리적'으로 번역된 피시쿠스(physicus)의 어원과 그 의미에 대해서는 「부록」에 실린 『형이상학』 §469의 미주 13(이 책 402쪽)을 참조하라.

152 바움가르텐은 그 자체로, 즉 절대적으로 불가능한 것과, 조건적으로, 즉 상대적으로 불가능한 것에 대해 『형이상학』에서 다음과 같이 정의하고 있다. "§15 자신의 외부에 주어진 것들과의 관계 안에서 고찰되지 않는 것은 그 자체로 고찰되는 것이다. 그 자체로는 전혀 고찰되거나 표상될 수 없는 것은 자신 안에서 (내적으로, 단적으로, 절대적으로, 그 자체로) 불가능한 것이다. 반면 자신 안에서 고찰될 수 있는 것은 그 자신 안에서 (내적으로, 단적으로, 절대적으로, 그 자체로) 가능한 것이다. §16 그런데 자신의 외부에 주어진 것들과의 관계 속에서도 가능한 것은 조건적으로 (상대적으로, 외부적으로, 다른 어떤 것을 통하여, 다른 어떤 것에 따라서) 가능한 것이다. §17 자신의 외부에 주어진 것들과의 어떤 관계 속에서만 불가능한 것은 조건적으로 (상대적으로,

상관적으로, 외부적으로, 다른 어떤 것을 통하여, 다른 어떤 것에
따라서) 불가능한 것이다." 여기서 '조건적으로'라는 말은 어떤 조건이
주어지면 가능하고 그렇지 않은 경우에는 불가능하다는 뜻으로
사용되었다. 그렇기 때문에 상대적인 것일 수밖에 없다.

153 베르길리우스, 『아이네이스』, 7, 44f.

154 베르길리우스, 『전원시집』, 4, 55~59. 『전원시집』 제4권에서
베르길리우스는 철의 시대 이후에 도래할 황금시대에 대해 노래한다.
스토아학파의 우주론에 따르면 우주의 시간은 순환적으로 흘러가기에
한 시대가 지나가도 때가 되면 다시 돌아오게 되어 있는데 이에 따라
갖게 된, 이전에 흘러가 버린 황금시대가 다시 돌아올 것에 대한
기대가 이 시의 주제이다. 오르페우스는 트라키아 출신의 음악가이자
시인으로 그가 악기를 연주하면 살아있는 동물이나 식물뿐만 아니라
돌도 그의 노래에 귀를 기울이고 반응했다고 한다. 뮤즈 신 가운데
서사시를 담당했던 칼리오페의 아들로 여겨졌다. 리노스(Λῖνος)도
역시 트라키아 출신의 음악가로 어머니는 칼리오페, 아버지는 아폴론
신이었다고 전해진다. 고대 그리스인은 아폴론 신이 이성에 근거를
둔 조화로운 음악을 담당하는 신이라고 여겼다. 그가 목축의 신 판과
음악 경연을 벌여 승리했다는 일화가 있을 정도다. 아르카디아는
펠로폰네소스 반도의 한 지역 이름으로 목가적인 풍경으로 인해
이상향의 상징으로 여겨졌으며, 목축의 신 판의 고향으로 여겨지기도
했다. 여기서는 의인화되어 자신의 신과 베르길리우스의 경연을
판정하는 모습으로 묘사되고 있다.

155 이 문장은 라이프니츠 『변신론』(Essais de Théodicée)에 첨부된 「얼마
전에 영국에서 발간된 악의 근원에 대한 저서에 대한 논평」이라는
제목의 글에 담긴 내용을 소개한 것이다.(Cf. 고트프리트 빌헬름

라이프니츠, 『변신론』 in: 『고트프리트 빌헬름 라이프니츠의 철학적 저술들』(Die philosophischen Schriften von Gottfried Wilhelm Leibniz), herausgegeben von C. I. Gerhardt, Alfred Lorenz Buchhandlung, 1932, p. 414.} 그가 모순율과 충족이유율이 참과 거짓의 정의에 이미 포함되어 있다고 주장하는 것은 어떤 개별적 대상이 보편적 원리, 즉 모순율과 충족이유율에 합치되느냐 그렇지 않느냐에 따라 참과 거짓이 결정되기 때문이다. 바움가르텐도 『형이상학』 §92에서 같은 취지의 주장을 하고 있다.

156 이 절에서 바움가르텐이 말한 바를 정리해보자면 진리는 다음과 같이 세 가지로 나뉜다. 먼저 어떤 존재자의 본질적인 속성들에 있어서의 진리, 즉 대상 자체 안에 존재하는 진리로서 형이상학적-객관적 진리(veritas metaphysica objectiva)가 있고, 다음으로는 참된 대상을 드러내 보여주는 우리 안의 표상들 중에서 엄밀한 의미로 판명한 진리로서 주관적-논리적 진리(veritas subjectiva logica), 마지막으로는 판명하지 않은, 즉 명석하지만 혼연한 주관적 진리로서 주관적-미적 진리(veritas subjectiva aesthetica)가 있다.

157 테렌티우스, 『자학하는 사람』(Εαυτὸν τιμωρούμενος; 헤아우톤 티모루메노스), 3, 498. 푸블리우스 테렌티우스 아페르(Publius Terentius Afer; 195 / 185~c. 159? BC)는 고대 로마의 희극작가로, 『자학하는 사람』은 오늘날까지 전해지는 그의 여섯 희곡 중 하나다. 이 극의 등장인물 중 하나인 크레메스는 먼 곳에서 군인으로 근무하던 메네데무스의 아들이 돌아왔지만 아버지가 무서워 아직 집에 가지는 못했다는 사실을 메네데무스에게 알려준다. 그러고는 씀씀이가 사치스러운 여자와 아들이 사랑에 빠져 있으니 그에게 직접 돈을 주지 말고 그가 알지 못하게 다른 사람을 통해서 돈을 주라고

조언한다. 바움가르텐이 인용한 문장은 이 조언을 듣고 메네데무스가 크레메스에게 한 대답의 내용이다.

158 테렌티우스, 『안드리아』(*Andria*), 1, 1, 41.

159 페르시우스, 『풍자시집』, 1, 107.

160 호라티우스, 『풍자시집』, 1, 1, 24f.

161 Cf. 키케로, 『의무에 관하여』, 2, 18.

162 루크레티우스, 『사물의 본성에 관하여』, 3, 950f. 자연의 여신이 죽음에 대해 한 말의 전체 내용은 다음과 같다. "유한한 자여, 왜 네게는 죽음이 아주 고통스러운 슬픔에 / 빠질 정도로 엄청난 일인가? 왜 너는 죽음에 대해 번민하며 그것을 피하는가? / 이전의 삶과 네가 전에 행한 일이 네게 즐거운 것이었고, / 모든 유익한 일이 마치 구멍 뚫린 그릇 안에 쌓여 있는 것처럼 / 새어 흘러 나가버려 즐겨보지도 못한 채 사라진 게 아니라면, / 미련한 자여, 너는 왜 삶의 축제를 넘치게 즐긴 손님처럼 이 삶을 떠나서는 / 평온한 마음으로 아무런 걱정 없는 휴식을 붙잡지 않는가? / 반대로 만일 네가 거둔 모든 것이 낭비되어 버려지며 / 인생이 못마땅한 것뿐이었다면, 왜 더 많이 얻으려고 노력하는가? / 모든 것이 다시금 어리석게 버려지고 즐기지도 못한 채 사라질 거라면, / 왜 차라리 괴로움 많은 인생을 끝내지 않는가? / 내가 너에게 만들어 장만해줄 것들 외에 / 너를 기쁘게 해줄 건 아무것도 없는데 말이다. 만물은 언제나 동일한 법이니까. / 만일 세월이 흘러도 네 몸이 여전히 쇠약해지지 않고 네 사지가 / 소모되어 힘을 잃지 않는다 해도 만물은 언제나 동일한 것으로 남을 것이다. / 네가 살아서 모든 시대를 계속 정복한다고 해도, / 절대로 죽지 않을 거라 해도 마찬가지다."(3, 933~949.)

163 Cf. 호라티우스, 『송가집』, 3, 14, 21. 이 구절에서 호라티우스는 자신의
연인을 네아이라(Neaera)라는 이름으로 부르고 있다. 바움가르텐은 이
이름을 어떤 가상적인 인물의 연인을 가리키는 데 사용하고 있다.

164 키케로, 『연설가에 관하여』, 2, 62.

165 케르길리우스, 『아이네이스』, 6, 5f., 9~11. 헤스페리아(Ἑσπερία)는
고대 그리스인이 이탈리아 지방을 일컫던 명칭이다. 시뷜라(Σίβυλλα;
sibylla)는 고대 그리스 신화에 등장하는 신탁을 담당하는 여인들을
일컫는 말이다. 여기서는 아폴론 신의 신탁을 맡은 여사제를 가리킨다.

166 호라티우스, 『풍자시집』, 1, 3, 96~98. '잘못'으로 번역한 라틴어 단어는
페카툼(peccatum)이다. 이 단어는 '죄를 짓다, 범죄를 저지르다'라는
뜻을 지닌 페코(pecco) 동사의 과거분사형에서 유래한 명사로 기독교
신학에서는 신 앞에서 모든 인간이 죄인임을 가리킬 때도 이 단어를
사용하였다. 따라서 여기서도 그에 대한 도덕적, 종교적, 심지어는
법적 책임이 따르는 잘못을 가리킨다고 해석될 수 있을 것이다. 그런데
잘못에는 당연히 정도의 차이가 존재한다. 따라서 사람은 누구나
잘못을 저지를 수 있으니 그 차이에 주목하지 말고 모두 용서해야
한다는 말은 진리에 어긋난다. 이 말은 미적 진리에도 그대로 적용될 수
있다. 아름다운 사유에 있어서 발생하는 오류들도 미적 진리의 절대적
가능성을 해치지 않는 것이 있을 수 있고 그것을 심각하게 훼손시키는
것도 있을 수 있다.

167 베르길리우스, 『아이네이스』, 10, 100~102.

168 키케로, 『연설가에 관하여』, 1, 220.

169 호라티우스, 『시작의 기술』, 115~118. 콜키스(Colchis) 지방은 오늘날의

흑해 동쪽 지방을 가리키는 명칭이며, 아시리아(Assyria)는 오늘날의
시리아, 테베나 아르고스는 지금의 그리스 영토 안에 있던 고대
도시들의 이름이다.

170 호라티우스, 『시작의 기술』, 153~157, 178.

171 호라티우스, 『시작의 기술』, 315f.

172 호라티우스, 『시작의 기술』, 317f.

173 테오프라스토스(Θεόφραστος; c.371~c.287 BC)는 고대 그리스의
철학자로 아리스토텔레스의 후계자로 알려져 있다. 그는 200권이 넘는
저술을 남겼다고 하는데, 그중 대부분이 오늘날에는 전해지지 않고
있다. 바움가르텐이 언급한 『윤리적 특징들』(Ἠθικοὶ χαρακτῆρες;
에티코이 카락테레스)이라는 책은 인간의 도덕적 유형을 서른 개로
나누어 서술하고 있다. 프랑스의 테오프라스토스로 언급된 인물은
철학자이자 도덕론자인 장 드 라 브뤼예르(Jean de La Bruyère;
1645~1696)인데, 그의 유일한 저서 제목이 바로 『성격들 혹은 이
세기의 도덕』(Les Caractères ou les Mœurs de ce siècle; 1688)이다. 이 책의
전반부에 프랑스어로 번역된 테오프라스토스의 『윤리적 특징들』이
100쪽가량 실려 있고, 뒤이어 라 브뤼예르 자신이 저술한 내용이
200쪽가량 이어진다.

174 아케론(Ἀχέρων)은 고대 그리스 신화에 등장하는 지하세계 하데스를
가로질러 흐르는 다섯 개의 강 중 하나이다. 이 강의 나룻배 사공인
카론 (Χάρων)이 죽은 자의 영혼을 배에 태워주었다고 한다.
바움가르텐의 주장에 따르면 얼핏 보기에는 도덕적인 것과는 상관없어
보이는 아케론에 대한 묘사에서도 엄밀한 의미의 도덕적 가능성을
발견할 수 있어야 거기에 미적 진리가 존재한다고 말할 수 있다.

175 호라티우스, 『서간집』, 1, 7, 98.

176 키케로, 『무레나를 위하여』, 74~77. 무레나를 고발한 사람은
스토아철학의 대변자이자 당대의 도덕적 타락을 신랄하게 비판했던
카토(Cato)였다. 그가 무레나를 고발한 근거 중 하나가 무레나가
집정관으로 선출되기 위해 사람들에게 음식을 대접했다는 사실이었다.
이에 대해 키케로는 로마인의 관습은 그것을 용인하고 있다고
지적한다. 또 카토 자신도 이 재판에서처럼 자신이 추구하는 바를
관철하기 위해 다른 사람들에게 호소하고 있는 것을 보면 자신의
주장을 완전히 실천하고 있지 않다고 말한다. 고대 로마에는 관직에
출마하는 사람이라면 만나는 사람들의 이름을 일러주는 노예를
데리고 있었다. 그러한 관습에 대해서는 어떻게 생각하느냐고 키케로는
카토에게 묻는다. 바로 다음 문장이 다음과 같기에 이 물음은 카토
자신도 그런 노예를 두고 있으면서 이런 모든 관습을 다 부정할 수는
없지 않겠느냐는 뜻으로 해석된다. "그런 하인을 둠으로써 자네는
속임수를 쓰고 현혹시키는 거라네."(in eo quidem fallis et decipis;
『무레나를 위하여』, 77.)

177 볼스키(Volsci) 종족은 로마 시가 속해 있던 라티움 지방의 남쪽 지역에
살고 있던 민족이다. 이 둘 사이에는 여러 번의 반목과 전쟁이 있었다.
따라서 로마인이었기에 코리올라누스는 처음에는 볼스키 종족에 대한
적대감을 가지고 있었다. 원래 이름은 가이우스 마르키우스(Gaius
Marcius)였는데 볼스키족의 도시 콜리올리(Corioli)를 정복하는 데
혁혁한 공을 세웠기 때문에 코리올라누스라는 별명을 얻었을 정도다.
하지만 기원전 491년에 흉년이 들어 시칠리아로부터 사들이게 된
곡물을 분배하는 과정에서 평민에게 불리한 분배방식을 주장하다가
그들의 미움을 사 로마에서 쫓겨나게 된다. 그러자 그는 볼스키족의

영토로 가서 이들과 연합하여 로마와 전쟁을 벌인다. 이때 그를 도왔던 사람이 바로 볼스키족의 지도자였던 아티우스 툴루스 아우피디우스(Attius Tullus Aufidius)였다.

178 행동, 장소, 시간의 통일성은 신고전주의 예술가와 이론가 들이 아리스토텔레스의 『시학』에서 발견했다고 주장했던, 훌륭한 비극이 갖추어야 하는 세 가지 요건이다. 하지만 오늘날에는 아리스토텔레스가 행위의 통일성 외에는 그것들을 비극 창작의 원칙으로 제시하지는 않았다는 것이 정설이다.

179 호라티우스, 『시작의 기술』, 23.

180 아우구스티누스(Augustinus), 『서간집』(*Epistulae*), 18, 2.

181 종차의 의미에 대해서는 「부록」에 실린 『형이상학』 §151(이 책 198쪽)을 참조하라.

182 키케로, 『연설문의 작성에 관하여』(*De Inventione*), 2, 162.

183 중간적 지식 혹은 중간적 인식의 의미에 대해서는 『미학』 §846에 첨부된 미주를 참조하라.

184 개별자의 구체적 특성이 수(數)와 맺는 관계에 대해서는 「부록」에 실린 『형이상학』 §151의 미주 8(이 책 399쪽 이하)을 참조하라.

185 키케로, 『투스쿨라눔 대화편』 5, 13ff.

186 플라우투스, 『포로들』(*Captivi*), 1~3. 티투스 막키우스 플라우투스 (Titus Maccius Plautus; c. 254~184 BC)는 고대 로마의 희극작가인데, 『포로들』은 그의 다른 희곡들과는 달리 자유와 노예제와 같이 매우 진지한 주제를 담고 있으며 플라우투스 자신도 이러한 사실을 서문에

명시했다.

187 라이프니츠는 『변신론』이나 『단자론』(*Monadologie*) 등의 책에서
예정조화설을 설명하면서 실제로 존재하는 세계 말고도 존재할 수
있었고 존재할 수 있을 수많은 가능한 세계에 대해 말하고 있다. 이에
관한 그의 주장을 요약하면 다음과 같다. 신은 무한하게 많은 우주에
대한 관념을 지니고 있다. 그런데 그중 유일하게 하나만 실제로 존재할
수 있다. 신은 이 세계들 중 어떤 하나를 다른 것보다 더 선호할 근거를
지니고 있다. 그런데 신은 선하기 때문에 신이 선택하여 존재하게 된
세계는 가능한 모든 세계 가운데에서 가장 좋은 것일 수밖에 없다.
바움가르텐은 가능한 세계에 관한 이런 이론이 이미 티불루스에
의해서도 제기된 바 있다고 말한다. 물론 인용된 티불루스의 말은
문학적 상상력에 의해 구성된 서사시 속의 세계를 가리킬 뿐,
라이프니츠가 말한 이론적으로 가능한 모든 세계를 지시하지는 않는다.

188 티불루스 『티불루스 전집』, 3, 7, 79f.

제2권 일반적 미학에 관하여

제1부 발견술

1 '명료함'으로 번역한 페르스피퀴타스(perspicuitas)는 '관통하여, 줄곧'을
뜻하는 접두어 페르(per)와 '쳐다보다'라는 뜻을 지는 스피키오(spicio)
동사의 합성어인 페르스피키오(perspicio) 동사의 명사형이다. 따라서
어떤 대상의 모든 특징을 투명하게 관찰할 수 있음을 뜻한다.

2 퀸틸리아누스, 『수사학 강요』, 8, 2, 1.

3 '명확하다'로 번역한 딜루키두스(dilucidus)는 원래 '밝게 빛나다'라는

뜻을 갖는다. 환하게 빛나면 그것이 무엇인지 분명하게 알 수 있기에
명확하다는 뜻으로 사용되었다.

4   퀸틸리아누스, 『수사학 강요』, 8, 2, 23.

5   같은 곳.

6   같은 곳.

7   같은 곳.

8   퀸틸리아누스, 『수사학 강요』, 8, 2, 24.

9   '정밀함'으로 번역된 아다이콰티오(adaequatio)의 의미에 대해서는
     「해제」 248쪽 이하를 참조하라.

10   Cf. 타키투스(Tacitus), 『연대기』(Annales), 13, 3.

11   Cf. 플리니우스, 『서간집』, 3, 1, 1~12. "덕망이 높고 […] 자격을 얻었을"
     부분은 『서간집』, 3, 1, 12를 그대로 인용한 것이지만 "노인이 되어서도
     […] 올라타기도" 부분은 『서간집』, 3, 1, 1~5 여기저기를 발췌해 인용한
     것이다. 산책을 즐기고 신체뿐만 아니라 영혼도 연마했다는 내용과
     마차 위에 올라탔다는 내용 사이에는 친구들과 아주 고상한 주제에
     대해 담소를 나누거나 소리 내어 책을 읽는 일과에 대한 서술이
     나온다. 그러고서는 얼마 안 있다가 다시 운동을 하거나 기분전환
     겸 나들이를 즐겼다는 서술이 등장한다. 티투스 베스트리키우스
     스푸린나(Titus Vestricius Spurinna; ca.24~105)는 고대 로마의 원로원
     의원이자 집정관으로 『서간집』의 저자인 소(小)플리니우스의 친구이자
     그가 본받고 싶어 했던 인물이기도 하다.

12 퀸틸리아누스, 『수사학 강요』, 4, 1, 59. 바움가르텐이 인용한
퀸틸리아누스의 원래 문장은 다음과 같다. "우리의 의도는 아직
받아들여지지 않았으며 청중은 새로이 관심을 집중하여 우리를
살펴보고 있기 때문이다. 하지만 *그들의 영혼을 더 많이 사로잡아
뜨겁게 했다면 다음과 같은 자유가 허락될 것이다. 그것은
무엇보다도 단어의 자유분방함이 자연의 풍요로움 때문에 주위를
둘러싸고 있는 빛에 의해 주목받게 되지 않는 어떤 장소들로 우리가
들어가기 때문이다.*"(이탤릭체 부분이 실제로 바움가르텐이 인용한
문장이다.) 그런데 이 구절 앞에는 다음과 같은 내용이 나온다.
"옛사람들의 규칙 중에서 다음과 같은 것은 여전히 유효하다. 생소한
어떤 단어나 지나치게 과감한 비유, 낡아빠진 옛 문구가 아니면
시적 자유분방함으로부터 뽑아낸 문구는 서두에 나타나면 안
된다."(4, 1, 58.) 원래 설득력 있는 연설문을 작성하기 위해서는 시적
자유분방함을 적어도 그 첫머리에서부터 사용되면 안 된다. 하지만
청중의 영혼을 사로잡아 그들의 마음을 뜨겁게 달구어놓았을 때는
시적 자유분방함이 더 이상 눈에 띄지 않는다는 것이다.

13 Cf. 키케로, 『브루투스』, 36. 여기 언급된 휘페레이데스(Ὑπερείδης;
c.390~322 BC)와 아이스키네스(Αἰσχίνης; 390/389~c.314 BC)는
모두 고대 그리스의 유명한 연설가이다.

14 생명력에 관해서는 아쉽게도 『미학』에서는 전혀 다뤄지지 못했다.

15 키케로, 『법에 관하여』(*De Legibus*), 1, 6. 안티파트로스(Ἀντίπατρος;
c.397~319 BC)는 고대 마케도니아 왕국의 장군이자 정치가로,
필립 2세와 알렉산더 대왕 휘하에서 활동했다. 두 왕이 정복 전쟁을
나설 때마다 마케도니아에 남아 많은 난관을 잘 헤쳐나갔다. 하지만
알렉산더 대왕의 어머니인 올림피아와의 불화로 인해 대왕의 신임을

잃을 뻔했을 때 갑작스러운 대왕의 죽음으로 위기에서 벗어났다. 그래서 알렉산더 대왕을 독살했다는 의심을 받았다.

16 키케로, 『최고의 선과 최고의 악에 관하여』, 4, 5.

17 키케로, 『브루투스』, 238.

18 퀸틸리아누스, 『수사학 강요』, 2, 5, 12.

19 퀸틸리아누스, 『수사학 강요』, 2, 5, 11.

20 호라티우스, 『시작의 기술』, 150.

21 Cf. 키케로, 『연설가에 관하여』, 1, 81. 실제로 키케로의 원문에는 연설의 이러한 자연스러운 광채에 대한 언급이 전혀 없고 "혼란스러운 정치적 집회나 시장에서보다는 오히려 격투기 연습장에서 쓰이는 말들에서 드러나는 일종의 광채나 풍요로움"이 언급되고 있다. 따라서 이 대목에서 바움가르텐은 자연스러움 자체에 대해서라기보다는 격투기 연습장을 염두에 둔 연설이냐, 정치적 집회나 시장에 적합한 연설이냐에 초점을 맞추어 이 대목을 참조하라고 권한 것이다. 격투기 연습장으로 번역한 팔라이스트라(palaestra; παλαίστρα)는 원래 고대 그리스에서 레슬링이나 권투 연습장으로 쓰이던 곳이지만 단순히 격투기만이 아니라 학문적 토론이 이뤄졌던 곳이기도 했다. 실제로 플라톤의 대화편 『뤼시스』(Λύσις)에서 소크라테스가 에로스적 사랑과 필리아적 사랑에 관하여 토론을 벌인 곳도 팔라이스트라였다.

22 키케로, 『연설가에 관하여』, 36.

23 구름을 주노로 여기는 실수에 대해서는 『미학』§106의 미주 100 (이 책 363쪽)을 참조하라.

24 카툴루스(Catullus), 『시가집』, 61, 193~195.

25 호라티우스, 『시작의 기술』, 351.

26 퀸틸리아누스, 『수사학 강요』, 8, 3, 1~3, 6f.

27 호라티우스, 『시작의 기술』, 14~19. '멀리까지 비치는 자줏빛 천 조각'은
화려한 장식적 묘사를 가리킨다. 호라티우스는 이로써 지나치게 화려한
묘사는 장엄하고 위대한 것을 그려내는 데 오히려 방해가 될 뿐이며
그것에 어울리는 표현도 아니라는 사실을 지적하고 있다.

28 여기서 바움가르텐이 가리키는 것은 아시아적 웅변술이다. 이것은
기원전 3세기경 나타난 고대 그리스의 웅변술로서 오늘날 터키
지역에 해당하는 소아시아 출신의 수사학 교사들을 통해 기원전
2세기경 로마에 소개되었다고 한다. 소피스트식의 웅변술을 계승해
발전시켰으며, 과장되고 감정을 자극하는 화려한 문체가 특징이다.

29 유베날리스, 『풍자시집』, 1, 7~14. 여기서 유베날리스는 동일한 내용을
누구나 지겹도록 반복해서 서술하고 있기 때문에 전혀 새롭지도
않고 따라서 아무런 감흥도 느낄 수 없다는 사실을 지적하고 있다.
마르스는 전쟁의 신이기도 하지만 농경이나 목축의 신이기도 했고,
그래서 숲의 신 마르스 실바누스(Mars Silvanus)라고 불리기도 했다.
아이올리스(Αἰολίς)는 오늘날의 터키 지방인 소아시아의 서북부
해안 지방을 가리키는 말이며 화산의 신 불카누스{Volcānus; 그리스
신화에서는 헤파이스토스("Ηφαιστος)}는 같은 지역의 렘노스(Λήμνος)
섬을 거처로 삼는다고 알려져 있었다. 야손(Ἰάσων)은 황금빛 양털을
지키는 용을 약초에서 추출한 독으로 잠재운 뒤 양털을 훔쳤다고 한다.
아이아코스(Αἰακός)는 고대 그리스 신화 속 지옥을 가리키는 하데스의
세 심판관 중 하나였으며, 모뉘코스(Μονυκός)는 켄타우로스 종족 중

하나로 나무들을 뽑아 던져 카이네우스(Καινεύς)라는 인물을 죽였다고 전해진다. 마르쿠스 코르넬리우스 프론토(Marcus Cornelius Fronto; ca.100~160)는 고대 로마의 문법학자이자 수사학자로 다른 문인들을 후원하는 역할을 하기도 했는데, 그의 집에서는 고대의 신화를 소재로 한 작품들의 낭송이 끊이지 않았다고 한다.

30 키케로, 『스토아학파 학자들의 역설』(*Paradoxa Stoicorum*), 3.

31 키케로, 『연설문의 작성에 관하여』, 1, 8. 바움가르텐의 원문에 오피키오 (officio)로 쓰여 '과제'로 번역한 부분이 키케로의 원문에는 연설가의 숙련된 기술이나 지식을 뜻하는 오라토리스 아르티피키오(oratoris artificio)로 되어 있다. 바움가르텐이 수사학에 관한 키케로의 글 내용을 미학의 주제에 맞게 약간 변형시켜 인용한 것이다.

32 바움가르텐이 언급하는 우화의 내용은 다음과 같다. '어떤 까마귀 한 마리가 다른 새들의 깃털로 치장하고 그들과 겨뤄보려 했지만 그것이 들통나서 깃털의 원래 주인들에게 치장한 깃털을 모두 빼앗기게 되었다. 심지어는 자신의 깃털마저 뽑히고 말았다.' 바움가르텐은 이 우화의 내용을 빗대어 글의 주제에 맞지 않게 과도하게 장식하게 되면 오히려 글을 망치게 된다고 주장하고 있다. 그런데도 이렇게 하는 사람들은 그것을 깨닫지 못하고 오히려 자신들이 글을 더 훌륭하게 만들었다고 착각한다는 것이다.

33 독자들이 자연스러운 만족을 더 적게 얻었다는 발언을 자신들의 기술적인, 인위적인 묘사로 인해 감명을 받았다는 등 아전인수 격으로 해석하는 것을 가리킨다.

34 예술적 영감의 원천으로서의 헬리콘 산의 의미에 대해서는 『미학』 §40의 미주 12(이 책 342쪽)를 참조하라.

35 키케로, 『브루투스』, 261. 이 책의 다른 제목은 '명쾌한 연설들에 관하여'
(De Claris Oratoribus)다. 이 책에서 키케로는 고대 로마의 유명한
연설가들에 대해 설명하고 있다. 따라서 원문에는 연설을 뜻하는
'디켄디'(dicendi)라는 단어가 쓰였지만, 바움가르텐은 이 책의 내용에
맞게 그것을 사유를 뜻하는 '코기탄디'(cogitandi)로 바꾸어 썼다.

36 키케로, 『최고의 선과 최고의 악에 관하여』, 1, 6.

37 키케로, 『스토아학파 학자들의 역설』, 5. 여기서 말하는 학교는
스토아학파 학자들이 후학을 가르치던 곳을 말한다. 테티카는
'놓다, 두다'를 뜻하는 동사 티테미(τίτημι)에서 파생된 형용사
테티코스(θετικός)의 중성복수 형태인데, 학문적인 절차를 거쳐
명제(테시스; θέσις)의 형태로 제시된 것이라는 뜻을 갖는다.

38 키케로, 『의무에 관하여』, 1, 4.

39 '생명력'으로 번역한 비타(vita)의 의미에 대해서는 이 책 305, 306쪽을
참조하라.

40 코르넬리우스 네포스, 『유명한 사람들에 관하여』, 「디온 편」(Dion), 3, 3.
인용문에서 설명한 것처럼 플라톤은 디오뉘시오스 왕의 초대에 응하여
시라쿠사를 자신의 철학적 이상에 부합하는 나라로 만들려 했지만
실패했다. 필리스토스(Φίλιστος; c.432~356 BC)도 디오뉘시오스의
궁정에서 그를 돕던 역사가였는데, 디오뉘시오스 왕을 설득하여
플라톤을 내쫓게 만들었다.

41 키케로, 『신들의 본성에 관하여』(De Natura Deorum), 1, 61. 가이우스
아우렐리우스 코타(Gaius Aurelius Cotta; c.124~73 BC)는 고대 로마의
정치가이자 웅변가로, 사실들을 면밀하게 고찰한 결과에 근거하여

지엽적인 것은 피하면서 핵심에 집중하는 간결하고 품위 있는 문체로 유명하다.

42 베르길리우스, 『농경시집』, 2, 315f. 고대 로마인에게 보레아스(Boreas)는 북풍의 신, 텔루스(Tellus)는 대지의 여신이었다. 따라서 인용문 두 번째 행은 겨울에 대지가 꽁꽁 얼어 있을 때 밭을 일굴 수는 없다는 뜻이다.

43 키케로, 『연설문의 작성에 관하여』, 2, 37.

44 Cf. 키케로, 『연설문의 작성에 관하여』, 1, 6.

45 Cf. 키케로, 『연설문의 작성에 관하여』, 1, 4.

46 호라티우스, 『풍자시집』, 1, 6, 8~11. 툴루스 호스틸리우스(Tullus Hostilius; 673~642 BC)는 공화정 이전 왕정 시대 고대 로마의 세 번째 왕으로, 역사가 리비우스는 그를 전쟁을 좋아하는 폭군으로 묘사하고 있다. 어떤 학자들은 호라티우스가 언급한 인물을 기원전 6세기경에 고대 로마를 통치했던 여섯 번째 왕 세르비우스 툴리우스(Servius Tullius)로 해석하지만, 대부분의 역사서에 그의 폭정에 대한 기록이 없고 오히려 그의 통치 능력과 도덕성, 지혜로움에 대한 찬사가 곳곳에서 발견되는 것으로 보아 이는 신뢰하기 어려운 해석이다.

47 퀸틸리아누스, 『수사학 강요』, 2, 4, 15f. 본문에 인용된 구절 바로 앞에서 퀸틸리아누스는 처음 공부를 배우는 아이에게 생각해보지도 않고 나오는 대로 말하도록 허락해서는 안 된다고 주장한다. 인용된 구절은 그 이유를 밝힌 대목이다. 아이가 그렇게 말하는 것을 듣고 아이의 교육과정에 대해 잘 알지 못하는 부모가 근거 없는 기쁨을 느끼게 될 수 있고, 아이는 아이대로 해야 할 훈련을 소홀히 하게 되며 온갖 오류에 빠지게 된다는 것이다.

48 퀸틸리아누스, 『수사학 강요』, 1, 1, 8.

49 '신념'으로 번역한 콘빅티오(convictio)는 판명한 인식을 통한 논증을
통해 갖게 된 것으로 감성적 확실성으로서의 확신(persuasio)과는
구별된다. 전자가 오성 혹은 이성을 통한 논리적 인식과 관련이 있다면
후자는 유비적 이성을 통해서 얻어지는 감성적 인식과 관련이 있다.
전자가 논증을 통해서 얻어지는 반면, 후자는 설득을 통해 얻어진다.

50 베르길리우스, 『아이네이스』, 6, 454.

51 퀸틸리아누스, 『수사학 강요』, 1, 2, 2.

52 퀸틸리아누스, 『수사학 강요』, 1, 2, 18.

53 퀸틸리아누스, 『수사학 강요』, 2, 15, 2.

54 퀸투스 엔니우스, 『연대기』(Annales), 9, 308; 퀸틸리아누스, 『수사학
강요』, 2, 15, 4. 퀸투스 엔니우스(Quintus Ennius; c.239~c.169
BC)는 공화정 시기 고대 로마의 시인으로 고대 로마 시가(詩歌)의
아버지로 불린다. 대표작으로 여기에 인용된 서사시 『연대기』가 있다.
트로이전쟁부터 로마 공화정까지 장구한 역사를 기록한 이 책은
오늘날에는 고대 로마의 여러 저자에 의해 인용된 일부 내용만이
전해진다. 여기서도 퀸틸리아누스가 『수사학 강요』에서 인용한 내용을
바움가르텐이 다시 인용한 것이다.

55 퀸틸리아누스, 『수사학 강요』, 2, 15, 24.

56 퀸틸리아누스, 『수사학 강요』, 2, 15, 23. 나우크라티스 출신의
아테나이오스(아테나이오스 나우크라티테스; Ἀθήναιος
Ναυκρατίτης)는 기원후 2, 3세기경에 활동했던 고대 그리스의

수사학자이자 문법학자로『저녁 식탁의 소피스트들』(Δειπνοσοφισταί;
데이프노소피스타이)이라는 책으로 유명하다. '저녁 식사에 관한
지혜를 소유한 사람들'이라는 제목에서 알 수 있듯 이 책은 요리법이나
식사예절에 관한 책이지만, 그 안에 수많은 고대 문헌이 인용되고
있어서 문학, 철학, 수사학 등의 분야에 걸쳐 고대 문헌 연구에 매우
중요한 의미를 지니고 있다.

57 퀸틸리아누스, 『수사학 강요』, 2, 15, 16. 아리스토텔레스는 『수사학』
(Τέχνη Ῥητορική; 테크네 레토리케) 제1권 제2장에서 수사학을 다음과
같이 정의한다. "수사학은 어떤 주제에 관해서든 [다른 사람을] 설득할
수 있는 방법을 찾는 능력[에 관한 학문]이다."(355, b26f.)

58 퀸틸리아누스, 『수사학 강요』, 2, 15, 11.

59 퀸틸리아누스, 『수사학 강요』, 2, 15, 19, 20. 바움가르텐은 자신이
말하고자 하는 바와 직접 관련되는 것만 발췌해서 요약하고 있다.
퀸틸리아누스의 원문은 다음과 같다. "그런데 모든 것을 연설가가
다루는 영역에 귀속시키지 않는 이들은 더욱 공을 들여 장황하게
다른 학문의 대상 영역과의 차이점들을 덧붙여야만 했다. 그중 한
사람이 소요학파 학자 크리톨라오스의 제자인 아리스톤이다. 그는
수사학을 대중을 설득하는 연설을 통하여 공적인 문제를 고찰하고
실천하는 일에 관한 학문으로 정의한다. 소요학파 학자였기에 그는
스토아학파 학자처럼 이 학문을 덕의 영역에 속한다고 간주하지
않는다. 게다가 수사학의 임무가 대중을 설득하는 일이라고
파악하면서 교양 있는 사람들을 설득하지 못할 것이라고 생각했다."
크리톨라오스(Κριτόλαος; c.200~c.118 BC)는 아리스토텔레스의
가르침을 따르는 소요학파에 속한 고대 그리스의 철학자다. 그의
저술들은 남아 있지 않지만 수사학과 윤리학에 관심을 가졌다고

전해진다. 아리스톤(Ἀρίστων; c. 225 BC) 역시 소요학파 철학자로 알려져 있지만 퀸틸리아누스가 말하는 것처럼 크리톨라오스의 제자가 아니라 오히려 그의 스승으로 알려져 있기도 하다.

60 퀸틸리아누스, 『수사학 강요』, 2, 15, 31.

61 퀸틸리아누스, 『수사학 강요』, 2, 15, 32. 아울루스 코르넬리우스 켈수스(Aulus Cornelius Celsus; c.25 BC~c.50 AD)는 로마의 박물학자로 많은 주제에 대해 책을 저술하였지만 유일하게 의학에 관한 저술만이 전해 내려온다. 여러 학자에 따르면 그의 방대한 저술 속에는 수사학에 대한 글도 있었다고 한다.

62 퀸틸리아누스, 『수사학 강요』, 2, 15, 25.

63 벨룸(bellum)은 원래 '아름답다'라는 뜻으로 많이 쓰이는 형용사지만, 이 책에서는 pulcher를 '아름답다'라는 뜻으로 사용하고 있기에 이와 구별하기 위해 '멋진'으로 번역하였다.

64 수아델라(Suadela)는 '설득하다, 권유하다'를 뜻하는 라틴어 동사 수아데오(suadeo)에서 유래한 단어로 고대 로마에서 설득의 여신을 부르던 이름이다. 수아다(Suada)라고 불리기도 했으며, 비너스와 짝을 지어 거론되는 경우가 많았다. 고대 그리스에서도 설득의 여신 페이토(Πειθώ; 이 명칭 역시 '설득하다'를 뜻하는, 같은 철자를 쓰는 동사에서 유래했다)와 아름다움의 여신 아프로디테가 매우 밀접하게 연결되었다. 아마도 아름다움이 설득력을 더한다는 생각이 그 바탕에 깔려 있었을 것이다.

65 호라티우스, 『서간집』, 1, 6, 38.

66 키케로, 『브루투스』, 59. 에우폴리스(Εὔπολις; c.446~c.411 BC)는

고대 그리스의 희극시인으로 펠로폰네소스 전쟁 시기에 활동했다.
많은 희곡을 집필했지만 다른 책에 인용된 단편들만이 전해진다.
키케로가 인용한 부분은 『그리스 희극 단편선』(*Fragmenta Comicorum*
Graecorum), collegit et disposuit Augustus Meineke, Berlin, 1847, p.
173f.를 참조하라. 원문은 다음과 같다. "πειθώ τις ἐπεκάθιζεν ἐπὶ
τοῖς χείλεσιν."(어떤 페이토라는 여신이 그의 입술 위에 머물렀다네.)
이 인용문을 통해 바움가르텐은 고대 그리스 정치가 중 훌륭한 연설로
유명한 페리클레스의 연설도 참되면서 미적인 설득의 힘을 지니고
있었음을 지적하고 있다.

67 유베날리스, 『풍자시집』, 10, 366. 유베날리스의 원문에는 수아델라
대신 운명의 여신 포르투나(Fortuna)가 등장한다. 따라서
"수아델라여"는 바움가르텐이 본문 내용에 맞게 각색한 것이다.

68 바움가르텐이 말하는 내용은 실제로는 §614~828에 걸쳐 서술되어
있다.

69 베르길리우스, 『아이네이스』, 6, 552~554.

70 베르길리우스, 『농경시집』, 2, 64. 파포스(Πάφος)는 키프로스 섬의
도시이다. 고대 그리스 신화에 따르면 바다에서 탄생한 아프로디테
여신이 상륙한 곳이며, 파포스에는 아프로디테의 신전이 있었다고
한다. 그러므로 여기서 말하는 파포스의 도금양 꽃은 아름다움을
상징한다고 해석할 수 있다.

71 키케로, 『최고의 선과 최고의 악에 관하여』, 1, 61.

72 『최고의 선과 최고의 악에 관하여』는 저자 자신과 당시 집정관을
지냈던 루키우스 만리우스 토르콰투스(Lucius Manlius Torquatus;

c.108~47 BC)라는 인물이 나누는 대화의 형식으로 이루어져 있다. 앞서 인용된 에피쿠로스의 말을 인용한 것도 그랬다. 또 한 사람의 대화 상대자가 다음 인용문에 언급된, 당시 나이가 어렸던 로마의 장군 발레리우스 트리아리우스(Valerius Triarius)였다

73 키케로, 『최고의 선과 최고의 악에 관하여』, 1, 72.

74 내포적, 외연적 명석함의 의미에 대해서는 「부록」에 실린 『형이상학』 §531(이 책 209쪽 이하)을 참조하라.

75 호라티우스, 『서간집』, 1, 2, 1, 3f. 크뤼시포스(Χρύσιππος; c.279~ c.206 BC)는 고대 그리스의 스토아학파 철학자로 이 학파의 제3대 수장이다. 스토아학파의 창시자인 제논의 이론을 확장시켜 스토아학파의 제2 창시자로도 불리는 인물이다. 크란토르(Κράντωρ; c.330~270 BC)는 플라톤의 이론을 계승한 학자로 호라티우스는 그를 크뤼시포스와 함께 도덕철학자로 취급하고 있다. 크란토르는 플라톤의 대화편 『티마이오스』의 해설서를 썼다. 아들을 잃은 자신의 친구를 위로하기 위해 『슬픔에 관하여』라는 책을 저술하기도 했는데, 이 책은 고대 로마에서 유행했던 위로서의 모범으로 추앙받았다. 호라티우스는 이들의 철학적 저술보다 호메로스의 서사시가 도덕적 선이나 아름다움에 대해 더욱 많은 확신을 줄 수 있다고 주장하고 있는 것이다.

76 호라티우스, 『송가집』, 1, 3, 1~4. 퀴프로스(Κυπρός)는 오늘날의 키프로스 섬을 말한다. 고대 그리스 신화에서는 바다에서 탄생한 아프로디테(비너스)가 처음 상륙한 곳으로 여겨지기도 했다.{『미학』 §840의 미주 70(이 책 393쪽)을 참조하라.} 따라서 퀴프로스의 주인은 비너스 여신을 가리킨다. 트로이 전쟁의 원인이 되었던 헬레나의

쌍둥이 형제인 카스토르(Κάστωρ)와 폴룩스{Pollux; 그리스어로는 폴뤼데우케스 (Πολυδεύκης)}로 묘사된 별들은 쌍둥이자리를 가리키는데, 이 별자리는 고대 뱃사람들에게 바닷길을 알려주는 역할을 했다고 전해진다. 바람들의 아버지는 모든 바람을 관장하는 역할을 맡았던 신 아이올로스(Αἴολος)를 가리킨다. 이아픽스(Ἰάπυξ,)는 북서풍의 신이며 그 또한 아이올로스에게 속해 있었다. 전설에 따르면 이아픽스가 악티움 해전에서 패한 이집트여왕 클레오파트라의 배가 그녀의 고국으로 안전하게 돌아갈 수 있게 도와주었다고 한다. 여기 인용된 송가는 베르길리우스에게 바치는 것이었다. 따라서 인용된 송가의 내용은 아름다움의 여신이 시인인 베르길리우스에게 아름다운 시를 지을 수 있도록 인도해주듯 배를 인도해주는 바람과 별자리로 대변되는 신들도 그렇게 해주기를 바란다는 것으로 해석될 수 있다.

77   유베날리스, 『풍자시집』, 1, 15~17. 여기 등장하는 술라(Sulla)라는 인물은 기원전 2세기에서 1세기에 걸쳐 활동했던 고대 로마의 장군이자 정치가로서, 두 번이나 집정관을 지냈고 독재정치를 했던 것으로 유명하다. 평생 수많은 전쟁을 치렀던 집정관이자 독재자로서 바람 잘 날 없었던 그의 삶에 비추어 볼 때, 평범한 시민으로 돌아가 깊이 잠들라는 식의 조언은 전혀 설득력이 없을 수밖에 없다. 유베날리스는 이런 조언들이 청중에게 아무런 확신을 주지 못하리라는 사실을 빗대어 그가 비판하는 엉터리 연설가들을 조롱하고 있다.

78   같은 책, 1, 46~50. 이 구절에는 두 가지 사건이 언급되어 있다. 하나는 자신의 피후견인인 소년의 모든 재산을 빼앗아 고통스러운 가난에 못 이겨 몸을 팔게 한 (심지어는 그렇게 하도록 강요한) 악한 후견인의 이야기이고, 다른 하나는 마리우스라는 불한당이 재판에 져서 유배를 떠나게 되었지만 여전히 많은 재산을 소유하고 있었기에 희희낙락하며

살아가고 있는 현실이었다. 유베날리스는 그가 진정으로 죗값을 받아야 했다면 유죄판결을 통해 내려진 형벌의 내용이 그의 재산을 몰수하는 것이어야 했다는 사실을 지적하고 있다. 이 두 가지 사건에 대한 언급을 통해 그는 참된 정의가 존재하지 않는 세태를 신랄하게 비판하고 있다. 여기 등장하는 마리우스는 북아프리카 지방의 로마 총독을 지냈던 마리우스 프리스쿠스(Marius Priscus)를 가리킨다. 소(小)플리니우스의 기록에 따르면 마리우스는 총독 시절 해당 관할 지역 주민의 재산을 갈취하는 악행을 저질렀다. 그 사실을 알게 된 역사가 타키투스와 소(小)플리니우스가 그를 고소하여 재판에 넘겼고 유죄판결이 내려졌지만 형벌의 내용은 그에게 아무런 피해도 입히지 못했다. 유베날리스는 이 사실을 냉소적으로 언급하고 있는 것이다. 인용문 마지막 행에 언급된 "승리한 지방"은 따라서 고소인이었던 타키투스와 소(小)플리니우스가 아니라 마리우스가 총독을 지냈던 지역 사람들을 가리키는 말이다. 어쨌든 바움가르텐에 따르면 전자의 사건처럼 후자의 사건도 도저히 있을 법하지 않은 사건이지만 실제로 일어났다. 그렇기 때문에 이 글을 읽는 사람들은 전자의 사건도 정말로 일어날 수 있는 일이라고 생각하게 되며 그로 인해 전자의 사건도 그들의 마음속에 큰 반향을 불러일으킬 수 있다.

부록

『형이상학』 참조 구절

1   '정립'으로 번역한 라틴어 단어는 '포시티오'(positio)다. 이 단어는 '놓다, 두다'라는 뜻을 지닌 동사 '포노'(pono)의 명사형으로 '~에 놓아둠, 놓인 상태'를 뜻한다. 여기서는 하나의 존재자가 존재하게 되면, 즉 이 세계 안에 놓이게 되면 그것과 모순되는 것은 존재할 수 없음을

가리키기 위해 사용되었다.

2 '트란스켄덴탈리터'(transcendentaliter)를 '초월적으로'라고 옮긴
   이유에 대해서는 「부록」에 실린 『형이상학』 §90의 미주 4(이 책
   397쪽)를 참조하라.

3 『형이상학』 §41에서 바움가르텐은 상태를 다음과 같이 정의한다.
   "본질의 결과로 생겨나는, 가능한 존재자의 내적 규정이 상태다." 어떤
   존재자의 내면에서 생겨나는 규정인데, 본질로부터 생겨나는 것이다.
   하지만 그것은 필연적으로 본질로부터 생겨나는 것은 아니다. 즉,
   본질적 규정은 아니다.

4 '초월적'으로 번역한 라틴어 단어는 '트란스켄덴탈리스'(transcenden-
   talis)다. 이 말은 '~를 넘어서, 건너서'라는 뜻을 지닌 접두어
   '트란스'(trans)에 '올라가다, 내려가다'는 뜻을 갖는 동사 '아스켄도,
   데스켄도'(ascendo, descendo)에서 '가다'라는 뜻으로 쓰이지만 그
   자체로는 동사로 쓰이지 않은 '켄도'(cendo)의 합성어에서 유래했다.
   따라서 무언가를 넘어가는, 즉 초월하는 것과 밀접한 관련이 있다.
   중세 철학에서도 이 용어는 인간의 유한한 능력이나 단순히 감각적인
   것에 불과한 것을 넘어서는 어떤 것을 지칭할 때 주로 사용되었다.
   하지만 칸트가 『순수이성비판』에서 감각적 경험 이전에 이미 우리의
   인식 능력 속에 존재하는 인식의 틀을 가리키는 데 이 용어를
   사용하면서 그 의미가 전혀 다르게 변화되었다. 그래서 어떤 학자들은
   칸트가 사용하는 경우에는 의미의 차이를 강조하기 위해 다음과 같은
   문장의 경우 동일한 용어임에도 '초월론적'으로 번역하기도 한다. "나는
   대상보다는 대상에 대한 우리의 인식방법 일반을 다루는, 선험적으로
   가능한 모든 인식을 초월(론)적 인식이라고 부른다."(KrV, B 25.) 물론
   바움가르텐은 칸트적 의미보다는 중세 철학적 의미로 이 용어를

사용하고 있다. 실제로 그는 『형이상학』 §89에서 다음과 같이 주장한다. "본질적으로 존재하든 속성으로 존재하든 존재자들에 있어서의 진리는 초월적인 것이다." 그러면서 트란스켄덴탈리스를 독일어로 '필연적'(nothwendig)으로 번역하고 있다. 따라서 트란스켄덴탈리스는 모든 존재자는 절대적으로, 필연적으로 참이라는 뜻으로 사용되고 있다고 해석되어야 한다.

5   '중심'으로 번역한 라틴어 단어 포쿠스(focus)는 원래 '화덕'이나 '난로'를 뜻하는 말이다. 집을 따뜻하게 해주고 요리를 해 먹을 수 있게 해줌으로써 한 가정의 가장 중요한 버팀목이 된다는 뜻에서 '집'이나 '가정'을 가리키기도 했다. 나중에는 인간의 삶이 그것을 중심으로 영위된다는 점에서 '중심, 초점'이라는 뜻으로도 사용되었다. 여기서는 완전함이 본문에 언급된 그 대상을 중심으로 형성된다는 뜻으로 사용되었다.

6   바움가르텐에 따르면 부정적인 존재자(ens negativum; 엔스 네가티붐)는 두 가지로 나뉜다. 어떤 실재하는 존재자의 부정으로서 실제로 존재하지 않는 어떤 것이지만 다른 경우에는 존재할 수 있는 경우다. 예를 들어 인간은 파충류처럼 허물을 벗지 않기 때문에 허물은 인간에게는 존재하지 않는 것이지만 뱀이나 매미에게는 존재한다. 이와는 달리 전적으로 부정적인 존재자(ens mere negativum; 엔스 메레 네가티붐)는 전혀 존재할 수 없는 것으로 아무런 실재도 소유할 수 없다. 예를 들자면 동그란 네모 같은 것을 들 수 있다. 『형이상학』 §139에서는 당연히 전자를 가리킨다고 할 수 있다. 허물의 예를 들자면 허물을 벗지 않는다는 특성은 그 자체로는 분명히 인간의 특성으로서 존재할 수 있다. 하지만 그것은 결여의 형태로만 존재할 뿐, 인간에게서 발견되는 실제 속성으로 존재할 수는 없다.

7   개별자란 더 이상 나눠질 수 없는 존재자를 뜻한다. 예를 들어
구체적으로 존재하는 한 마리 말이 있다고 하자. 이 말의 신체를 나눌
수는 있다. 예를 들어 다리 하나를 절단한다든가, 갈기를 잘라버릴
수 있다. 하지만 그렇게 해서 다리나 갈기가 분리되더라도 여전히
한 마리의 말이 존재할 뿐 말이 두 마리가 되는 것은 아니다. 이러한
개별자는 그 안에 많은 특징을 지닌다. 다리는 네 개이고, 발굽이
있으며, 눈은 둘이고, 갈기가 달려 있다 같은 특징 말이다. 그런데
이런 특징은 말에만 해당하는 것은 아니다. 수많은 포유류가 다리가
넷이고 발굽이 있으며 눈이 둘이다. 갈기가 있는 동물이 많지는
않지만 전혀 없는 것은 아니다. 예를 들자면 수사자도 갈기가 있다.
따라서 이런 특징은 말 안에 존재하고 있지만 다른 존재자들에게도
적용될 수 있다는 점에서 더 보편적인 성질을 지닌다. 또 한 마리의
말은 '말'이라는 일종의 포유류에 속한다. 포유류는 동물에 속하며
동물은 생명체에 속한다. 따라서 포유류는 종으로서의 말 안에 있는
특징이면서 동시에 다른 유, 즉 생명체를 그 안에 포함하고 있다.
그런데 유의 가장 높은 단계는 더 이상 어떤 것에 의해서도 규정될
수 없는, 어떤 술어도 가질 수 없는, 다른 말로 하자면 다른 것이 그
안에 존재할 수 없는 것이다. 그렇게 되면 그 안에서 우리가 발견할 수
있는 구체적인 내용은 가장 적어진다. 그렇기에 바움가르텐은 『미학』
본문에서 일반적인 진리일수록 그 내용이 적고, 개별적인 진리일수록
그 내용이 풍부하다고 말할 수 있었던 것이다. 그가 『형이상학』
§148에서 모든 방면에서 완벽한 규정을 개별적, 그보다 적게 규정되는
경우를 보편적 규정이라고 주장한 것도 같은 이유에서다.

8   왜 전적으로 개별적인 규정들을 숫자에 관련시키는지를 처음부터
이해하기란 쉽지 않다. 바움가르텐도 이에 대해서는 많은 설명을 하고
있지 않다. 이 구절 외에 유일하게 수에 대해 언급하고 있는 『형이상학』

§269의 내용을 살펴보자면 다음과 같다. "개개의 존재자의 전적인 일치는 수적인 일치다. 서로의 외부에 존재하는 개별적인 두 존재자가 철저하게 전적으로 동일한 것은 불가능한 일이다. 왜냐하면 두 개의 존재자가 정립되면, 여러 개의 존재자도 정립되며 따라서 부분적으로는 같고 부분적으로는 다르기 때문이다. 그러므로 그것들은 전적으로 같은 것일 수 없다. 전적으로 동일한 개별자들은 수적으로 동일하며, 이런 관점에서는 부분적으로 같거나 부분적으로 다른 것이 아니다. 그러므로 이것들은 여럿이 아니며 따라서 둘도 아니다. 이 명제는 넓은 의미로 구분 불가능성의 원리라고 불린다." 어떤 두 개의 존재자가 너무나 똑같이 생겼고, 그 속성들도 우리가 확인할 수 있는 한 모든 점에서 일치한다고 치자. 예를 들어 두 개의 단풍나무 잎이 모양도, 색도, 잎맥의 형태도 모두 일치한다고 치자. 이런 경우 둘은 전적으로 동일한 존재자일까? 바움가르텐의 철학적 스승이었던 크리스티안 볼프의 스승 라이프니츠에 따르면 그렇지 않다. 왜냐하면 우리가 확인하는 순간 두 잎은 서로 다른 위치를 차지하고 있기 때문이다. 따라서 모든 특징이 일치하는 개별적인 존재자들이라 하더라도 적어도 하나의 관점에서는 언제나 다를 수밖에 없다. 그러므로 개별자들 사이에 전적인 일치라는 것은 존재하지 않는다. 유일하게 그것들이 전적으로 일치하는 경우는 수적으로 일치하는 경우다. 왜냐하면 하나라는 점에서는 둘이 언제나 동일하기 때문이다. 수적 종차라는 개념도 이런 의미에서 파악될 수 있다. 더 이상 나눌 수 없는 개별자 안에는 수많은 보편적 개념이 술어로서, 특징으로서 존재할 수 있다. 하지만 그 모든 속성이 두 개별자 사이에서 일치한다 하더라도 둘은 전적으로 동일한 존재자가 아니다. 오직 하나뿐인 존재자로서 그것이 지니고 있는 속성들 중에서 다른 어떤 것에도 속하지 않는 속성이 적어도 하나는 있기 때문이다. 그것이 바로 지금 여기 존재한다는 성질{이것임(haecceitas; 하이케이타스)}이다.

이렇게 되면 어떤 개별자든 다른 어떤 개별자와도 구별되는 독특한 개별자가 된다. 이것이 바로 개별화의 원리다.

9 　바움가르텐은 『형이상학』의 본문 아래에 첨부한 각주에서 라틴어 원어 '인텐시오'(intensio)의 번역어로 '더 높은 것'을 뜻하는 독일어 표현 '다스 회어레'(das Höhere)를 제시하고 있다. 원래는 '안으로 팽팽히 당겨져 있음, 그러한 정도'를 가리키는 이 라틴어 단어가 더 높은 것으로 번역되는 이유는 그렇게 팽팽히 잡아당겨져 있는 경우에는 그 정도가 당연히 높을 것이라 생각했기 때문일 것이다. 영어의 '인텐시티'(intensity), 프랑스어의 '앵탕시테'(intensité)가 강도라는 뜻을 지니는 이유도 마찬가지 이유에서일 것이다.

10 　'함께 맞아떨어짐'으로 번역한 '콩그뤤티아'(congruentia)는 두루미나 학 따위가 울다는 뜻을 지닌 그뤄(gruo) 동사에 '함께'를 뜻하는 접두어 콘(con)이 합쳐져 만들어진 단어다. 따라서 소리가 함께 어울림을 뜻했고 나중에는 '조화', 심지어는 '일치'를 뜻하기도 했다. 여기서는 전체적으로 유사하기 때문에 전체적으로 서로 어울려 조화를 이루게 된다는 뜻으로 사용되었다.

11 　『형이상학』 §48에서 바움가르텐이 정의한 바에 따르면 "**보편적인 관계(조화)란 개별적인 것들 사이에 존재하는 관계다**". 어떤 가능한 존재자의 모든 내적 규정들은 서로 연결되어 있기 때문에 이 규정들 사이에는 보편적인 관계가 존재한다.(Cf. 『형이상학』 §47, 49.) 그렇다면 어떤 세계 안에서의 보편적인 관계는 그 안에 존재하는 모든 존재자가 다른 모든 존재자와 맺는 관계를 가리킬 것이다. 따라서 어떤 세계 안에서의 보편적인 관계 속에서 가능하다는 것은 그 세계 안에 존재하는 다른 모든 것과의 관계 속에서 존재가 가능함을 가리킨다.

12 『형이상학』§16에 따르면 조건적으로 가능하다는 것은 자신의 바깥에 있는 어떤 것들과의 관계 속에서 가능함을 뜻한다. 따라서 보편적인 관계 속에서 조건적으로 가능하다는 것은 어떤 세계 안에 존재하는 모든 것과의 관계 속에서 가능함을 뜻한다. 그런데 『형이상학』§165에서 바움가르텐은 "함께 존재하는 것이 가능한 존재자들이 더 많고 더 클수록 어떤 존재자가 존재할 가능성은 더 크다. […] 따라서 어떤 존재자의 조건적 존재 가능성은 그것의 내적 존재 가능성보다 더 크다"고 주장한다. 내적 가능성은 동그란 네모처럼 그 자체 안에 모순을 포함하지 않는 것을 뜻한다.(Cf. 『형이상학』§15.) 하지만 이런 내적 가능성만으로 그것이 실제로 존재할 가능성이 충족되지는 않는다. 반면 조건적으로 가능하다는 것은 그러한 내적 가능성이 전제된 상태에서 다른 것들과의 관계를 통해서 가능함을 뜻한다. 그러므로 함께 존재하는 것이 가능한 존재자가 늘어날수록 그것이 존재할 가능성은 그만큼 늘어날 것이다.

13 여기서 '물리적으로'로 번역한 라틴어 '피시케'(physice)는 형용사 '피시쿠스'(physicus)의 부사형으로 원래 사물의 본성을 뜻하는 그리스어 '퓌시스'(φύσις)에서 유래한 말이다. 따라서 '본성, 본성적인'을 뜻하는 라틴어 '나투라, 나투랄리스'(natura, naturalis)와 구분하기 위해 '물리적으로'로 옮기기는 했지만 이 말도 궁극적으로는 '사물의 본성적 이치에 따라'라는 뜻으로 이해되어야 한다.

14 바움가르텐이 『형이상학』 본문에 첨가한 독일어 해설에 따르면, "나의 표상들은 내 신체가 차지하는 위치에 따라 생겨난다".

15 '전문적인'으로 번역한 라틴어 '아크로아마티쿠스(acroamaticus)는 '귀 기울여 듣다'라는 뜻의 고대 그리스어 동사 '아크로아오마이'(ἀκροάομαι)에서 파생된 형용사 '아크로아마티코스' (ἀκροαματικός)에서 유래한 단어다. 원래는 아리스토텔레스가 오직 제자들만을 위한 강의를 통해 일반인들은 이해하기 어려운 전문적인 지식을 전달했다는 사실을 가리키는 말이다. 여기서는 훨씬 체계적이면서 더 많은 진리를 담고 있는 인식을 뜻하는 말로 사용되고 있다.

16 명석함, 판명함, 정밀함 등의 구분에 대해서는 「해제」 244~251쪽을 참조하라.

17 바움가르텐은 '내포적으로 더 명석한'을 뜻하는 이 라틴어 표현에 각주를 달아 독일어로 '더 날카로운, 더 엄밀한'(ein schaeferers, strengeres)으로 번역했다. 따라서 여기서 '내포적으로'라는 말은 '특징들 자체와 관련된'이라는 뜻을 지닌다.

18 바움가르텐은 이 표현을 독일어로 '더 널리 퍼진 빛'(ein verbreiteteres Licht)으로 번역하고 있다. 따라서 여기서 '외연적'이라는 말은 '특징들의 수의 많고 적음에 따라'라는 뜻을 지닌다.

19 바움가르텐은 '명료함'(perspicuitas; 페르스피퀴타스)을 독일어로 '파악 가능성, 이해 가능성'(Fasslichkeit, Verstaendlichkeit)으로 번역하고 있다.

20 '설명적'으로 번역한 라틴어 단어 '엑스플리칸스'(explicans)를 바움가르텐은 독일어로 '발견하여 보여주고 그를 통해 밝혀주는'(die entdeckt, anzeigt, woraus erhellt)으로 번역하고 있다.

21 '예증적'으로 번역한 라틴어 단어 '일루스트란스'(illustrans)를 바움가르텐은 독일어로 '설명해주는, 열어 밝혀주는'(die erlaeuert, aufhellt)으로 번역하고 있다. 따라서 단순히 발견하여 보여주는 펼쳐 보임(explicatiol; 엑스플리카티오)보다 더 상세하게 설명해주는 것으로 파악하고 있음을 알 수 있다.

22 바움가르텐은 여기서 '재능'으로 번역된 인게니움(ingenium)을
    독일어로 '좁은 의미의 위트'(Witz in engerer Bedeutung)로 번역한다.
    '위트'가 영어나 독일어에서 동일성을 빠르게 파악하고 표현하는 능력을
    뜻한다는 점에서 적절한 번역이라고 할 수 있다. 하지만 이 책에서는
    라틴어 원어의 의미를 유지하기 위해 그냥 '재능'으로 번역하였다. 이
    단어가 '무언가를 낳다, 산출하다'라는 뜻을 지닌 '기그노'(gigno) 동사의
    과거분사형 '게니툼'(genitum)과 '~안에'를 뜻하는 접두어 '인'(in)이
    합쳐져 생긴 단어이고 따라서 무언가를 만들어내는 능력과 밀접한
    관련이 있기 때문이다. 『미학』 본문에서도 '정신'으로 번역하여야 하는
    것이 분명한 경우(『미학』 §185)를 제외하고는 일관되게 '재능'으로
    번역하였다. 다른 곳에서도 『철학적 윤리학』 §403, 405를 제외하고는
    '재능'으로 번역하였다.

23 바움가르텐이 열거하고 있는 단어들은 모두 취미를 가리키는 데
    사용되는 단어들이다. '풍미'로 번역된 '사포르'(sapor)는 무언가를
    맛보거나 냄새를 맡는다는 뜻을 지닌 '사피오'(sapio) 동사에서
    유래한 명사로 두 감각 모두에서 경험을 얻어 갖게 된, 맛과 냄새를
    분별하는 능력을 가리켰다. 흥미로운 것은 오늘날 이성 혹은
    오성이나 그것을 통해 얻어진 실천적 지식, 곧 '지혜'로 번역되는
    '사피엔티아'(sapientia)도 이 동사로부터 유래한 명사라는 사실이다.
    고대 로마인은 맛보고 냄새 맡는 등의 오랜 경험을 통해 쌓인 분별
    능력을 통해 실천적 지식이 획득된다는 깨달음을 그들이 사용하는
    언어 속에 담아 놓았던 것이다. '미각'으로 번역된 '팔라툼'(palatum)은
    원래 입천장을 가리키는 단어였고, '후각'으로 번역된 '나수스'(nasus)는
    원래 코를 가리키는 단어였다. 이런 단어들 모두가 감각을 통해
    축적된 실천적 지식을 통해서 무언가를 분별해내고 판단하는
    능력을 가리키는 데 사용되었다. 오늘날 취미 능력을 가리키는 데

사용되는 영어의 '테이스트'(taste), 프랑스어의 '구'(goût), 독일어의 '게슈마크'(Geschmack) 등도 비슷한 어원을 지닌다. 테이스트는 미각과 후각 모두를, 구나 게슈마크는 미각을 가리키는 단어에서 유래했다. 테이스트가 아름다움을 판정하는 능력을 가리키는 데 사용되게 된 이유에 대한 좀 더 상세한 설명으로는 데이비드 흄, 『취미의 기준에 대하여/비극에 대하여 외』, 김동훈 옮김, 마티, 2019, 161쪽 이하를 참조하라.

24 '예언적'으로 번역된 '만티케스'(mantices)는 예언자를 뜻하는 고대 그리스어 '만티스'(μάντις)의 형용사형 '만티코스'(μαντικός)의 단수 소유격 형태인 '만티케스'(μαντικής)를 음역한 것이다. 원래 '만티스'는 예언이 신탁이나 꿈을 해석하는 식으로 많이 이루어졌기 때문에 해석자라는 뜻도 지니고 있었다. 여기서는 이런 의미가 희미해진 채 일반적 의미의 예감과 비슷한 의미로 사용되고 있다.

25 '기호적'으로 번역한 '카락테리스티카'(characteristica)라는 단어는 원래 무언가를 새겨 넣는다는 뜻을 지닌 고대 그리스어 동사 '카랏소'(χαράσσω)에서 유래한 명사 '카락테르'(χαρακτήρ)를 그대로 음역한 라틴어 명사 '카락테르'(character)에서 유래한 형용사 '카락테리스티쿠스'(characteristicus)의 여성단수형이다. 그리스어 명사 '카락테르'는 새겨 넣는 데 사용되는 도구나 그런 일을 하는 사람, 그렇게 해서 생겨나는 결과물, 즉 모양이나 글자 등을 가리키는 데 사용되었다. 새겨 넣은 것이 대부분 무언가를 단순화해 재현하는 역할을 했기 때문에 나중에는 재생, 재현이라는 뜻으로도 쓰였다. 단순화해 재현하려면 가장 중요한 특징을 잡아야 했기 때문에 특징이라는 뜻도 지니게 되었다. 이러한 근원적 의미에 착안하여 독일의 합리론 철학자 라이프니츠는 보편적 기호학{characteristica

(scientia) universalis}이라는 학문을 제안하였다. 이를 통해서 그가 추구했던 것은 어떤 대상의 본질적 특징을 가장 잘 드러내주는 기호들의 체계를 통해서 수학, 자연과학, 형이상학 등 모든 학문 분야에서 보편적으로 사용 가능한 형식언어를 만들어내는 것이었다. 그러면서 그는 중국의 한자를 이러한 언어의 모범으로 삼았다고 한다. 이러한 보편적 언어의 이상은 오늘날 국제어로 고안된 에스페란토(Esperanto)어의 사상적 기원이 되기도 했다. 바움가르텐이 표상을 통해서 기표와 기의를 연결시키는 능력을 '카락테리스티카'라는 명칭으로 부르는 이유도 여기에 있다. 이러한 언어는 단순히 추상적이며 이성적인 성격만을 지니는 것이 아니라 기호 자체에 그것이 지시하는 대상의 감각적 특성도 함께 담고 있기 때문이다. 그렇기 때문에 그는 기호를 통한 의미작용의 아름다움에 대해서 말할 수 있었다.

26 왜 오성적 기억 능력을 개성과 동일시하는지는 확실하지 않다. 아마도 바움가르텐의 합리론적 견해가 이 능력이 그것을 소유한 인물의 인격을 가장 잘 대변한다는 주장의 원인이 되었을 것이다.

27 '카락테리스티쿠스'(chracteristicus)를 '기호적'으로 번역한 이유에 대해서는 「부록」에 실린 『형이상학』§619의 미주 25(이 책 405쪽 이하)를 참조하라. 번역어의 통일성을 유지하기 위해 '기호적'이라고만 번역했지만, 기호적인 오성적 능력(characteristica facultas intellectualis)은 해당 미주에서 설명된 '카락테리스티쿠스'의 어원적 의미에 따라 '기호를 통하여 사물의 본질적 특성을 오성적으로 파악하는 능력'을 뜻한다고 해석하는 것이 옳을 것이다.

28 '예견'과 '예감'으로 번역한 라틴어 단어는 각각 프라이비시오(praevisio), 프라이사기움(praesagium)이다. 전자는 원래 '미리 본다'라는, 후자는

'미리 느낀다'라는, 더 정확하게 말하자면 '미리 냄새를 맡는다'는 뜻을 갖는다. 여기서는 이성적으로 사유해보면 그것이 발생할 가능성이 있음을 미리 알 수 있다는 뜻과 그것이 구체적으로 발생할 것을 예감한다는 뜻으로 각각 사용되고 있다. 어떤 일이 일어날 가능성이 있다는 것을 아는 것과 그것이 실제로 발생할 것을 감지한다는 것은 엄연히 다른 일이다. 전자는 이성적 사유 능력을 지닌 사람이라면 누구나 할 수 있지만, 후자의 능력을 지닌 사람은 그렇게 흔하지 않다.

29 바움가르텐은 『형이상학』의 해당 내용의 각주에서 본문의 라틴어 원어 '파시오 도미난스'(passio dominans)의 번역어로 '성향, 성벽(性癖)'을 가리키는 '항'(Hang)이라는 독일어 단어를 제시하고 있다. 『형이상학』의 영어판에서는 이 단어를 '탐닉, 중독' 등을 뜻하는 '어딕션'(addiction)으로 번역하고 있다. '지배적인 정념, 감정'이라고 직역될 수 있는 이 단어를 이렇듯 성벽이나 중독 등으로 번역한 것은 아마도 정념이 지배적이 되면 그것을 제어하기가 매우 어렵거나 심지어 불가능하다고 생각했기 때문으로 보인다.

30 중간적 지식은 스페인의 예수회 신학자 루이스 데 몰리나(Luis de Molina; 1535~1600)가 신의 지식 중에서 필연적 혹은 본성적 지식과 자유로운 지식의 중간에 위치한다고 해서 고안한 명칭이다. 필연적 혹은 본성적 지식(scientia necessaria sive naturalis)은 신이 자신의 본질 혹은 본성에 따라 지니고 있는 지식이다. 그의 본성은 필연적이므로 이 지식은 언제나 항상 참이며 논리적으로 필연적이다. 따라서 신도 이러한 지식의 내용을 변화시킬 수는 없다. 반면 자유로운 지식(scientia liberalis)은 전적으로 신의 자유로운 결정에 의해 생겨났거나 생겨나거나 생겨날 지식을 가리킨다. 따라서 그 내용은 필연적인 것이 아니라 우연적인 것이다. 신이 다르게 결정했거나

결정한다면 다른 사태가 생겨났거나 생겨나거나 생겨날 수도 있기 때문이다. 반면 중간적 지식은 어떤 조건이 성립되면 그에 따라 발생할 수 있었던 어떤 사태에 대한 지식을 가리킨다. 이러한 지식은 어떤 조건이 성립되면 필연적으로 성립하며, 따라서 신의 의지와 상관없이 참이다. 이런 점에서는 본성적 지식과 유사하다. 반면 언제나 항상 성립하지는 않고 우연적 계기에 의해 성립한다는 점에서는 자유로운 지식과 유사하다. 다른 한편 자유로운 지식이 신의 자유로운 의지에 따라 실제로 존재하게 되는 세계에 대한 지식이라면, 중간적 지식은 실제로는 존재하지 않지만 어떤 조건이 충족되었더라면 존재할 수 있었을 세계에 대한 지식이다. 바움가르텐이 이러한 지식과 관련된 진리를 다른 세계에서 가능한 진리라고 부르는 이유가 여기에 있다. 다른 세계에서 가능한 진리에 대해서는 『미학』 §441(이 책 138쪽 이하)의 관련 내용을 참조하라.

『철학적 윤리학』 참조 구절

1   마르티알리스, 『경구집』, 10, 47, 9.

2   '물리적으로'로 번역한 피시케(physice)의 어원과 그 의미에 대해서는 「부록」에 실린 『형이상학』 §469의 미주 13(이 책 402쪽) 참조하라.

3   첫 번째 의미로는 정신을 갈고닦지 않았기 때문에 교양으로 잘 다듬어지지 않은 사람이라고 해서 원래부터 정신이 조야하지는 않다는 것이며, 두 번째 의미로는 정신을 다듬을 의무가 없어서 교양으로 다듬어지지 않은 사람이라고 해서 정신이 조야한 사람은 아니라는 것이다.

4   마르티알리스, 『경구집』, 12, 34, 11.

5 호라티우스, 『시작의 기술』, 143.

해제

1 르네 데카르트(René Descartes), 『철학의 원리들』(*Principia Philosophiae*), 1, 45.

2 Cf. 고트프리트 빌헬름 라이프니츠, 「인식, 진리 그리고 이념들에 관한 성찰」(Meditationes de Cognitione, Veritate et Ideis) in: 『고트프리트 빌헬름 라이프니츠의 철학적 저술들』, hrsg. von C. J. Gerhardt, Band 4, Berlin: Weidmannsche Buchhandlung, 1880, p. 422f.

3 같은 곳. 라이프니츠는 「형이상학 논고」(Discours de métaphysique) 제24절에서도 동일한 취지로 명석하면서도 혼연한 인식을 예술과 연결시키고 있다. "내가 어떤 사물을 다른 사물들 가운데에서 분간해낼 수는 있지만 그 차이점이나 특성들이 무엇으로 이루어져 있는지 말할 수 없으면, 그 인식은 혼연한 것이다. 이렇듯 우리는 때때로 어떤 시나 회화작품이 잘된 것인지 잘못된 것인지 어떤 식으로든 추호의 의심도 없이 명석하게 인식한다. 무엇인지는 잘 모르겠지만(je ne sais quoi) 무언가 우리를 만족시키거나 감정을 상하게 하는 것이 거기 있기 때문이다."(라이프니츠, 「형이상학 논고」 in: Ibid., p. 449.)

4 「인식, 진리 그리고 이념들에 관한 성찰」, p. 423. 라이프니츠는 「형이상학 논고」에서도 유사한 주장을 펴고 있다. "나의 정신이 어떤 관념의 근본적인 구성요소 모두를 한꺼번에 판명하게 인식한다면 나의 정신은 하나의 직관적 인식을 소유한 것이다. 이런 인식은 매우 드물며, 인간이 갖는 대부분의 인식은 혼연하거나 어떤 전제가 성립하는 것을 근거로 가능한(suppositives) 것일 뿐이다."(Ibid., p. 449f.)

5   고트프리트 빌헬름 라이프니츠, 『신인간오성론』(*Nouveaux Essais sur l'Entendement Humain*) in: 『고트프리트 빌헬름 라이프니츠의 철학적 저술들』, Band 5, Berlin: Weidmannsche Buchhandlung, 1880, p. 472.

6   『미학』 §73; 이 책 67쪽.

7   Cf. 『미학』 §82; 이 책 75쪽 이하.

8   이 문제에 관해서는 『미학』 §91(이 책 83쪽 이하)의 관련 내용과 미주 74(이 책 357쪽 이하)를 참조하라.

9   Cf. 『미학』 §37; 이 책 45쪽.

10 알렉산더 고틀리프 바움가르텐, 『형이상학』(*Metaphysica*; 이하 M), Halae Magdeburgicae, 1739, p. 167(§656).

11 『미학』 §8; 이 책 30쪽.

12 진리에 대한 의식으로서의 확실성은 「부록」에 실린 『형이상학』 §531(이 책 210쪽), 감성적 확실성은 『미학』 §829(이 책 166쪽)를 참조하라.

13 '초월(론)적'이라는 용어의 의미에 대해서는 이 책 부록에 첨부된 『형이상학』 §90의 미주 4(이 책 397쪽 이하)를 참조하라.

14 이마누엘 칸트(Immanuel Kant), 『순수이성비판』(*Kritik der reinen Vernunft*; 이하 KrV), A21, B35.

15 KrV, A12, B25.

16 이마누엘 칸트, 『판단력비판』(*Kritik der Urteilsfraft*; 이하 KU), p. VIIf.

17 KU, p. 3.

18 알렉산더 고틀리프 바움가르텐, 『시와 관련된 몇 가지 문제들에 관한 철학적 성찰』(*Meditationes philosophicae de nonnullis ad poema pertinentibus*; 이하 『성찰』), Halae Magdeburgicae, a cura di Benedetto Croce, Napoli: 1900(1735), p. 39. 에피스테메 아이스테티케는 같은 뜻을 지닌 고대 그리스어 표현이다.

19 시학(poetica)의 어원과 그 의미의 변천 과정에 대해서는 이 책 340쪽 이하 미주 8의 내용을 참조하라.

20 『성찰』, p. 40(§117).

21 Cf. 『성찰』, p. 3.

22 『성찰』, p. 4.

23 M, 1739, p. 124.

24 M, 1750, p. 149.

25 M, 1757, p. 187.

26 유비적 이성에 대해서는 이 책 274~277쪽의 관련 내용을 참조하라.

27 『미학』 §1; 이 책 27쪽.

28 『성찰』, p. 6. 『형이상학』에서도 감성적이라는 용어는 마찬가지 뜻으로 이해된다. "사람들은 판명하지 않은 **표상**을 감성적인 표상이라 부른다. 그러므로 나의 영혼의 힘은 낮은 단계의 능력을 통하여 감성적으로 지각된 것들을 표상한다."(M, 1757, p. 180.) 게다가 이 책에서도 아이스테티카를 낮은 인식 능력에 관한 학문으로 규정하고 있다.(Cf. M, 1757, p. 187.) 『미학』에서도 이 용어를 마찬가지 의미로 사용한다.

"그 주된 대상에 따라 선택된 명칭에 따르자면, **감성적 인식**이란 판명한 상태 아래에 계속 머무는 표상들이 결합된 상태다."(『미학』§17; 이 책 36쪽.)

29   Cf. 『성찰』, p. 8.

30   "Oratio sensitiva perfecta est POEMA."(『성찰』, p. 7; §7.)

31   "POETICUM dicetur *quicquid ad perfectionem poematis aliquid facere potest*."(『성찰』, p. 8; §11.)

32   Cf. 『성찰』, p. 9(§14).

33   『성찰』, p. 40(§117).

34   『미학』§14; 이 책 35쪽.

35   『성찰』, p. 13(§24).

36   같은 쪽(§25).

37   『성찰』, p. 14(§28). 수이다스(Σουίδας)의 사전은 기원후 10세기경 동로마제국에서 중세 그리스어로 편찬된 일종의 백과사전으로 문법사전과 백과사전의 혼합 형태를 지니고 있다. 수이다스가 편찬자로 알려져 있지만 그가 누구인지는 확실하지 않다. 심지어는 수이다스라는 인물은 존재하지 않으며 그를 저자로 오인한 것은 표제어로 쓰인, '요새'를 뜻하는 중세 그리스어 수다(Σοῦδα)를 수이다스로 잘못 읽은 데서 기인한 오류라는 설도 있다.

38   같은 쪽(§29).

39   『성찰』, p. 39.

40 Cf. M, 1757, p. 188(§535).

41 Cf. 같은 책, p.221.

42 Cf. 같은 책, p. 244.

43 이 책의 원문 제목은 '데 인벤티오네'(De Inventione)로, 인용된 문장에서 '발상'으로 번역된 인벤티오(inventio)에 관한 저술이라는 뜻을 지니고 있지만 실제로 다루는 내용은 발상만이 아니라 연설문 작성에 관한 매우 폭넓은 이론이므로 실제 내용을 염두에 두고 『연설문의 작성에 관하여』로 번역하였다.

44 키케로, 『연설문의 작성에 관하여』, 1, 9. 이 다섯 가지는 고전적 수사학의 원리로 널리 알려졌으며, 중세를 거쳐 오늘날에 이르기까지도 연설문을 작성하고 실제 연설을 행하고자 하는 이들에게 여전히 많은 영향력을 행사하고 있다.

45 『미학』§13; 이 책 32쪽 이하.

46 『미학』§33; 이 책 43쪽 이하.

47 『미학』§187; 이 책 117쪽 이하.

48 『형이상학』§640; 이 책 223쪽.

49 Cf. 『미학』§9; 이 책 30쪽 이하.

50 『미학』§38; 이 책 46쪽.

51 『미학』§74; 이 책 68쪽.

52 같은 곳.

53 『미학』§433; 이 책 130쪽.

54 프랜시스 허치슨(Francis Hutcheson), 『아름다움과 덕에 대한 우리의 관념의 기원에 대한 탐구』(*An Inquiry into the Original of Our Ideas of Beauty and Virtue*; 이하 IO), Indianapolis: Liberty Fund, 2004(1726), p. 26.

55 데이비드 흄, 『취미의 기준에 대하여 / 비극에 대하여 외』, 김동훈 옮김, 마티, 2019, 29쪽.

56 『형이상학』§662; 이 책 225쪽.

57 IO, p. 28, 30, 31, 35, 40, 41, 45, 58, 63, 65, 67, 79~81, 138.

58 『성찰』, p. 32(§93).

59 『형이상학』§662; 이 책 225쪽.

60 『미학』§5; 이 책 29쪽.

61 Cf. 『미학』§112; 이 책 100쪽 이하.

62 『미학』§17; 이 책 36쪽.

63 『형이상학』§607; 이 책 218쪽.

64 『형이상학』§662; 이 책 225쪽.

65 『미학』§28; 이 책 41쪽.

66 Cf. 『미학』§44~46; 이 책 48~50쪽.

67 『미학』§11; 이 책 31쪽.

68 『미학』§47; 이 책 51쪽.

69 『형이상학』§577; 이 책 214쪽.

70 『미학』§55; 이 책 56쪽.

71 Cf. 『미학』§58; 이 책 58쪽.

72 『미학』§59; 이 책 58쪽.

73 『미학』§62; 이 책 61쪽.

74 Cf. 『미학』§63, §64; 이 책 61쪽 이하.

75 『미학』§63; 이 책 62쪽.

76 『미학』§68; 이 책 64쪽.

77 『미학』§77; 이 책 71쪽.

78 『미학』§73; 이 책 67쪽.

79 『미학』§71; 이 책 65쪽 이하.

80 『미학』§72; 이 책 67쪽.

81 『미학』§74; 이 책 68쪽.

82 『미학』§75; 이 책 69쪽.

83 『미학』§81; 이 책 75쪽.

84 『미학』§82; 이 책 75쪽 이하.

85 바움가르텐이 말하는 미적 열정의 이성적 성격에 대해서는 아폴론
신과 관련된『미학』§82 내용과 미주 49(이 책 351쪽 이하)를 참조하라.

86 『미학』§86; 이 책 79쪽.

87 Cf. 『미학』§87; 이 책 79쪽 이하.

88 Cf. 『미학』§88~91; 이 책 80쪽 이하.

89 Cf. 『미학』§99, §102; 이 책 89쪽, 91쪽 이하.

90 『미학』§96; 이 책 87쪽.

91 『미학』§97; 이 책 88쪽.

92 Cf. 『미학』§98; 이 책 88쪽 이하.

93 Cf. 『미학』§99; 이 책 89쪽.

94 Cf. 『미학』§101; 이 책 90쪽 이하.

95 Cf. 『미학』§100; 이 책 90쪽.

96 Cf. 『미학』§102; 이 책 91쪽 이하.

97 Cf. 『미학』§103; 이 책 92쪽 이하.

98 『미학』§48; 이 책 51쪽 이하.

99 『미학』§59; 이 책 58쪽.

100 『미학』§97; 이 책 88쪽.

101 『미학』§62; 이 책 61쪽.

102 『미학』§78; 이 책 72쪽.

103 실리안 말리노스키-샤를(Syliane Malinowski-Charles), 「바움가르텐에게 있어 취미와 감각적 판단」(Goût et jugement des sens chez Baumgarten) in: *Revue germanique internationale*, 4ㅣ2006, p. 59.

104 『성찰』, p. 32(§92). 『형이상학』에서도 취미판단은 감각기관의 활동으로 제시된다. "**감각적인 것**, 즉 감각되어지는 것에 관한 넓은 의미의 취미는 **감각들에 관한 판단**이며 판정되어야 할 대상을 감각하는 저 감각기관이 하는 일로 여겨진다. 그러므로 시각적 판단, 청각적 판단 등이 존재한다."(§608; 이 책 218쪽.) 취미로 번역되는 프랑스어 구(goût)나 이탈리아어 구스토(gusto)는 원래 미각이나 맛을 가리키는 단어였다. 고대 로마식 표현인 '로퀘레 우트 테 비데암'(loquere ut te videam)에서 비데암(videam)은 문자 그대로는 보는 행위를 가리키지만 여기서는 사람됨에 대한 판단을 가리키는 말로 사용되고 있다. 히브리어 '타암' (טעם)이나 '리흐'(ראה)도 문자 그대로는 '맛보다, 눈으로 보다'라는 뜻을 지니지만, 그를 통해 '판단한다'라는 뜻으로도 쓰였다.

105 Cf. 데이비드 흄, 『취미의 기준에 대하여 / 비극에 대하여 외』, 163쪽 이하.

106 『미학』§24; 이 책 38쪽 이하.

107 『형이상학』§37; 이 책 194쪽.

108 『형이상학』§15; 이 책 191쪽 이하.

109 『미학』§618; 이 책 152쪽.

110 "absolute, non comparative magnum"(절대적으로, 비교할 수 없이 큰 것), KU, p. 81.

111 『미학』§617; 이 책 151쪽.

112 『미학』§116; 이 책 105쪽.

113 『미학』§180; 이 책 111쪽.

114 『미학』§839; 이 책 175쪽.

115 『미학』§186; 이 책 117쪽.

116 『미학』§115; 이 책 105쪽.

117 『미학』§116; 이 책 105쪽.

118 같은 곳.

119 Cf. 『미학』§118; 이 책 106쪽.

120 『미학』§177; 이 책 108쪽.

121 『미학』§178; 이 책 108쪽 이하.

122 Cf. 『미학』§179; 이 책 109쪽 이하.

123 『미학』§182; 이 책 112쪽 이하.

124 『미학』§185; 이 책 116쪽.

125 Cf. 『미학』§186; 이 책 116쪽.

126 아리스토텔레스(Ἀριστοτέλης), 『시학』(*Περὶ ποιητικῆς*), 1451b 5ff.

127 『미학』§423; 이 책 122쪽.

128 같은 곳.

129 『미학』§424; 이 책 123쪽.

130 『미학』§425; 이 책 124쪽.

131 Cf. 『미학』§426; 이 책 125쪽.

132 『미학』§428; 이 책 126쪽.

133 Cf. 『미학』§431; 이 책 128쪽 이하.

134 『미학』§433; 이 책 130쪽.

135 『형이상학』§723; 이 책 229쪽 이하.

136 『미학』§435; 이 책 133쪽.

137 『미학』§435; 이 책 132쪽.

138 Cf. 『미학』§436; 이 책 133쪽 이하.

139 『미학』§439; 이 책 136쪽.

140 『미학』§440; 이 책 137쪽.

141 『미학』§441; 이 책 138쪽 이하.

142 『미학』§614; 이 책 149쪽.

143 『미학』§617; 이 책 151쪽.

144 『미학』§622; 이 책 156쪽.

145 『미학』 §619; 이 책 153쪽.

146 Cf. 『미학』 §629; 이 책 164쪽 이하.

147 『미학』 §624; 이 책 158쪽.

148 『미학』 §625; 이 책 159쪽.

149 Cf. 『미학』 §626; 이 책 160쪽 이하.

150 『미학』 §628; 이 책 164쪽.

151 Cf. 『미학』 §829; 이 책 166쪽.

152 『미학』 §831; 이 책 168쪽.

153 Cf. 『미학』 §842; 이 책 178쪽.

154 『미학』 §834; 이 책 171쪽.

155 『미학』 §835; 이 책 171쪽 이하.

156 『미학』 §836; 이 책 173쪽.

157 『미학』 §838; 이 책 174쪽.

158 『미학』 §839; 이 책 175쪽.

159 『미학』 §843; 이 책 178쪽 이하.

160 『미학』 §844; 이 책 180쪽.

161 『미학』 §845; 이 책 180쪽 이하.

162 『미학』 §846; 이 책 181쪽 이하.

참고문헌

1. 바움가르텐의 저술

1) 『미학』

Baumgarten, Alexander Gottlieb(1750). *Aesthetica I*, Frankfurt (Oder): Kleyb.

_____ (1758). *Aesthetica II*, Frankfurt (Oder): Kleyb.

Poppe, Bernhard(1907). *Alexander Baumgarten: Seine Bedeutung und Stellung in der Leibniz-Wolffischen Philosophie und seine Beziehung zu Kant. Nebst Veröffentlichung einer bisher unbekannten Handschrift der Ästhetik Baumgartens*, Borna-Leipzig: Buchdrückerei Robert Noske.

2) 『형이상학』

Baumgarten, Alexander Gottlieb(1779; 1768; 1763; 1757; 1750; 1743; 1739). *Metaphysica*, Halle: Hemmerde.

3) 『철학적 윤리학』

Baumgarten, Alexander Gottlieb(1763; 1751; 1740). *Ethica philosophica*, Halle: Hemmerde.

4) 『시와 관련된 몇 가지 문제들에 관한 철학적 성찰』

Baumgarten, Alexander Gottlieb(1735). *Meditationes philosophicae de nonnullis ad Poema pertinentibus*, Halle: Grunert.

421

_____ (1900; 1735). *Meditationes philosophicae de nonnullis ad Poema pertinentibus*(Ristampa dell'unica editione del 1735. A cura di Benedetto Croce), Napoli.

5) 기타

Baumgarten, Alexander Gottlieb(1773; 1761). *Acroasis logica*, Halle: Hemmerde.

_____ (1760). *Initia philosophiae practicae primae acroamatice*, Halle: Hemmerde.

_____ (1770). *Philosophia generalis*, Halle: Hemmerde.

_____ (1741). *Philosophische Brieffe von Aletheophilus*, Frankfurth und Leipzig.

2. 바움가르텐 원전 외국어 번역본

1) 독일어

　　1 – 『미학』

Mirbach, Dagmar(2007). *Ästhetik*, Hamburg: Felix Meiner.

Peres, Constanze(2018; 2007). *Aesthetica – Ästhetik*, Paderborn: Wilhelm Fink.

Schweizer, Hans Rudolf(1973). *Ästhetik als Philosophie der sinnlichen Erkenntnis*, Basel: Schwabe, 1973;

_____ (1983). *Texte zur Grundlegung der Ästhetik*, Hamburg: Felix Meiner.

_____ (1983). *Theoretische Ästhetik*, Hamburg: Felix Meiner.

　　2 – 『형이상학』

Gawlick, Günter / Kreimendahl, Lothar(2010). *Metaphysik*, Stuttgart-Bad Cannstatt: Frommann-Holzboog.

Meier, Georg Friedrich(1766). *Alexander Gottlieb Baumgartens Professors der*

Philosophie Metaphysik, Halle: Hemmerde.

3 - 『시와 관련된 몇 가지 문제들에 관한 철학적 성찰』

Petzold, Heinz(1983). *Philosophische Betrachtungen über einige Bedingungen des Gedichts*, Hamburg: Felix Meiner.

Riemann, Albert(1928). *Die Ästhetik A. G. Baumgartens, unter besonderer Berücksichtigung der "Meditationes […]" nebst einer Übersetzung dieser Schrift*, Halle.

2) 영어

Aschenbrenner, K. / Holther, W. B.(1954). *Reflections on Poetry*, Berkeley / Los Angeles.

Fugate, Courtney D. / Hymers, John(2013). *Metaphysics. A Critical Translation with Kant's Elucidations, Selected Notes, and Related Materials*, London: Bloomsbury.

3) 프랑스어

Pranchère, Jean-Yves(2001; 1998).*Esthétique précédée des Méditations philosophiques sur quelques sujets se rapportant à l'essence du poème et de la Métaphysique(§§ 501~623)*, Paris: L'Herne.

4) 이탈리아어

Piselli, Francesco(1992). *Meditazioni filosofiche su alcuni aspetti del poema*, Milano: Vita e pensiero.

_____ (2017; 1992). *Estetica*, Milano: Vita e pensiero.

Tedesco, Salvatore(2000). *L'Estetica*, Palermo: Aesthetica.

3. 바움가르텐 저술에 언급되거나 인용된 문헌

1) 동시대 문헌

Bilfinger, Georg Bernhard(1725). *Dilucidationes philosophicae de Deo, anima humana, mundo et generalioribus rerum affectibus*, Cottae.

Breitinger, Johann Jakob(1740). *Kritische Abhandlung von der Natur, den Absichten und dem Gebrauche der Gleichnisse*, Conrad Orell.

Bruyère, Jean de La(1701; 1688). *Les Caractères ou les Mœurs de ce siècle*, Amsterdam: Pierre Marteau.

Gessner, Johann Matthias(1759). *Novus linguae et eruditionis romanae Thesaurus*, Leipzig.

Leibniz, Gottfried Wilhelm(1694). "De Primae Philosophiae Emendatione, &de Notione Substantiae" in: *Acta Eruditorum*, Lipsiae.

_____ (1768). "Epist. 2 ad Goldbachium in: Gottfried Wilhelm Leibniz" in: *Opera omnia* Bd. 3, hg. von L. Dutens, Genf.

_____ (1932). *Essais de Théodicée* in: *Die philosophischen Schriften von Gottfried Wilhelm Leibniz* Bd. 6, herausgegeben von C. I. Gerhardt, Leipzig: Alfred Lorenz Buchhandlung.

Meier, Georg Friedrich(1748~1750). *Anfangsgründe aller schönen Wissenschaften*, 3 Bände, Halle: Hemmerde.

Vossius, Gerardus Johannes(1695; 1635). *Aristarchus*, Amsterdam: P.&I. Blaev.

_____ (1696). *De artium et scientiarum natura ac constitutione*.

_____ (1647). *De artis poeticae natura*, Amsterdam: Ludovicus Elezevier.

_____ (1657; 1617). *De rhetorices natura et constitutione*, Lugduni Batavorum: Apud Ioannem Maire.

_____ (1681; 1606). *Institutionum oratoriarum libri VI*, Marburg: Johann

Heinrich Stocken.

_____ (1647). *Poeticarum institutionum libri III*.

Werenfels, Samuel(1739; 1716). *Dissertatio de meteoris orationis in: Opuscula theologica, philosophica et philologica* Bd. 2, Lausanne / Genf.

2) 고대 문헌

Augustinus, *Epistulae*.

Catullus, *Carmina*.

Cicero, *Brutus*.

_____, *De finibus bonorum et malorum*.

_____, *De Inventione*.

_____, *De Legibus*.

_____, *De Natura Deorum*.

_____, *De Officiis*.

_____, *De Oratore*.

_____, *Epistulae ad Familiares*.

_____, *Orator*.

_____, *Paradoxa Stoicorum*.

_____, *Pro Caelio*.

_____, *Pro Marcello*.

_____, *Tusculanae Disputationes*.

Cornelius Nepos, *De Viris Illustribus*.

Ennius, *Annales*.

Ἡσίοδος(Hesiodos), Θεογονία(*Theogonia*).

Horatius, *Ars Poetica*.

_____, *Carmen Saeculare*.

_____, *Carmina*.

_____, *Epistolae*.

_____, *Saturae*.

Justinianus I, *Digesta*.

Juvenalis, *Satirae*.

Livius, *Ab Urbe Condita*.

Longinus, *Περὶ Ὕψους* (*Peri Hypsous*).

Lucretius, *De Rerum Natura*.

Martialis, *Epigrammata*.

Ovidius, *Tristia*.

_____, *Ibis*.

_____, *Epistulae ex Ponto*.

Persius, *Saturae*.

Petronius, *Satyricon*.

Plautus, *Captivi*.

Plinius, *Epistulae*.

Quintilianus, *Institutio Oratoria*.

Tacitus, *Annales*.

Terentius, *Andria*.

_____, *Ἑαυτὸν τιμωρούμενος* (*Heauton timoroumenos*).

Θεόφραστος (Theophrastos), *Ἠθικοὶ χαρακτῆρες* (*Ethikoi Characteres*).

Tibullus, *Corpus Tibullianum*.

Vergilius, *Georgica*.

_____, *Aeneis*.

_____, *Eclogae*.

4. 「해제」 및 미주에 참고된 문헌

데이비드 흄 지음, 김동훈 옮김, 『취미의 기준에 대하여/비극에 대하여 외』, 마티, 2019.

Aristotle(1831). *Ethica Nichomachea; Analytica Posteriora; De Arte Poetice; De Coelo* in: *Aristoteles Graece*, ex recensione Immanuelis Bekkeri, Berlin: Acamedia Regia Borussica.

Descartes, René(1905; 1644). *Principia Philosophiae in: Œuvres de Descartes* Tome 8, Édition Adam et Tannery, Paris: Léopold Cerf.

Leibniz, Gottfried Wilhelm(1880). "Meditationes de Cognitione, Veritate et Ideis" in: *Die philosophischen Schriften von Gottfried Wilhelm Leibniz* Bd. 4, Berlin: Weidmannsche Buchhandlung.

_____ (1880). "Discours de métaphysique" in: *Die philosophischen Schriften von Gottfried Wilhelm Leibniz* Bd. 4, Berlin: Weidmannsche Buchhandlung.

_____ (1882) *Nouveaux Essais sur l'Entendement Humain in: Die philosophi-schen Schriften von Gottfried Wilhelm Leibniz* Band 4, Berlin: Weidmannsche Buchhandlung.

Malinowski-Charles, Syliane(2006). "Goût et jugement des sens chez Baumgarten" in: *Revue germanique internationale*, 59~72.

Kant, Immanuel(1971; 1787, 1781). *Kritik der reinen Vernunft*, Hamburg: Felix Meiner.

_____ (1924; 1790). *Kritik der Urteilskraft*, Hamburg: Felix Meiner.

Hutcheson, Francis(2004; 1726). *An Inquiry into the Original of Our Ideas of Beauty and Virtue*, Indianapolis: Liberty Fund.

5. 바움가르텐 관련 연구 문헌

1) 국내 문헌

기정희(2006).「계몽주의 시대의 기호론적 미학에 관한 연구(1):
　　　바움가르텐의 시화비교론을 중심으로」, 한국미학회,『미학』48: 63~100.

김광명(1999).「바움가르텐과 칸트에 있어서 '에스테틱'의 의미」,
　　　한국칸트학회,『칸트연구』5(1): 202~222.

김남시·김문환(2012).「바움가르텐『미학』과 비코『신학문』에 나타난
　　　계몽의 긴장-미학과 문화학의 학문적 접근을 위한 시도」, 연세대학교
　　　인문학연구원,『인문과학』96(0): 185~208.

김수현(2015).「바움가르텐의 미학과 미적 교육론」, 민족미학회,『민족미학』
　　　14(2): 287~314.

김윤상(2013).「인간학적 미학의 기초: 경험과학적 감성학으로서
　　　바움가르텐의 행복한 미학실천가의 미학」,『헤세연구』29: 183~203.

김재인(2017).「바움가르텐으로 돌아가자: 감(感)적 앎의 복권을 위한 시도」,
　　　서양근대철학회,『근대철학』9: 31~58.

박정훈(2016).「감성학으로서의 미학: 데카르트에서 바움가르텐까지」,
　　　한국미학회,『미학』82(3): 167~198.

_____ (2017).「감성학과 취미비판: 바움가르텐과 칸트의 미학 구상」
　　　한국미학회,『미학』83(4): 37~73.

안재원(2013).「키케로의 수사학과 바움가르텐의 미학: 키케로의
　　　어울림(decorum) 개념과 바움가르텐의 크기(magnitudo) 개념의 비교」,
　　　인천대학교 인문학연구소,『인문학연구』19: 3~36.

이창환(1995).「근대 미학의 발생론적 근거에 관한 고찰(1): A. G.
　　　바움가르텐의 미학 사상을 중심으로」, 한국미학회,『미학』20:
　　　263~309.

최준호(2015). 「바움가르텐 미학과 행복한 미학적 인간」, 중앙대학교
중앙철학연구소, 『철학탐구』 40: 95~125.

하선규(2016). 「칸트 미학과 바움가르텐 미학의 연관성에 관한 연구:
칸트 전(前)비판기의 미학적 논의와 『판단력비판』을 중심으로」,
한국미학예술학회, 『미학 예술학 연구』 46: 3~44.

_____ (2016). 「J. G. 헤르더의 감각주의적 인간학과 미학에 관한 연구:
바움가르텐과 레싱의 미학 이론과의 연관성을 중심으로」, 서울대학교
인문학연구원, 『인문논총』 73(4): 571~608.

2) 해외 문헌

Abbt, Thomas(1765). *Alexander Gottlieb Baumgartens Leben und Character*,
Halle: Hemmerde.

Aichele, Alexander(2017). *Wahrscheinliche Weltweisheit. Alexander Gottliebg
Baumgartens Metaphysik des Erkennens und Handelns*, Hamburg: Felix
Meiner.

Aichele, Alexander / Mirbach, Dagmar(2008). *Alexander Gottlieb
Baumgarten: Sinnliche Erkenntnis in der Philosophie des Rationalismus*,
Hamburg: Felix Meiner.

Allerkamp, Andrea / Mirbach, Dagmar(2016). *Schönes Denken. A. G.
Baumgarten im Spannungsfeld zwischen Ästhetik, Logik und Ethik in:
Zeitschrift für Ästhetik und Allgemeine Kunstwissenschaft*, Sonderheft 15,
Hamburg: Felix Meiner.

Bencard, Adam(2018). "Why Looking at Objects Matters: An Argument
from the Aesthetic Philosophy of Alexander Gottlieb Baumgarten" in:
Museum Worlds, 6(1): 48~59.

Bergmann, Ernst(1911). *Die Begründung der deutschen Ästhetik durch Alex.*

Gottlieb Baumgarten und Georg Friedrich Meier. Mit einem Anhang: G. F. Meiers ungedruckte Briefe, Leipzig: Röder & Schunke.

Förster, Johann Christian(1763). *Vergleichung von Charaktern dreyer berühmter Weltweisen der neuern Zeiten nämlich Leibnitzes, Wolffs und Baumgartens*, Halle: Grunert.

Franke, Ursula(2018). *Baumgartens Erfindung der Ästhetik*, Münster: Mentis.

Lotze, Hermann(1868). *Geschichte der Ästhetik in Deutschland*, München: Cotta.

Meier, Georg Friedrich(1748). *Verurtheilung der Baumgartischen Anmerkung zur Allgemeinen Welthistorie, eine Erzehlung vom Blocksberge*, Halle: Gebauer.

_____ (1763). *Alexander Gottlieb Baumgartens Leben*, Halle: Hemmerde.

Nuzzo, Angelica(2006). "Kant and Herder on Baumgarten's Aesthetica" in: *Journal of the History of Philosophy*, 44(4): 577~597

Schmidt, Johannes(1875). *Leibnitz und Baumgarten, ein Beitrag zur Geschichte der deutschen Aesthetik*, Halle: Lippert.

Schwaiger, Clemens(2011). *Alexander Gottlieb Baumgarten – Ein intellektuelles Porträt*, Stuttgart-Bad Cannstatt: Frommann-Holzboog.

Stokas, Ariana Gonzalez(2016). "Letting All Lives Speak: Inequality in Art Education and Baumgarten's Felix Aestheticus" in: *Studies in Art Education*, 57(2): 139~148.

Ueberweg, Friedrich / Frischeisen-Köhler, Max / Moog, Willy (1924). *Grundriss der Geschichte der Philosophie. 3. Teil: Die Philosophie der Neuzeit bis zum Ende des 18. Jahrhunderts*, Berlin: Mittler.

찾아보기

아리스토텔레스(Ἀριστοτέλης) 7, 48,
   172, 369, 387, 309, 312, 315, 318,
   319, 340, 344, 350, 369, 370, 379,
   391, 403, 419
아리스토파네스(Ἀριστοφάνης) 83, 357
아리스톤(Ἀρίστων) 172, 392
아우구스티누스(Augustinus) 137, 381
아이스키네스(Αἰσχίνης) 153, 384
아이아코스(Αἰακός) 161, 386
아이올로스(Αἰακός) 395
아케론(Ἀχέρων) 132, 379
아펠레스(Ἀπελλῆς) 90, 360
아폴론(Ἀπόλλων)/포이보스(Φοῖβος)
   76, 79, 121, 128, 252, 293,
   351~353, 375, 378, 416
아프로디테(Ἀφροδίτη)/비너스(Venus)
   80, 174, 181, 392~394
아시리아(Assyria) 130, 379
아테나이오스(Ἀθήναιος Ναυκρατίτης)
   172, 390
안티퀴라(Ἀντίκυρα) 47, 342
안티파트로스(Ἀντίπατρος) 154, 384
앨리슨, 아치볼드(Archibald Alison) 7
야손(Ἰάσων) 386
에우폴리스(Εὔπολις) 174, 392
에우프라테스(Εὐφράτης) 105, 366
에피쿠로스(Ἐπίκουρος) 119, 177, 394
엔니우스(Quintus Ennius) 390
엔텔루스(Entellus) 112, 369
오르빌리우스(Lucius Orbilius Pupillus)
   344

오르페우스(Ὀρφεύς) 48, 121, 343, 375
오비디우스(Ovidius) 54, 60, 83, 91,
   269, 296, 297, 345, 356, 360
우아함의 여신들/카리테스(Χάριτες)
   76, 262, 353
   → 아글라이아(Ἀγλαῖα) 353
   → 에우프로쉬네(Εὐφροσύνη) 353
   → 탈리아(Θαλία) 353
유베날리스(Decimus Junius Juvenalis)
   81, 162, 182, 297, 355, 356, 360,
   368, 386, 393, 395, 396
유스티니아누스(Flavius Petrus
   Sabbatius Iustinianus) 372
이아픽스(Ἰάπυξ) 395

[ㅈ]
제라드, 알렉산더(Alexander Gerard) 7,
   311
주노(Juno) 97, 158, 323, 363, 385

[ㅋ]
카토(Cato) 133, 154, 155, 318, 380
카툴루스(Catullus) 114, 354, 355, 360,
   361, 371, 386
칸트, 이마누엘(Immanuel Kant) 242,
   254, 256~258, 289, 291, 293294,
   302, 308, 339, 371, 397, 410, 430,
   431
코리올라누스 134, 135, 380
코타(Gaius Aurelius Cotta) 167, 388
콜키스(Colchis) 130, 378

알라딘 북펀딩 참여자 명단

jay kim 강난형 강남이 강민정 강소영
강태우 고재선 곽동호 구교현 구진우
권은비 권혁주 금성은 김가연 김금주
김나경 김남석 김단비 김도희 김상철
김성현 김수정 김여진 김영재 김영철
김영한 김예환 김용임 김원정 김유라
김유환 김윤정 김이환 김인경 김일환
김정환 김정회 김종혁 김종훈 김지오
김지현 김겨울 김지혜 김진환 김치형
김현경 김혜수 김희정 남예경 노민아
노용헌 노정태 노태훈 노현균 류승희
류원섭 문만기 문지혜 문지혜 문혜주
민세인 민소아 박동억 박민지 박선근
박성연 박성진 박성훈 박수현 박승정
박신연 박아름 박원경 박준형 박효정
배서희 배소현 백규빈 변경수 변채선
서승연 서영호 서유석 서유진 손경찬
송성수 송정훈 송호준 송희욱 신동준
신유진 신종문 신종호 신현수 심지현
양근라 양수빈 양수인 엄미정 오영미
오은아 우지훈 원종택 유은지 유하영

유현미 윤성의 윤재선 윤주호 윤현미
윤현석 윤화숙 윤희준 이강민 이나라
이상민 이상현 이상효 이선정 이성민
이세형 이소연 이소윤 이수민 이승훈
이영인 이예지 이우열 이유라 이윤경
이윤일 이인주 이일환 이재민 이재영
이재은 이재호 이정옥 이주연 이지현
이지혜 이하린 이하나 이향숙 이현정
이희진 임성재 임정수 임준식 장새미
장유진 장지원 전승주 전진아 전하영
정경선 정구원 정미경 정민규 정보람
정봉주 정선미 정유욱 정준영 정혜윤
정호진 조연경 조창근 조현준 주요한
주원찬 지동섭 진학규 차예림 채푸름
최금선 최나래 최민진 최유진 최은경
최전희 최종석 최종하 최지연 최희림
추인엽 하민정 하승연 하택근 한명수
한상훈 한정목 한준 허성원 허영강
허지예 홍석정 황경옥 황보준 황성원
황예지 황준호

알렉산더 고틀리프 바움가르텐(Alexander Gottlieb Baumgarten, 1714~62)

바움가르텐은 1714년 베를린에서 태어났다. 열여섯 살이 되던 해에 할레 대학에 진학하여 철학, 신학, 문헌학을 공부했다. 예나 대학에서 크리스티안 볼프 철학에 대한 강좌를 들었고, 당시 유행하던 라이프니츠-볼프 철학의 영향을 크게 받았다. 1735년 출간한 『시와 관련된 몇 가지 문제들에 관한 철학적 성찰』에서 '미학'이라는 용어를 처음 썼다.

　　『미학』과 함께 중요한 저작으로 평가받는 『형이상학』(1739)에서 '미학'의 이론적 토대를 마련하였으며, 1742년 프랑크푸르트안데어오데르 소재의 비아드리나 대학에서 최초로 미학 강의를 시작했다. 이를 토대로 1750년 『미학』 제1권을 펴냈으며, 제2권은 1762년 그가 세상을 떠나기 4년 전인 1758년에 출간되었다.

김동훈 옮김

서울대학교 법과대학 사법학과, 총신대학교 신학대학원 신학과, 서울대학교 인문대학 미학과를 거쳐 독일 브레멘 대학교 인문대학 철학과에서 '근대의 주체 개념에 대한 하이데거의 비판'에 관한 연구로 박사학위를 받았다. 독일 유학 시절 브레멘 주정부가 시행하는 희랍어 검정시험(Graecum)과 라틴어 검정시험(Großes Latinum)에 합격했다. 또한 에라스무스 교환학생 프로그램 장학생으로 프랑스 파리 소르본 대학 철학과에서 수학하였다. 유학을 마치고 귀국한 후에는 2003년부터 서울대학교, 홍익대학교, 한국예술종합학교 등에서 미학 강의를 해왔다.

서구 사상사 전반에 걸쳐 수행된 예술에 대한 철학적 성찰에 관심을 가지고 연구해왔으며, 특히 근대 미학 태동기에 아름다움과 숭고의 개념이 어떻게 구분되었고 그것이 이후의 예술실천에 어떤 영향을 미치게 되었는지, 그 이전에는 존재하지 않았던 예술이라는 용어가 어떻게 고안되고 체계적으로 연구되었는지를 지속적으로 고찰해왔다.

노숙인들이 예술 작품 감상과 토론을 통해 존재와 삶의 의미를 성찰함으로써 자존감을 회복하고 다시 일어설 수 있도록 돕고자 2007년부터 노숙인을 위한 인문학 과정 성프란시스대학 예술사 담당 교수로 재직하고 있다.

저서로는 『행복한 시지푸스의 사색: 하이데거 존재론과 예술철학』이 있으며, 『숭고와 아름다움의 관념의 기원에 대한 철학적 탐구』, 『독일 음악미학』, 『헤겔의 눈물』 등 영어, 독일어, 프랑스어 철학서를 한국어로 옮기는 작업 또한 꾸준히 해왔다.

미학

알렉산더 고틀리프 바움가르텐 지음
김동훈 옮김

초판 1쇄 인쇄 2019년 7월 5일
초판 2쇄 발행 2024년 11월 15일

ISBN 979-11-86000-88-5 (93160)

발행처	도서출판 마티
출판등록	2005년 4월 13일
등록번호	제2005-22호
발행인	정희경
편집	박정현, 서성진, 조은
디자인	오새날
주소	서울시 마포구 잔다리로 101, 2층 (04003)
전화	02. 333. 3110
이메일	matibook@naver.com
홈페이지	matibooks.com
인스타그램	instagram.com/matibook
트위터	twitter.com/matibook
페이스북	facebook.com/matibooks

표지와 표제지에 사용한 서체는
옵티크(Optique) Bold, Regular Display입니다.